《巴黎协定》视阈下
碳交易国际协调
的法律问题研究

LEGAL ISSUES OF THE INTERNATIONAL
COORDINATION OF EMISSION TRADING SCHEME IN THE
CONTEXT OF THE PARIS AGREEMENT

段佳葆◎著

中国政法大学出版社

2025·北京

图书在版编目（CIP）数据

《巴黎协定》视阈下碳交易国际协调的法律问题研究 / 段佳葆著. -- 北京 ： 中国政法大学出版社，2025. 3. -- ISBN 978-7-5764-1954-2

Ⅰ. D996.9

中国国家版本馆CIP数据核字第20256YG217号

出 版 者	中国政法大学出版社
地 　 址	北京市海淀区西土城路 25 号
邮寄地址	北京 100088 信箱 8034 分箱　邮编 100088
网 　 址	http://www.cuplpress.com (网络实名：中国政法大学出版社)
电 　 话	010-58908285(总编室) 58908433 （编辑部）58908334(邮购部)
承 　 印	固安华明印业有限公司
开 　 本	720mm×960 mm　1/16
印 　 张	13.75
字 　 数	225 千字
版 　 次	2025 年 3 月第 1 版
印 　 次	2025 年 3 月第 1 次印刷
定 　 价	62.00 元

序 ▲▼

　　自 2018 年段佳葆博士踏入中国政法大学起，我便先后担任其硕士生导师与博士生导师，全程见证了她在学术之路上的成长蜕变。这本《〈巴黎协定〉视阈下碳交易国际协调的法律问题研究》是以佳葆博士的博士论文为基础修改而来，紧密围绕我国"双碳"目标这一核心，将《巴黎协定》的谈判历程与发展脉络作为宏大背景，巧妙地以共建"一带一路"为重要契机，在习近平法治思想的光辉引领下，深入剖析当前碳交易国际协调中错综复杂的法律问题。其章节架构条理分明，逻辑严谨，开篇便精准锁定研究背景与意义，将国际大背景与国家战略紧密相连，为后续的探讨筑牢根基。

　　在理论研究的梳理方面，该书展现出了作者较为深厚的学术功底与敏锐的学术洞察力。在对《巴黎协定》达成前后相关研究进行综述时，作者广泛涉猎经济学、环境科学、政治学等多学科研究成果，从不同学科视角为碳交易国际协调问题的研究提供了丰富的理论支撑。然而，作者也精准地指出，在学界已有的研究中，碳交易制度的国际协调这一关键领域尚未得到足够的重视，尤其是从法学视角进行的深入剖析更是凤毛麟角。这种对学术研究现状的精准把握，凸显了该书研究的创新性与必要性。

　　该书针对这些现实问题，深入聚焦我国国内碳交易市场制度的完善路径，并积极探索与国际碳交易市场的链接策略。从双边合作角度，建议我国与在碳资源禀赋、产业结构等方面具有适配性的国家签订碳交易合作协议，开展碳排放配额互换、联合减排项目等合作形式；在区域层面，推动与"一带一路"沿线及周边国家或地区建立区域碳市场联盟，统一碳交易规则与标准，实现区域内碳市场的一体化发展；在多边共识方面，积极参与国际碳交易规则制定的多边谈判，联合其他发展中国家，提出符合发展中国家利益诉求的规则建议，提升发展中国家在国际碳交易领域的整体影响力。通过这些多维度的策略建议，为我国实现国内外碳交易互动提供了极具价值的思路与方法，对我国碳交易实践具有很强的指导意义。

　　该书结构严谨规整、条理清晰顺畅。各章节之间过渡自然流畅、层层递进深入，将国际碳交易法律规则发展的全貌有条不紊地徐徐铺陈开来。在论述过程中，佳葆博士的语言简洁凝练、深入浅出，既淋漓尽致地展现了学术著作应有的专业性与严肃性，又恰到好处地兼顾了通俗易懂的可读性。该书无论是在理论深度、实践指导价值，还是在体系完整性与内容科学性方面，都堪称一部佳作。它不仅为学界深入研究碳交易国际协调问题提供了全新的视角与丰富的研究素材，也为我国政府部门制定碳交易政策、完善碳交易法律体系，以及企业参与碳交易市场提供了重要的决策参考与行动指南，值得学界同仁、政策制定者以及关注碳交易领域的各界人士深入研读。

　　作为佳葆博士的博士生导师，我深感荣幸能够全程见证她在博士学术道路上从青涩走向成熟的华丽蜕变。从最初对学术研究的懵懂探索、迷茫徘徊，到如今能够独立自主地完成如此高品质的学术著作，她倾注了大量的精力与心血。这部著作的问世，无疑是她个人学术成就的有力彰显，更是对她多年来持之以恒、不懈努力的最好褒奖。

　　学术之路，漫漫修远，永无止境。衷心期望佳葆博士以此著作为全新的起点，始终如一地保持对学术的热爱与敬畏之心，在未来的学术研究征程中勇攀高峰，斩获更为辉煌卓越的成就。

张丽英

中国政法大学国际法学院教授

2025 年 3 月 24 日于北京果岭里

序 ▲▼

2024 年秋天，中国政法大学的段佳葆博士进入我工作的学校做博士后，我成为她的合作导师，由此开启了我们的合作之旅。本书是在段博士的博士论文基础上完善而成，通过市场机制进行碳减排也是我非常感兴趣的一个研究领域，我很乐意应作者之邀，在此书即将付梓之际，说说我的看法。

国际碳减排"做"的虽有不足，但国家间"谈"得已经很多很丰富了。除了减排规则这些技术方面的磋商以外，最困难的实际上是：（1）谁应该承担减排义务；（2）应该承担多少减排义务；（3）怎么承担减排义务。由于担心减排温室气体可能对经济发展造成负担，市场化的减排机制被看作是比政策性减排可能更持久的合理工具。佳葆博士的这一专著《〈巴黎协定〉视阈下碳交易国际协调的法律问题研究》就是研究如何规范和协调市场基础上的减排活动。

碳市场是一个人为创设的以减排温室气体为目的市场，它不同于传统的有形商品市场，也有别于为了募集资金而设立的证券市场。对于这个全新的市场所交易的"产品"，无论是排放权，还是碳配额、碳信用，其法律性质、产生机制、交易规则、诚信监督和违规处罚都需要法律的规范。由于碳市场最初是以自下而上的方式由各国逐步且分散地建立的，所以怎么进行"国际协调"也是重要的问题。佳葆博士总结出了各碳市场之间的两种协调方式，一是各市场之间通过协议来协调，这是一种自治的协调；二是通过国际统一碳市场规则和标准的方式来协调，这是一种以多边框架为基础的自上而下的协调。无论哪种模式，现在都仍存在几个未解决的问题。佳葆博士选了一个很难的题目，这项研究首先需要搞清楚碳交易的经济原理和市场机制，又要了解主要的设立了碳交易的国家的不同国情和利益考量，这些是法律之外的东西，从这一点来讲，这是一个跨领域的研究，需要了解政治、经济、环境、国际法、国别法等多方面的理论和知识。为了实现碳交易的公平，各国碳市场以及国际可转让的碳减排成果的交易规则的设计都很复杂，佳葆博士能抽丝剥茧般地将各种不同的机制讲清楚，把其中存在的问题看明白，还要论证自己建议的解决方案，实属不易。在特朗普政府再次退出《巴黎协定》的情况下，如果碳交易市场能够持续活跃，就有希望通过吸引私主体和私有资本的参与，持续地减排。私人投资于温室气体减排，虽然没有得到美国现任政府的鼓励，但也没有受任何禁止。

我很喜欢佳葆博士对国际碳减排法律谈判历程的总结。1992 年于里约签署的《联合国气候变化框架公约》是一个重要的胜利，接下来 1997 年的《京都议定书》，2007 年的"巴厘路线图"、2011 年的"德班平台"、2013 年的华沙会议，最后到 2015 年的《巴黎协定》，从双轨谈判到单轨谈判，从发展中国家有限参与到《巴黎协定》下的全面参与，佳葆博士对这一历程的梳理简洁而清晰，对共同但有区别责任原则的演变进行了富有启发性的总结，对该原则的涵义没有人云亦云。在近 30 次国际气候变化框架公约缔约方大会琳琅满目的文件和决议中，她在准确抓取到了国际气候变化谈判的几个重要节点和取得的成绩。

佳葆博士的专著是近几年关于国际碳交易的法律规制方面的一部高水平的研究成果，为从事碳交易管理的专业人士以及研究该问题的学生和学者提供了一份有价值的参考，也为她本人今后在这个领域的研究铺就了高质量的起点。

佳葆博士的导师张丽英教授，是我在中国政法大学读本科的授业老师之一，特借此小序纪念我们师徒三人之间独特的学术传承，也祝愿佳葆博士能在学术道路上青出于蓝而胜于蓝。

边永民

对外经济贸易大学法学院副院长、教授

2025 年 3 月 22 日于对外经济贸易大学

自　序 ▲▼

全球变暖等气候问题，已构成对全人类生命健康及经济社会发展的严峻挑战。就科学维度而言，温室气体排放致使全球气候系统失衡，极端气候事件频率与强度显著增加，对生态系统服务功能、人类健康及经济结构均产生负面影响。在此背景下，单一国家或区域的应对策略难以有效应对气候问题的跨境性与复杂性。基于全球公共产品理论，应对气候变化需各国通力合作，以实现全球减排目标，此为国际社会的共同责任。

在众多应对气候变化的路径中，碳交易作为一种基于市场机制的政策工具，具有将气候治理目标与经济效率相结合的优势。其理论基础在于科斯定理，通过明确碳排放权产权，借助市场交易实现减排成本的优化配置。《京都议定书》引入的联合履行机制（JI）、清洁发展机制（CDM）和国际排放贸易（IET）等"京都三机制"，开创了国际碳交易市场的先河，为全球碳减排提供了创新性的市场解决方案。然而，随着实践发展，"京都三机制"暴露出制度设计不合理、市场效率低下等问题，进而被《巴黎协定》下的相关机制所取代。《巴黎协定》构建了以国际转让减缓成果（ITMOs）为基础的合作机制（第6条第2款）和可持续发展机制（SDM，第6条第4款），旨在推动全球碳市场的互联互通与可持续发展。前者鼓励各国通过双边或多边合作，实现减排成果的跨境转移；后者则致力于建立一个全球性的、基于项目的减排机制，促进发展中国家的可持续发展与减排行动。然而，目前这两种机制的具体实施细则仍处于国际谈判阶段，各方在减排责任分配、市场规则协调、技术援助等关键问题上存在较大分歧，反映出国际碳交易合作中的利益博弈与制度困境。

与此同时，主要发达国家凭借其成熟的国内碳市场，通过碳市场链接等方式与具有共同利益的国家形成"碳联盟"，加剧了国际碳交易合作的"碎片化"。这种"碎片化"趋势不仅增加了整合全球碳市场的难度，也对《巴黎协定》下的碳交易国际协调构成挑战，影响了全球减排目标的实现。

在此背景下，我国碳交易制度建设与域外合作面临双重压力：既要完善国内碳市场法律法规，提升市场运行效率；又要积极参与国际碳交易规则制定，加强与发达及发展中国家的碳市场合作，以实现"双碳"目标。

本书基于规范分析、实证研究与比较研究相结合的方法，以《巴黎协定》下的碳交易机制为切入点，系统分析了国际碳交易市场的发展趋势、制度困境及应对策略。通过对现有碳交易实践的梳理与总结，提出了一系列旨在激活国际碳交易市场、促进全球减排合作的政策建议，具有重要的理论与实践意义。在实践层面，本书结合我国碳交易制度建设的现状，从国内法完善、国际规则参与及双边/多边合作等方面，为我国实现"双碳"目标提供了具体的政策建议与法律路径。

本书源于我的博士学位论文，在此特别感谢中国政法大学张丽英教授的悉心指导，其严谨的治学态度与深厚的学术造诣为我的研究奠定了坚实基础。同时，感谢对外经济贸易大学边永民教授对论文提出的宝贵意见，让我的研究内容得以不断完善，更上一层楼。此外，感谢中国政法大学出版社编辑团队的辛勤付出，使得本书得以顺利出版。最后，感恩家人与爱人在研究过程中的支持与陪伴，为我提供了精神动力与生活支持。

随着《巴黎协定》的深入实施与全球碳交易市场的持续发展，本书所研究的问题与背景将不断变化。由于作者研究能力与时间精力的限制，书中难免存在不足之处，恳请各位读者批评指正，共同推动碳交易制度国际协调的理论与实践发展。

段佳葆

2025 年 3 月 21 日于对外经济贸易大学

目　录

引　言

　　近百年来，全球气候变化日益严峻，其中最显著的特征就是气候变暖。随之而来的极端气候和天气的发生频率和强度急剧增加，对生态系统和人类社会都造成了广泛而普遍的影响。根据联合国政府间气候变化专门委员会（Intergovernmental Panel on Climate Change，以下简称为IPCC）第六次评估报告的第二工作组此前发布的《2022年气候变化：影响、适应和脆弱性》报告[1]，一方面，气候变暖对陆地、淡水，及海洋生态系统造成了巨大破坏，并造成了越来越多不可逆转的损失。生态系统结构和功能、复原力和自然适应能力普遍恶化。另一方面，气候变暖对人类社会也产生了极大的负面影响。不仅对人类健康、食品安全，经济社会的发展等造成威胁，甚至还加剧了人道主义危机，极端天气和气候事件导致了越来越多的流离失所和非自愿移民，催生社会危机。而人类活动，已被科学证明是导致全球变暖的重要原因，主要方式就是温室气体排放。[2]为了有效缓解和限制未来气候变暖的快速发展，需要减少二氧化

　　[1]　See IPCC, Climate Change 2022: Impacts, Adaptation and Vulnerability. Contribution of Working Group II to the Sixth Assessment Report of the Intergovernmental Panel on Climate Change（H.-O. Pörtner, D. C. Roberts, M. Tignor, E. S. Poloczanska, K. Mintenbeck, A. Alegriá, M. Craig, S. Langsdorf, S. Löschke, V. Möller, A. Okem, B. Rama（eds.）），Cambridge University Press, 2022.

　　[2]　See IPCC, Climate Change 2023: Synthesis Report, Contribution of Working Groups I, II and III to the Sixth Assessment Report of the Intergovernmental Panel on Climate Change（Core Writing Team, H. Lee and J. Romero（eds.）），IPCC, p. 5, 2023.

碳的排放量，至少应当实现二氧化碳净零排放（net-zero emissions）[1]，同时需要大幅减少其他温室气体的排放。[2]因此，减排一直是国际社会环境治理的重要议题。各国积极设定本国的减排目标，制定相关政策降低碳排放，并积极参与国际合作，以期达到限制全球升温的集体目标。

我国作为碳排放量最大的国家[3]，去碳减排政策的推行实施将对全球气候治理产生举足轻重的影响。实际上，中国一直在全球气候治理的过程中起到积极推动的作用，展现大国担当。2020年9月，中国宣布了"碳达峰"和"碳中和"的"双碳"目标。旨在通过加大国家自主贡献的力度，来助推全球实现净零排放。但是，应当注意到我国实现"双碳"目标的实践道路并不是一帆风顺的。除了国内相关法律制度有待进一步建立和完善之外，国际层面的气候政治化问题日益突出，在很大程度上限制了我国有效参与全球气候治理，进行区域和多边合作的步伐。因此，为了实现减排目标、应对气候变化，强化国际协调、推动国际合作是我国应当重点关注的焦点问题。

一、研究背景与研究意义

（一）研究背景

1. 全球气候治理的发展历程

全球变暖等气候问题事关全人类的生命健康和经济社会的发展，单一国家和区域的应对措施已经无法有效化解其造成的损害和威胁。人们普遍认为，

---

[1] 可以与"碳中和"做同义理解，参见 IPCC, Climate Change 2022: Mitigation of Climate Change, Contribution of Working Groups III to the Sixth Assessment Report of the Intergovernmental Panel on Climate Change Priyadarshi R. Shukla, Jim Skea, etc. (eds.), IPCC, p. 194, 2022. 简单来讲，是指将温室气体排放量减少到尽可能接近零的水平，任何剩余的排放量都会被海洋和森林从大气中重新吸收，参见 United Nations, For a livable climate: Net-zero commitments must be backed by credible action, available at: https://www.un.org/en/climatechange/net-zero-coalition, last visited: 29 July 2023.

[2] See IPCC, Climate Change 2021: The Physical Science Basis. Contribution of Working Group I to the Sixth Assessment Report of the Intergovernmental Panel on Climate Change, Masson-Delmotte, V., P. Zhai, A. Pirani, S. L. Connors, C. Peán, S. Berger, N. Caud, Y. Chen, L. Goldfarb, M. I. Gomis, M. Huang, K. Leitzell, E. Lonnoy, J. B. R. Matthews, T. K. Maycock, T. Waterfield, O. Yelekc̣i, R. Yu, and B. Zhou (eds.), Cambridge University Press, p. 27, 2021.

[3] See Climate Watch, "Historical GHG Emissions (1990-2020)", available at: https://www.climatew-atchdata.org/ghg-emissions, last visited: 29 July 2023.

国际合作或集体行动是应对气候变化带来的挑战的关键。因此，全球气候治理早已成为国际社会所重点关注的议题。[1]1972 年在斯德哥尔摩举行的联合国人类环境会议，是第一次将环境问题作为重大问题的世界会议。与会者通过了包括《斯德哥尔摩宣言》和《人类环境行动计划》等若干决议，将环境问题置于国际关注的首要位置。1992 年 6 月，联合国环境与发展大会在巴西里约热内卢达成了《联合国气候变化框架公约》（以下简称为《公约》）。《公约》作为全球气候治理中具有里程碑意义的重要法律规则，初步建立起了全球气候治理的基本框架。[2]其确立的"共同但有区别的责任原则""充分考虑发展中国家的具体需要和特殊情况原则""可持续发展原则""预防原则"，以及"开放经济体系原则"五项基本原则成了各国参与全球气候治理所应当遵循的核心规范。[3]但是，仅仅依靠框架的全球治理是不充分的，也是无法有效开展具体工作的。因此，随后在 1997 年，经过各国艰苦卓绝的谈判，于日本京都的第三次缔约方大会（COP3）上通过了《京都议定书》（以下简称为《议定书》）。《议定书》成为在国际法层面上，第一份具有法律约束力的气候治理法案。[4]《议定书》"自上而下"地给相关国家分配了碳排放量的限额，同时规定了碳交易的三种合作机制（即"京都三机制"），包括国际排放贸易机制（International Emissions Trading，IET）、联合履约机制（Joint Implementation，JI），以及清洁发展机制（Clean Development Mechanism，CDM）。[5]碳交易制度实际上是一种经济学家所推崇的，能够有效利用经济手段解决环境问题的市场机制。[6]通过授予"产权"，排放交易机制可能会缓

---

〔1〕　相关内容可参见：Gupta, J., *The History of Global Climate Governance*, Cambridge University Press，2014. 作为对全球气候治理发展的综合性权威著述之一，该书对匡时四分之一个世纪的气候变化谈判历史和复杂政治发展进行了全面的回顾，阐述了气候保护作为全球公共产品的治理问题。

〔2〕　See Gupta, J., *The History of Global Climate Governance*, Cambridge University Press, 2014, pp. 59-77.

〔3〕　参见涂瑞和：《〈联合国气候变化框架公约〉与〈京都议定书〉及其谈判进程》，载《环境保护》2005 年第 3 期。

〔4〕　See Böhringer, C., & Vogt, C., "Economic and Environmental Impacts of the Kyoto Protocol", *The Canadian Journal of Economics / Revue Canadienne d' Economique*, Vol. 36, No. 2., p. 475.

〔5〕　See Anastasia Telesetsky, "The Kyoto Protocol", *Ecology Law Quarterly*, Vol. 26, No. 4., 1999, pp. 797-811.

〔6〕　碳交易概念，最早是由约翰·H·戴尔斯（John H. Dales）于其 1968 年出版的《污染、房地产与价格：政策制定与经济学随笔》一书中提出的。理论基础源自经济学中的外部性理论和科斯定理。

解与大气和渔业等共同资源的管理和使用相关的"公地悲剧"问题，从而实现环境治理和经济收益的双重目标。[1]但遗憾的是，《议定书》相关规则的概念模糊性和规范的不完全性屡遭质疑。[2]不仅如此，西方国家对包括我国在内的碳排量较大的发展中国家不承担强制减排责任颇有异议，尤其是美国退出了《议定书》，使得全球化治理一度陷入僵局。

　　2015年12月，在世界各国多年来积极寻求新型气候治理合作模式的共同努力下，200多个缔约国终于在巴黎达成了《巴黎协定》。该协定有效地替代了《议定书》，为各国在2020年后的气候治理提供了一个新的框架。《巴黎协定》为国际社会设定了一个长期的减排目标，即把本世纪全球气温升幅控制在2℃以内，同时寻求将气温升幅进一步限制在1.5℃以内的措施。[3]更重要的是，《巴黎协定》成功地解决了《议定书》所遗留下来的一些关键问题。[4]例如，其以"自愿"原则为基础，一改《议定书》"自上而下"的强制性规范方式，制定了"自下而上"的规则制度。[5]根据该协议，所有缔约方都通过其承诺的国家自主贡献（Nationally Determined Contributions，NDCs）来参与全球减排行动。该规定在赋予发展中国家根据自身情况制定减排目标的灵活性之外，将发展中国家也纳入到实施减排目标的范围，一定程度上缓解了发达国家对发展中国家承担减排义务的争议。[6]根据《公约》秘书处发布的报告，截至2022年9月23日，国家自主贡献登记册中有193个《巴黎协定》缔约方做出了承诺，其中有166个缔约方基于原有承诺又作出了更新。

---

〔1〕　See Shih, W, "Legal Nature of the Traded Units under the Emissions Trading Systems and Its Implication to the Relationship between Rmissions trading and the WTO", *Manchester Journal of International Economic Law*, Vol. 9, No. 2., 2012, p. 112, p. 114.

〔2〕　See Böhringer, C., "The Kyoto Protocol: A Review And Perspectives", *Oxford Review of Economic Policy*, Vol. 19, No. 3., 2003, pp. 451–466.

〔3〕　See United Nations, Paris Agreement, article 2. 1 (a) 2015.

〔4〕　参见张晓华、祁悦：《"后巴黎"全球气候治理形势展望与中国的角色》，载《中国能源》2016年第7期。

〔5〕　参见张赓：《中国参与全球气候治理的角色演变与路径优化》，载《中南林业科技大学学报（社会科学版）》2023年第2期。

〔6〕　参见吕江：《〈巴黎协定〉：新的制度安排、不确定性及中国选择》，载《国际观察》2016年第3期。

所有缔约方都制定了缓解气候变化的目标。[1]而有效地兑现"承诺"需要充分的金融投资支持,到2030年,发展中国家将需要高达5.8万亿-5.9万亿美元的资金来资助其气候行动目标的一半(如其国家自主贡献中所列)。[2]但是所有国家的资金都远远不足,资金流动比2030年所需水平低3到6倍,部分地区的差异甚至更大。[3]那么,应该如何推动和资助应对气候危机的治理行动呢?可以说,兑现国家自主贡献承诺的核心就是碳融资,这就是为什么各国对碳交易制度和碳市场的兴趣不断攀升——83%的国家表示有意利用国际碳市场机制来减少温室气体排放。[4]

　　在碳交易制度方面,《巴黎协定》规定了两种交易机制,即(1)第6条第2款下的以国际转让减缓成果(Internationally Transferred Mitigation Outcomes, ITMOs)为标的的交易机制,以及(2)第6条第4款下的可持续发展机制(Sustainable Development Mechanism, SDM),即基于项目所产生的核证减排量的国际碳信用交易机制。[5]为了更好地为实施碳交易规则提供指引,2021年11月13日的《公约》第二十六次缔约方大会(COP 26)上,各缔约国就《巴黎协定》第6条实施细则达成了共识,极大地推动了全球碳市场建设和碳交易协调合作的进程。然而,还有一些规则的细节问题需要进一步解决。COP 27、在德国波恩举行的《公约》会议和在阿拉伯联合酋长国迪拜举行的COP 28都进行了相关问题的讨论,但遗憾的是,均没有取得实质上的进展。碳交易制度对减排的实现起到了至关重要的作用,它既可以激励短期减排目

---

〔1〕 See UNFCCC, "Nationally determined contributions under the Paris Agreement", FCCC/PA/CMA/2022/4, 26 October 2022, available at: https://unfccc. int/sites/default/files/resource/cma2022_04. pdf, last visited: 19 June 2023.

〔2〕 See UNFCCC, "Executive summary by the Standing Committee on Finance on the first report on the determination of the needs of developing country Parties related to implementing the Convention and the Paris Agreement, p. 4", 14 October 2021, available at: https://unfccc. int/sites/default/files/resource/NDR1_ExecutiveSummary_Final. pdf, last visited: 10 June 2023.

〔3〕 See IPCC, "The evidence is clear: the time for action is now. We can halve emissions by 2030", IPCC PRESS RELEASE, 4 April 2022, available at: https://www. ipcc. ch/report/ar6/wg3/resources/press/press-release/, last visited 12 June 2023.

〔4〕 See Taryn Fransen, "Making Sense of Countries' Paris Agreement Climate Pledges", 22 Oct. 2021, World Resource Institute, available at: https://www. wri. org/insights/understanding-ndcs-paris-agreement-climate-pledges, last visited: 12 June 2023.

〔5〕 参见王云鹏:《论〈巴黎协定〉下碳交易的全球协同》,载《国际法研究》2022年第3期。

标的实现，又能够在支持向净零排放的长期目标过渡方面发挥核心作用。正如国际碳行动伙伴组织（International Carbon Action Partnership, ICAP）2022年的《全球排放交易现状报告》显示，截至 2021 年底，在已将净零排放目标写入法律的国家和地区中，碳交易制度覆盖了 37% 的排放量，在正在制定或讨论净零排放目标的国家和地区中，碳交易制度覆盖了 17% 的排放量。[1]截至 2021 年底，全球碳交易制度已筹集了 1610 亿美元的排放收入，比上一年增长了近一倍。[2]而碳交易所产生的经济效益，在激励有关主体减排的同时，也能够有效缓解减排对最弱势群体产生的负面影响。例如，加利福尼亚州（以下简称"加州"）将从碳交易市场中获得的收入存入该州的温室气体减排基金，然后拨给州机构，以实施进一步减少温室气体排放的项目。不仅如此，该州法律要求碳交易产生收入的 35% 用于环境弱势和低收入社区。[3]

事实上，在多边层面的气候治理止步不前之时，各国仍然在探索其他应对气候变化的途径。包括欧盟、美国在内的主要发达国家和地区，都没有停下国家间气候治理合作与协调的步伐。尤其是在碳交易制度的协调合作方面，多国都进行了积极的实践。例如，欧盟拥有着全球最大的碳交易市场，除了在其内部进行各成员国之间的碳交易之外，欧盟还积极地寻求对外的双边合作。其中，典型代表就是欧盟与瑞士于 2017 年达成的《欧洲联盟和瑞士联邦关于温室气体排放交易制度链接的协定》[4]。该协定达成的基础在于二者的碳交易制度都采用了"总量控制与交易"（Cap and Trade）模式，并且瑞士做出了一定的协调，即制定了将其碳交易体系扩展到航空业的所有必要规则。[5]再如，美国加州与加拿大魁北克建立了碳交易制度的协调合作关系，并考虑结合《巴

---

〔1〕 See ICAP, Emissions Trading Worldwide Status Report 2022, Berlin, 2022.

〔2〕 See ICAP, Emissions Trading Worldwide Status Report 2022, Berlin, 2022.

〔3〕 See Center for Climate and Energy Solutions, "California Cap and Trade", available at: https://www.c2es.org/content/california-cap-and-trade/#, last visited: 19 June 2023.

〔4〕 See European Union, "COUNCIL DECISION（EU）2017/2240 of 10 November 2017 on the signing, on behalf of the Union, and provisional application of the Agreement between the European Union and the Swiss Confederation on the linking of their greenhouse gas emissions trading systems", Official Journal of the European Union, L 322, Vol. 60, p. 3, 7 December 2017.

〔5〕 See "Linking of Switzerland to the EU emissions trading system-entry into force on 1 January 2020", European Council, 9 December 2019, available at: https://www.consilium.europa.eu/en/press/press-releases/2019/12/09/linking-of-switzerland-to-the-eu-emissions-trading-system-entry-into-force-on-1-january-2020/, last visited: 18 July 2023.

黎协定》第6条建立一个透明机制，跟踪合作伙伴之间缓解成果的交易。[1]

综上，纵观全球气候治理的发展历程，其基本呈现出了：（1）治理目标不断清晰具体；（2）针对治理理念和原则的诠释不断调整；（3）减排模式由强制转为自愿；以及（4）全球气候治理结构更加多层次和多元化等特点。[2]

2. 全球气候治理面临挑战

当今世界正面临着百年未有之大变局，传统风险与非传统风险都加剧了全球气候治理的难度。虽然国际社会在应对气候变化的共识方面已经取得了上述一系列的进展，《巴黎协定》中新的运行规则和治理模式使得全球气候治理迈入了新的历史阶段，充分体现出了制度性的创新[3]，但应当注意到的是，各国谈判的过程并不是一帆风顺的，而是充满了艰难险阻。并且，《巴黎协定》框架性的规定究竟应当如何实施，至今仍一直是各缔约国博弈的关键所在，体现出了国际社会在应对气候风险方面的诸多分歧。总体来讲，当前全球气候治理面临的重大挑战主要有以下几点：

第一，气候风险本身特征给全球治理带来挑战。气候风险具有四方面的特征，即来源上的内生性、影响上的延展性、内容上的不确定性，以及应对路径上的协同性。[4]简单来讲，气候风险是产生于人类社会并相伴相随，需要各国一致应对的不确定风险。这就会给全球气候治理带来不可避免且不可预测的挑战。

第二，地缘政治阻碍全球气候治理进程。当前仍在持续发酵的俄乌冲突在给国际社会秩序带来动荡的同时，也将引发新的国际能源危机。俄罗斯作为重要的石油和天然气的出口国，其供应的缩减所带来的能源价格上涨将给全球减排带来巨大的压力。同时，政治博弈也会导致各国全球气候治理方面的合作意愿大大降低。[5]

第三，大国博弈下的"绿色霸权"给各国气候治理的公平协调合作带来威胁。"绿色霸权是指低碳发展领先国家利用自身的绿色优势，在政治和经济层面

---

〔1〕　See THE QUÉBEC-CALIFORNIA CARBON MARKET, Ministère de l'Environnement, de la Lutte contre les changements climatiques, de la Faune et des Parcs.

〔2〕　参见张海滨：《全球气候治理的历程与可持续发展的路径》，载《当代世界》2022年第6期。

〔3〕　参见高凛：《〈巴黎协定〉框架下全球气候治理机制及前景展望》，载《国际商务研究》2022年第6期。

〔4〕　参见朱炳成：《全球气候治理面临的挑战及其法制应对》，载《中州学刊》2020年第4期。

〔5〕　参见赵斌：《全球气候政治的现状与未来》，载《人民论坛》2022年第14期。

向低碳发展落后国家施加单向的、具有强制性和明确威胁信号的权力。"[1]例如，欧盟于 2023 年 10 月 1 日生效的碳边境调节机制（Carbon Border Adjustment Mechanism，CBAM），通过对高碳产品在进口到欧盟关税区时收取税费的方式，来防止碳泄漏风险，从而减少全球碳排放并支持《巴黎协定》的目标。[2]这实际上是欧盟单边的减排措施欲取代全球制度安排的做法，欲使他国加入或者链接其碳交易体系，从而实现碳交易制度地理上的扩张。[3]除此之外，"碳俱乐部"、跨南北的环境完整性集团、立场相近的发展中国家集团等利益共同体，也使得全球治理体系日趋复杂，呈现出了制度上的"碎片化"，大大影响气候治理的进度。

可以看到，全球气候治理的发展历程是充满艰难险阻的，也是复杂多变的。但需要肯定的是，减排净碳仍然是全人类的共同目标，兼顾各方利益、协调整合气候治理的不同进路，应是目前国际社会的关注重点。

（二）研究意义

1. 理论意义

目前，关于《巴黎协定》达成前后的宏观研究，学者从经济学、环境科学、政治学等不同的角度进行多维展开，为相关研究奠定了理论基础、提供了丰富的研究素材。但是，作为全球气候治理中不可忽视的一环，即碳交易制度的国际协调问题，却是目前学界尚未重点关注的领域。而以法学视角来解读碳交易机制国际协调问题，进而为实践中的困境提出法治化出路的研究就更加少之又少。当前，为了能够顺利达成减排的集体目标，需要持续推进全球碳市场链接[4]，及各国碳交易制度的健全完善。而推进工作的展开急需

---

[1] 周亚敏：《单边气候规制的国际政治经济学分析——以美欧为例论绿色霸权的构建》，载《世界经济与政治》2022 年第 12 期。

[2] See European Union, REGULATION (EU) 2023/956 OF THE EUROPEAN PARLIAMENT AND OF THE COUNCIL of 10 May 2023 establishing a carbon border adjustment mechanism, Official Journal of the European Union, L 130, Vol. 66, p. 52, 16 May 2023, Article 1.

[3] 参见周亚敏：《单边气候规制的国际政治经济学分析——以美欧为例论绿色霸权的构建》，载《世界经济与政治》2022 年第 12 期。

[4] 在一般意义下，如果一个碳市场的参与主体可以使用另一个碳市场中发行的碳排放配额来履行合规义务，那么这两个碳市场之间就是相互链接的。See Mehling, Michael, Linking of Emissions Trading Schemes, in David Freestone and Charlotee, Legal Aspects of Carbon Trading: Kyoto, Copenhagen, and beyond, Oxford Academic, 2010, pp. 108-133.

理论研究的不断深入，为国际碳交易市场的协调合作提供理论支撑。不仅如此，中国碳交易制度刚刚步入轨道，如何在《巴黎协定》新规定的"自主贡献"模式中得到法治化水平的提升，如何能够在完善国内法的同时，积极推动与国际碳交易制度的有效联动，也急需相关研究的完善和充实。

因此，本书一方面，以《巴黎协定》下的碳交易机制作为研究基点，综合目前碳交易市场的发展趋势和面临的困境，并借鉴已有的实践给出纾困之道，对于激活国际碳交易市场、促进国际减排进程，具有较强理论意义。另一方面，我国目前处于碳交易制度的建设过程中，不仅要考虑本国法律法规的适应度和科学性，还要兼顾与国际规则的互动。不仅要积极探索如何与全球已有发达碳市场进行联通链接，而且还需要关注如何加强与发展中国家的碳交易协调合作能力。基于此，本书的选题对我国相关立法和实践的完善有着重要的理论意义。

2. 现实意义

（1）国际方面

虽然《巴黎协定》已经设定了减排的集体目标，但是近年来，各国领导人纷纷意识到，有必要在本世纪末将全球变暖控制在 1.5°C 以内。这是因为，联合国政府间气候变化专门委员会表示，超过 1.5°C 的阈值有可能引发更严重的气候变化影响，包括更频繁、更严重的干旱、热浪和降雨。因此，为了将全球变暖限制在 1.5°C，温室气体排放最迟必须在 2025 年前达到峰值，到 2030 年下降 43%。[1] 可以看出，目前全球正处在气候治理的关键阶段，实现碳达峰的气候治理目标迫在眉睫。各国在碳交易方面所取得的进展虽然显著，但是面对如此紧迫的减排目标，以及目前实践中出现的，诸如温室气体减排重复计算、碳泄漏和"洗绿"（如公司虚假宣传其绿色信用，对气候中性产品或服务的虚假陈述等）等问题，仍然急需各国的合作和协调来共同应对。

如前文所述，《巴黎协定》第 6 条为各国提供了两种类型的国际碳交易制度安排，即 ITMOs 交易机制和 SDM 机制。但是，这两种制度安排都存在着实施上的困境，同时也是《公约》缔约国大会近年来谈判的争议焦点。具体来讲，ITMOs 交易制度实际上是允许各国在不受任何国际统一监督的情况下进

---

[1] See United Nations Climate Change, "The Paris Agreement", available at: https://unfccc.int/process-and-meetings/the-paris-agreement, last visited: 10 June 2023.

行碳交易。鉴于不同国家国内采取了不同的碳交易制度，在碳排放总量设定、初始分配方式、监管运行机制，以及碳排放核准标准等方面都有一定区别。因此，在交易时就可能会产生碳价格信号不确定和减排成果重复计算等问题。如何协调各国间不同的碳交易制度是需要解决的关键问题。相比之下，可持续发展机制（SDM）则是基于项目、通过统一的国际监督机构来进行的国家间的碳交易，是一个建立在清洁发展机制经验基础上的机制。但是，如何权衡项目分配的公平性和"可持续发展原则"之间的关系，以及如何吸取清洁发展机制的经验教训等，都是目前碳交易全球协调发展的难点。

此外，除了规则本身的不确定性和相关概念模糊所带来的国际碳交易协调困难，实际上，各国碳市场发展的实践也给全球碳交易协调合作带来挑战。当前，全球碳市场机制的协调合作呈现出了区域性分割独立的"意大利面碗"化的局面[1]，部分国家和地区间的"微多边"碳市场链接给全球性的碳交易协调带来阻碍。举例来讲，一方面，发展中国家很难参与其中。因为在实践中，能够实现碳市场链接的往往都是发达经济体[2]，或是采取相同碳交易制度的国家和地区。因为链接方之间的制度存在高度重合，协调成本较低。并且这些国家和地区往往已经实现了碳达峰，能够在绝对总量控制下实现碳配额互认。[3]但是，大部分发展中国家不能满足上述条件。所以，发达国家和地区主导的"碳市场俱乐部"缺乏接纳发展中国家的意愿。另一方面，为了达到规制碳泄漏和保护本国的相关产业竞争力的目的，部分国家和地区实施了单边的边境贸易限制措施，如前文所述的欧盟碳边境调节机制，这种单边措施无疑将会给国际碳交易协调合作带来巨大的冲击。

可见，虽然《巴黎协定》提供了国际碳交易制度的新框架，但是欲实现国际碳交易的协调合作，仍需要进一步探究在该框架下能够综合权衡各国多元化减排行动的具体实施规则。总之，只有在完善全球协同的碳交易制度的基础之上，才能够更好地达成《巴黎协定》下的更高的全球减排的目标。因此，本选题聚焦国内、区域和国际碳交易机制之间的关系联动，对促进全球

---

[1] 参见曾文革、江莉：《〈巴黎协定〉下我国碳市场机制的发展桎梏与纾困路径》，载《东岳论丛》2022年第2期。

[2] 参见王云鹏：《论〈巴黎协定〉下碳交易的全球协同》，载《国际法研究》2022年第3期。

[3] 参见王云鹏：《论〈巴黎协定〉下碳交易的全球协同》，载《国际法研究》2022年第3期。

碳交易协调发展具有较强的现实意义。

（2）国内方面

中国作为《公约》、《议定书》和《巴黎协定》的缔约方之一，也在积极承担应对气候变化的责任。2020年9月，习近平主席在联合国大会上首次提出了中国二氧化碳排放力争在"2030年前达到峰值，2060年前实现碳中和"的目标[1]（以下简称为"双碳"目标）。随后，2021年10月28日，中国政府向《公约》秘书处正式提交了《中国落实国家自主贡献成效和新目标新举措》和《中国本世纪中叶长期温室气体低排放发展战略》，并将"双碳"列入战略愿景。[2]此后，中国不断践行承诺，根据《中国落实国家自主贡献目标进展报告（2022）》，目前我国已经建立了"1+N"的双碳政策体系。其中，"1"由《中共中央　国务院关于完整准确全面贯彻新发展理念做好碳达峰碳中和工作的意见》和《2030年前碳达峰行动方案》两个文件共同构成；"N"是重点领域、重点行业实施方案及相关支撑保障方案。[3]为保障"双碳"目标达成，我国积极探索碳市场的建立和相关制度的制定。中国的碳市场历经政策准备、地方试点及全国碳市场建设三大阶段[4]，最终在2021年7月16日，中国全国碳排放权交易市场上线交易，地方试点碳市场与全国碳市场并行[5]。2021年12月31日，全国碳市场第一个履约周期顺利结束。期间共纳入发电行业重点排放单位2162家，年覆盖二氧化碳排放量约45亿吨，是全球覆盖排放量规模最大的碳市场。[6]在立法方面，中国也在不断完善碳交易规则，提高立法水平，于2024年1月25日公布了《碳排放权交易管理暂

---

〔1〕　参见《习近平在第七十五届联合国大会一般性辩论上的讲话（全文）》，载 http://www.mofcom.gov.cn/article/i/jyjl/m/202009/20200903003397.shtml 最后访问日期：2023年5月1日。

〔2〕　参见《中国本世纪中叶长期温室气体低排放发展战略》，载 https://unfccc.int/sites/default/files/resource/LTS1_China_CH.pdf，最后访问日期：2023年5月1日。

〔3〕　参见《积极稳妥推进碳达峰碳中和》，载 https://www.gov.cn/yaowen/2023-04/06/content_5750183.htm，最后访问日期：2023年5月1日。

〔4〕　参见《我国碳市场发展经历三个阶段》，载 http://www.china-cer.com.cn/shuangtan/2022022516881.html，最后访问日期：2023年5月1日。

〔5〕　参见北京理工大学能源与环境政策研究中心：《中国碳市场回顾与展望（2022）》，载 https://ceep.bit.edu.cn/docs/2022-01/eb3a1bf65b6e499281122c9d55ef2f7d.pdf，最后访问日期：2023年5月1日。

〔6〕　参见《中国落实国家自主贡献目标进展报告（2022）》，载 https://www.gov.cn/xinwen/2022-11/12/5726372/files/23fcb19ad06246b3b8d5876608684856.pdf，最后访问日期：2023年5月1日。

行条例》，自 2024 年 5 月 1 日起施行。这是我国第一部规范碳排放权交易市场的行政法规，具有重大意义。

但需要注意的是，当前中国碳市场仍然处于发展初期，还存在覆盖行业较少、交易主体单一、金融工具匮乏，以及配套规则不完善、监管体制不够健全等局限。[1]因而，容易造成碳价波动剧烈、交易制度不够透明等问题，从而影响与国外碳市场进行链接及与全球碳市场的协调合作。

为此，本选题聚焦中国国内碳交易市场制度的进一步完善，并探索与国际碳交易市场链接路径。从双边、区域（"一带一路"作为制度平台）以及多边共识的方面着手，为我国实现国内外碳交易互动建言献策，具有较强的现实意义。

二、研究现状与文献综述

（一）研究现状

自《巴黎协定》达成以来，其中第 6 条有关碳交易制度的规则，一直是学术界所关注的焦点。然而目前，国内外研究成果大部分是对某一具体条款内容和实施细则的单一研究，鲜有以碳交易国际协调法律问题为主要研究对象的综述性研究。结合中国的碳交易发展现状并提出完善建议的综述性文献则更是少之又少。

具体而言，国外学者对于国际碳交易机制的研究成果非常成熟且丰富，对于各国碳市场机制链接，以及构建国际统一碳交易市场等问题的研究层出不穷。并且，伴随着 2022 年联合国气候变化大会第 27 次缔约方会议（COP27）以及 2023 年联合国气候变化大会第 28 次缔约方会议（COP28）的召开，有关《巴黎协定》第 6 条实施细则的讨论热度更是不断攀升。但是，国外学者对于中国此类建立了碳交易市场的发展中国家的关切不足。反观国内，近两年来，在国家提倡研究实现碳达峰、碳中和的基本思路和主要举措后，有关研究如雨后春笋。尤其是在我国建立了国内统一碳交易市场之后，为了更好地实现减排目标，促进绿色经济的发展，碳交易制度的健全与完善

---

〔1〕 参见李猛：《"双碳"目标背景下完善我国碳中和立法的理论基础与实现路径》，载《社会科学研究》2021 年第 6 期。

再一次成为学术热点。研究内容方面，一方面，学者们对于《巴黎协定》第
6条关于国际碳交易规则的研究较为全面，但是尚缺乏探索如何推动国际碳交
易共同协调发展的相关研究；另一方面，对中国如何构建国内碳交易市场的
研究成果居多，但是，对于中国如何与国际碳交易市场进行联动链接的研究
较少。

总体来看，碳交易国际协调问题是目前国内外学者的研究热点，国外学
者的研究成果在一定程度上优于国内学者的研究，对于基本理论和碳市场构
建的实践参考意义更强。而在研究中国碳交易市场规则的完善和国际联动方
面，则重点以国内学者的成果为参考。

（二）文献综述

与本书选题相关的国内外文献主要涉及以下几个方面：

1. 碳交易的基础理论及国际协调争议

关于碳交易的基础理论，不论是从经济学还是法学的角度，国内外学者
都进行了广泛和深入的研究。但总体来讲，国外学者的研究相较于国内开始
得更早，并且涉及的研究领域也相对更为丰富。

国外研究方面，主要包括如下几点：第一，碳交易的理论渊源。碳交易，
也即有关碳排放权的交易。如前文所述，碳排放权是由美国经济学家 Dales 首
次提出的概念，是指权利人在符合法律规定的条件下向环境排放污染物的权
利。而允许这项权利在特定条件下进行交易的，则可称之为可交易的排放权
（Tradable Permits）。[1]实际上，碳排放权产生的基础，是经济学范畴内的环
境污染的"外部性"和"科斯定理"。1890 年，经济学家阿尔弗雷德·马歇
尔提出了"外部性"的概念，在这一概念中，污染不是类似于掠夺的罪恶，
而是在生产原本令人满意的商品或服务的过程中强加给他人的不良结果。[2]

---

[1] 参见曾刚、万志宏：《碳排放权交易：理论及应用研究综述》，载《金融评论》2010 年第 4 期。

[2] 简单来讲，"外部性"是指，经济主体对非市场交易部分的第三方产生影响，"外部性"影
响分为"正外部性"和"负外部性"。例如，工厂排污等产生的污染问题就会对环境产生"负外部
性"影响。在这种情况下，市场价格可能无法准确反映社会成本，因为它们没有考虑对第三方造成的
损害或收益。价格传递的信息根本不准确，导致资源分配不当。因此，"外部性"即是市场失灵的表
现之一。See Anushree A, "Economic Externalities: Meaning, Types and Effects", Economic Discussion, a-
vailable at: https://www.economicsdiscussion.net/economics-2/economic-externalities/economic-externalities
-meaning-types-and-effects-economics/27067, last visited: 14 April 2023.

1920 年，马歇尔的学生、后来在剑桥大学的继任者庇古（A. C. Pigou）认为，应对污染"外部性"的适当政策是对排放的污染量征税。这种"庇古税"的金额将取决于污染造成的危害程度。[1]但是，随着气候危机的日益严峻，自 20 世纪以来，各界学者对环境治理路径进行了深刻的反思。著名经济学家罗纳德·哈里·科斯（Ronald H. Coase）在其 1960 年的一篇经典文章《社会成本问题》（The Problem of Social Cost）中，从财产权的角度重塑了经济学家对解决污染问题的看法。针对如何解决环境污染的"外部性"问题，科斯认为，不需要通过监管机构征收"庇古税"，而是通过明确定义产权就可以得到解决。也就是说，在交易成本为零时，一旦产权得到明确定义，那么损害方和被损害方就会有动力达成最具成本效益的价格，从而解决"外部性"所带来的负面影响。以工厂排污为例，排放污染物的工厂对环境无疑造成了损害，产生了"负外部性"。但是可以通过采取或要求其进行赔偿，或进行减排减产等措施，从而降低对环境造成污染的危害性。[2]因此，Dales 将上述产权概念与环境治理相结合，形成了碳排放权交易的概念，奠定了碳交易制度的理论基础。此后，关于环境产权的讨论大量涌现，综合性著述也层出不穷。Michael G. Faure 和 Roy A. Partain 在其著作中，回顾了碳交易理论的发展历程，并且对于环境法中的产权问题进行了全面的论述。关于如何更加合理地利用产权理念更有效地解决环境问题，他们认为，传统的财产概念，如"先得规则"，可能导致资源使用效率低下，并不合理。因此，应当运用"事前信息"和"激励措施"，或者按照科斯提出的理念进行权利的重新分配。[3]

第二，碳交易正当性的争议。随着全球碳交易成为各国治理气候变化努

[1] 英国经济学家庇古提出，对任何造成社会危害的外部性的活动都要征收"庇古税"，将成本从社会转移到这些"外部性"的生产者身上。他认为，政府干预将有助于整个社会解决"外部性"问题。See Pigouvian tax, "Energy Education", available at: https://energyeducation. ca/encyclopedia/Pigouvian_ tax, last visited on14 April 2023. "庇古税"能够抑制产生"负外部性"的行为，也可以在经济中创造更高的效率，尤其是当税收涵盖了外部损害的成本时，它能够反映生产商品或服务的真实成本。然而，确定征收多少"庇古税"，以使其能够等于"负外部性"产生的成本是很难衡量的。而且，其对低收入人群将产生极大的负担。See Alcalde, et al, "Pigouvian Taxes: A Strategic Approach", *Journal of Public Economic Theory*, Vol. 1, 1999, pp. 271-281.

[2] See R. H. Coase, "The Problem of Social Cost", *The Journal of Law & Economics*, Vol. 56, No. 4., 2013, pp. 837-877.

[3] See Faure, M. & Partain, R., *Environmental Law and Economics: Theory and Practice*, Cambridge University Press, 2019, pp. 37-62.

力的核心，气候治理越来越多地"基于市场"、"通过市场"和"围绕市场"进行。[1]但实际上，碳交易制度在制定初期引发了较多学者对于碳交易是否具备正当性的担忧。反对派中，Dave Huitema 等认为，碳交易制度所带来的众所周知的成本效益和环境质量效益，是以对程序正义和政治合法性的潜在腐蚀性影响为代价的。同时伴随着公民和社会参与，问责制和透明度的问题产生。[2]而支持派中，有学者提出碳市场得以被大力推动的一个主要力量，是它们对国家和非国家行为者的强大的吸引力。对于国际机构和政府来说，它们提供了一种在不牺牲其他政策目标的情况下，履行减少温室气体排放承诺的方式；对于排放企业而言，它们为管理与气候变化相关的监管风险和商业风险提供了"最不坏"的选择；对于市场中介和投机者来说，他们创造了新的商业机会。[3]而对于政治合法性和程序正当性等问题的影响，实际上是制度具体规则设计的问题，而不是碳交易本身存在问题，可以用环境现代化理论来指导政府的决策工作。[4]

第三，碳交易协调合作的必要性讨论。碳交易协调合作，通常是通过各国或地区之间的碳交易市场链接来进行的。国外学者从多个角度，如经济学、政治学、法学等，对是否有必要进行碳市场链接，以及其优缺点等方面进行了较为全面的研究。其中，也分为了支持派和质疑派两个阵营。支持派认为碳交易协调合作的必要性体现在四个层面，即政治层面、经济层面、行政管理层面，以及政策层面。在政治层面上，碳市场链接标志着各国减少温室气体排放所做的共同努力，减少排放的任何措施都会带来好处。[5]在经济层面上，碳市场链接有三个好处：首先，最显著的好处是有机会通过以最大限度地减少总减排成本的方式，在链接起来的市场之间转移减排，从而降低实现减排目标的成本；其次，不同碳市场的链接拓宽了津贴和信贷市场，从而提

---

〔1〕　See Mawell Boykoff, *The Politics of Climate Change: A Survey*, Routledge, pp. 80-99.

〔2〕　Dave Huitema, et al. "The Evaluation of Climate Policy: Theory and Emerging Practice in Europe", *Policy Sciences*, Vol. 44, 2011, pp. 179-198.

〔3〕　See Ian Bailey, et al., "Ecological Modernisation and the Governance of Carbon: A Critical Analysis", *Antipode*, Vol. 43, No. 3., p. 682, p. 697.

〔4〕　See Moarten A. Hajer, "Ecological Modernization as Cultural Politics", *Risk, Environment and Modernity: Towards a New Ecology*, 1996, Sage, pp. 246-268 in Scott Lashand Bronulaw Szerszynski eds.

〔5〕　See Dallas Burtraw, et al., "Linking by Degrees: Incremental Alignment of Cap-and-Trade Markets", *Resources for the Future Discussion Paper*, 2013, p. 2.

高了碳金融的市场流动性，降低了碳价格的波动风险；最后，它为各国提供了一个发展的机会。也就是说，只要两个碳交易系统联系在一起，无论减排责任最初如何在这些国家分配，它们都可以经济高效地实现特定的集体排放目标。在某些情况下，碳市场链接还可以通过减少排放泄漏来减少全球碳排放。[1]在行政管理层面，碳市场的链接增强了监管机构分享项目管理最佳实践的机会。实现管理和设计的一致性，可以降低不同碳市场所在的司法管辖区运营的企业的管理和合规成本。[2]政策层面，碳交易市场的链接扩大了一国国家政策的影响力，提高其在全球气候治理中的话语权。[3]而质疑派对碳交易市场链接主要提出了以下几点担忧：一是，多个监管机构会增加管理关联碳市场的难度，过松的管理会导致碳泄漏等问题难以得到解决，而过多的限制又会使得碳交易市场失去灵活性。[4]二是，碳市场链接还有可能会增加全球的碳排放量。例如，信贷系统可能因难以衡量减排基线等原因产生误差。也就是说，信贷系统提供的减排信贷可能由于所基于的数据并不完善或准确，并不能够代表真正的额外减排，从而给市场主体造成误导。[5]三是，碳市场链接可能会减少国家对国内碳交易制度设计和影响的控制。一旦碳市场之间建立了联系，其补贴价格和排放后果就会受到该链接发展的影响。[6]也就是说，碳市场链接其中一国的国内政府，在对其国内碳交易制度进行制定和完善的过程中，会受到该链接相关规则的约束，而无法完全基于其自身利益需要来制定相应的碳交易制度。四是，碳市场链接会降低全球气候治理的动力。该观点的理由在于，碳市场链接会改变政府在权衡发放额外津贴可以创造的价值和发放额外津贴所产生的边际环境损害时的决策。环保水平较低的政府

---

〔1〕 See Judson Jaffe, et al., "Linking Tradable Permit Systems: A Key Element of Emerging International Climate Policy Architecture", *Ecology Law Quarterly*, Vol. 36, No. 4., 2009, pp. 798−800.

〔2〕 See Dallas Burtraw, et al., "Linking by Degrees: Incremental Alignment of Cap-and-Trade Markets", *Resources for the Future Discussion Paper*, 2013, p. 3.

〔3〕 See Dallas Burtraw, et al., "Linking by Degrees: Incremental Alignment of Cap-and-Trade Markets", *Resources for the Future Discussion Paper*, 2013, p. 4.

〔4〕 See Green, J., "Don't link carbon markets", *Nature*, Vol. 543, 2017, pp. 484−486.

〔5〕 See Judson Jaffe, et al., "Linking Tradable Permit Systems: A Key Element of Emerging International Climate Policy Architecture", *Ecology Law Quarterly*, Vol. 36, No. 4., 2009, p. 801.

〔6〕 See Judson Jaffe, et al., "Linking Tradable Permit Systems: A Key Element of Emerging International Climate Policy Architecture," *Ecology Law Quarterly*, Vol. 36, No. 4., 2009, p. 801.

往往更有动力去慷慨地分配碳排放额度，但是环保意识强的政府则倾向收紧分配。因此，双方的合作意愿甚微。并且，大量分配碳排放额度可能会对没有设置绝对减排目标的国家带来冲击。[1]

相比较而言，国内的学者对于碳交易基本理论的研究起步较晚。第一，在碳交易的理论渊源方面，基本承接了国外学者的理论基础，进而从经济学领域继续深入探讨。廖振良将碳交易基本理论进行了全面的总结，并将国外的碳交易制度的发展情况进行了综述。[2]孙永平主编的《碳排放权交易概论》[3]以碳交易制度所涉及的各个环节为切入点，对相关的基本理论进行了诠释，展现了制度的全景。朱家贤则以环境金融法的视角，通过金融、能源、法学等交叉研究，解释了碳排放权的基本内涵和相关理论。[4]

第二，碳交易的正当性。国内学者的质疑点主要有如下两个方面：一是，碳排放权作为产权进行交易的正当性问题。有学者指出碳排放权本身存在内部构造的矛盾，即公共目的与私人目的的错位和公共运作与私人运作的错位。将其作为一项"产权"就会忽视碳排放权"弱排他性"和"公私混合"的特性。[5]二是，碳排放权交易机制的公平性问题。有观点认为，碳排放交易制度是通过优化资源配置的方式，达到降低减排成本，提高气候治理效率的目的。因此，体现了功利主义的价值追求。但是，整体环境的优化并不能代表局部环境的提升，也就是说，即便环境整体得到改善，但是可能存在着污染源积聚和碳泄漏等问题。[6]

第三，在碳交易协调合作方面，我国学者普遍持支持的态度，认为应大力推动国际碳交易合作应对气候变化。侯燕磊等认为，碳交易国际协调合作能够扩大碳交易市场规模，增强其流动性，是我国实现"双碳"目标的重要

---

〔1〕　See Holtsmark, et al., "International emissions trading in a non-cooperative equilibrium," *Statistics Norway*, *Research Department*, *Discussion Paper*, No. 542., 2008, pp. 1-22.

〔2〕　参见廖振良编：《碳排放交易理论与实践》，同济大学出版社 2016 年版。

〔3〕　参见孙永平主编：《碳排放权交易概论》，社会科学文献出版社 2016 年版。

〔4〕　参见朱家贤：《环境金融法研究》，法律出版社 2009 年版。

〔5〕　参见倪蕴帷：《排放权交易的正当性思辨——基于欧美实证经验分析》，载《交大法学》2020 年第 4 期。

〔6〕　参见倪蕴帷：《排放权交易的正当性思辨——基于欧美实证经验分析》，载《交大法学》2020 年第 4 期。

政策工具和参与全球气候治理体系的重要途径。[1]孙永平等认为，自愿合作机制，即通过市场化手段的碳交易国际合作机制，能够在互惠互利的基础上，将各缔约方连接起来，以较低的成本来实现全球减排的共同目标。同时，能够减少"搭便车"的情况出现。[2]

2. 碳排放权的法律性质

国内外学者对于碳排放权的法律属性都有较丰富的理论基础。在国外研究方面，对碳排放权的法律属性的定性主要有四类：一是，在欧美法视域下碳排放权属于"私有产权"。Welch 认为碳排放权应包括共同财产权、用益权和完全所有权的属性。[3]Cole 探讨了产权与环境保护之间的关系。他认为"公地悲剧"下的环境污染和资源枯竭，是由产权规定不充分造成的。通常有两种避免"悲剧"的解决方案：（1）明确产权（即公地私有化）或（2）规范进入和使用。对于某些环境商品，如土地，私有化一直是首选方法。对于其他环境产品，如空气和水，监管一直是首选方法。上述每种方法都涉及对开放获取的资源施加"财产权"。公共监管越来越依赖以产权为基础的机制，以提高监管效率。[4]二是，碳排放权应被视为行政授权。有学者认为，碳排放权如果归为财产权则无法解释由政府（如美国州政府）控制的排放交易项目更为活跃这一事实。在这一领域的进一步研究可能有助于解释不同减排项目执行中的差异，从而更好地推动气候治理。[5]并且，行政授权的概念使得政府能够有更大的灵活性来改变排放配额的数量，以适应不同时期气候治理的不同目标。[6]三是，碳排放权的法律性质取决于具体情况。Mace 指出，应

---

〔1〕 参见侯燕磊、魏巍：《借鉴欧盟碳交易市场衔接机制经验 力促我国碳交易市场有为有序发展》，载《中国经贸导刊》2023 年第 2 期。

〔2〕 参见孙永平等：《全球气候治理的自愿合作机制及中国参与策略——以〈巴黎协定〉第六条为例》，载《天津社会科学》2022 年第 4 期。

〔3〕 See W. P. Welch, "The political feasibility of full ownership property rights: The cases of pollution and fisheries", *Policy Sciences*, Vol. 16, No. 2., 1983, pp. 166-169.

〔4〕 See Daniel H. Cole, "New Forms of Private Property: Property Rights in Environmental Goods" in Boudewijn Bouckaerted, *Property Law and Economics*, Edward Elgar Publishing, 2010, p. 274.

〔5〕 See Robert W. Hahn & Gordon L. Hester, "Where Did All the Markets Go? An Analysis of EPA's Emissions Trading Program", *Yale Journal on Regulation*, Vol. 6, 1989, p. 109, p. 152.

〔6〕 参见［澳］大卫·希尔曼、约瑟夫·韦恩·史密斯：《气候变化的挑战与民主的失灵》，武锡申、李楠译，社会科学文献出版社 2009 年版，第 115~173 页。

根据不同情况下的使用目的来决定碳排放权法律性质。例如，在破产情况下，排放配额此时的关键特征应是不可撤销性和可转让性，而不是作为一种特定类型的权利。[1]K. Anttonen 等也持有该观点，并举例说明英国法律没有作出碳排放权法律性质的明确定义，而是由法院来裁定不同情况下的具体分类。[2]四是，碳排放权作为有限产权。有限产权在某种程度上介于私有财产观点和行政授权观点之间，是二者的折中。持有该观点的学者认为，一个可持续的碳交易市场应该在监管灵活性和市场参与度之间找到平衡。[3]

　　国内研究方面，可以分为两大类观点，即"义务说"和"权利说"。其中，"权利说"又可以分为公权和私权两大阵营。公权也就是"许可权"和"规制权"，而私权包括了"准物权"、"用益物权"、"准用益物权"、"新型数据财产权"以及"混合权"等学说。具体来说，"义务说"认为碳排放不应被视为一项权利，而应是相关主体承担的"义务"。[4]有学者从权利主体和义务主体的角度分析了碳排放不宜作为权利的原因。[5]"权利说"中，主张公权的学者将碳排放权认定为（1）"许可权"，因为其具备环境许可的特征[6]；私权阵营中，主张（2）"准物权说"的学者认为，碳排放权的重点在于对自然资源的合理利用，而这与准物权的价值相一致；并且准物权在划分各主体及其权利义务方面有着突出作用[7]；（3）"用益物权说"认为，碳排放权主体对碳排放权的权利有直接支配性和排他性，权利内容是获取特定数量温室气体的使用价值，具有物权属性。不仅如此，其还具备用益物权的

---

　　[1]　See Mace, M. I., "The Legal Nature of Emission Reductions and EU Allowances: Issues Addressed in an International Workshop", *Journal for European Environmental & Planning Law*, Vol. 2, No. 2., 2005, pp. 123- 134.

　　[2]　See Anttonen, K., et al., "Breathing Life into the Carbon Market: Legal Frameworks of Emissions Trading in Europe", *European Energy and Environmental Law Review*, Vol. 16, No. 4., 2007, pp. 96-115.

　　[3]　See Hahn, Robert W., "Economic Prescriptions for Environmental Problems: How the Patient Followed the Doctor's orders", *Journal of Economic Perspectives*, Vol. 3, No. 2., 1989, pp. 95-114.

　　[4]　参见陈真亮、项如意：《碳排放权法律属性的公私法检视及立法建议》，载《武汉科技大学学报（社会科学版）》2022 年第 1 期。

　　[5]　参见郭楠：《碳排放权的规范解构与实践反思》，载《中国地质大学学报（社会科学版）》2022 年第 6 期。

　　[6]　参见王慧：《论碳排放权的特许权本质》，载《法制与社会发展》2017 年第 6 期。

　　[7]　参见杜晨妍、李秀敏：《论碳排放权的物权属性》，载《东北师大学报（哲学社会科学版）》2013 年第 1 期。

特点，即主体享有对碳排放权占有、使用、收益等的权利，并且碳排放权的公权性并不影响其用益物权属性[1]；（4）"准用益物权说"指出，准用益物权是具备用益属性，但不完全等同于用益物权的权利。其具备需要行政许可程序作为前置条件、客体具有复合和不确定性、母权属于国家或集体所有等特点。这些特点与碳排放权的特性一致[2]；（5）持"新型数据财产权说"的学者则认为，由于现有权利体系更多凸显个人利益等原因[3]，碳排放权不应归属于现有法律体系中的任何一种权利；（6）"混合说"则主要包括了"环境权及财产权"[4]、"准物权及发展权"[5]，以及"权额分立"[6]等。

3.《巴黎协定》背景下碳交易的规则研究

自从《巴黎协定》达成以来，对于《巴黎协定》中碳交易制度的研究主要围绕其第 6 条展开，该规则一直是国内外学者的研究重点。

国外研究方面，主要涉及：第一，《巴黎协定》下两种碳交易机制的概述及争议。Karin 等人梳理了《巴黎协定》相关规则的谈判过程和各国气候治理博弈。[7]Christopher 将《巴黎协定》第 6 条中规定的 ITMOs 交易机制和 SDM 机制进行了分析，说明了其应对气候变化的重要意义。[8]Basil 专门对 SDM 机制进行了研究，分析了其在缔约方大会中被提出的沿革背景，以及其与 CDM

---

〔1〕 参见叶勇飞：《论碳排放权之用益物权属性》，载《浙江大学学报（人文社会科学版）》2013 年第 6 期。

〔2〕 参见刘自俊、贾爱玲：《论碳排放权的法律性质——准用益物权》，载《环境污染与防治》2013 年第 10 期。

〔3〕 参见李素荣：《碳排放权的法律属性分析——兼论碳排放权与碳排放配额的关系》，载《南方金融》2022 年第 3 期；王国飞、金明浩：《控排企业碳排放权：属性新释与保障制度构建》，载《理论月刊》2021 年第 12 期；杨博文：《碳达峰、碳中和目标下碳排放权的权利构造与应然理路》，载《河海大学学报（哲学社会科学版）》2022 年第 3 期；任洪涛：《民法典实施背景下碳排放权数据产权属性的法理证成及规范进路》，载《法学杂志》2022 年第 6 期。

〔4〕 参见丁丁、潘方方：《论碳排放权的法律属性》，载《法学杂志》2012 年第 9 期。

〔5〕 参见王明远：《论碳排放权的准物权和发展权属性》，载《中国法学》2010 年第 6 期。

〔6〕 参见曹霞、郅宇杰：《基于"权额分立"理念的碳排放权性质与相关概念审视》，载《中国环境管理》2022 年第 5 期。

〔7〕 See Karin Bäckstrand & Eva Lövbrand, "The Road to Paris: Contending Climate Governance Discourses in the Post-Copenhagen Era", *Journal of Environmental Policy & Planning*, 2016, p. 1.

〔8〕 See Christopher Campbell-Duruflé, Enhancing Climate Adaptation through the Paris Agreement Market Approaches: Opportunities for COP 25 and beyond", *Carbon & Climate Law Review*, Vol. 3, 2019, pp. 183-194.

之间的关系。[1]Charlotte 等人认为，《巴黎协定》的通过是国际气候政策的一个里程碑，建立了一个参与、跟进、定期评估及合作的全球气候治理进程。但同时，个别国家的贡献达不到总体气候目标，《巴黎协定》在没有足够行动和支持的情况下，仍然是一个空壳。因此，《巴黎协定》是否是解决气候变化集体行动问题的正确框架还有待观察。[2]第二，《巴黎协定》第 6 条有关碳交易市场制度的完善建议。有学者认为，针对 SDM 机制，应澄清可持续发展的概念如何在气候治理背景下适用，并将其作为缓解和适应项目的经验法则，还应确保世界各地可持续发展项目的公平分配。[3]有学者认为，应当通过制定合理有效的碳价格机制来实现可持续发展的目的。[4]还有学者借鉴了 CDM 机制下可持续发展工具的应用，通过实证分析，认为对气候行动的可持续发展效益的评估可以根据定性数据的分析进行分级和标记，这比采用定量方法的成本更低且更有效。[5]

国内研究方面，主要涉及：第一，《巴黎协定》下新型碳交易机制的内涵与意义。季华对 ITMOs 交易机制和 SDM 交易机制的目标、特点和内容均进行了较为全面的分析和论述，并分析了二者之间的关系。[6]曾文革等分析了《巴黎协定》形成"自下而上"的部门型基线与信用机制的过程，以及其内涵和特点。[7]党庶枫全面综述了《巴黎协定》下碳交易机制的源起以及谈判

---

〔1〕 See Basil Ugochukwu, "Challenges of Integrating SDGs in market-based climate mitigation projects under the Paris agreement", *McGill International Journal of Sustainable Development Law and policy*, Vol. 16, No. 1., 2020, pp. 117-128.

〔2〕 See Charlotte Streck, et al, "The Paris Agreement: A New Beginning", *Journal for European Environmental & Planning Law*, Vol. 13, No. 1., 2016, pp. 3-29.

〔3〕 See Basil Ugochukwu, "Challenges of integrating SDGs in market-based climate mitigation projects under the Paris agreement", *McGill Journal of Sustainable Development Law*, Vol. 16, No. 1., pp. 117-128.

〔4〕 See Moomaw, "The Future of the Paris Climate Agreement: Carbon Pricing as a Pathway to Climate Sustainability", *Fletcher Forum of World Affairs*, Vol. 41, No. 1., 2017, pp. 69-78.

〔5〕 See Olsen, Karen Holm, et al., "Sustainability labelling as a tool for peporting the sustainable development impacts of climate actions relevant to Article 6 of the Paris Aqreement", *International Environmental Agreements: Politics, Law and Economics*, Vol. 19, No. 2., 2019, pp. 225-252.

〔6〕 参见季华：《〈巴黎协定〉国际碳市场法律机制的内涵、路径与应对》，载《江汉学术》2023 年第 4 期。

〔7〕 参见曾文革、党庶枫：《〈巴黎协定〉国家自主贡献下的新市场机制探析》，载《中国人口·资源与环境》2017 年第 9 期。

历程。[1]第二,《巴黎协定》碳交易制度的挑战及展望。有学者认为,《巴黎协定》下碳交易机制的实效性还有待观察,在一些规则上需要更加具体的规定。[2]王际杰认为,目前《巴黎协定》下的国际碳交易机制与部分行业的气候治理平台之间存在减排目标的重合,造成义务主体的合规难度增大。多个治理平台也给《巴黎协定》相关规则谈判带来阻碍和困境。[3]胡王云则认为,目前部分国家之间形成的"碳交易俱乐部"虽然能够给《巴黎协定》带来有益的补充,并且能够一定程度缓解《巴黎协定》下国际碳交易市场一时无法达成的尴尬局面。但同时,也给气候多边治理带来挑战,如可能弱化"共同但有区别责任"的原则等。[4]王云鹏将《巴黎协定》下碳交易机制所面临的困境划分为了技术障碍、道德困境,以及政治阻碍等方面。[5]第三,《巴黎协定》碳交易机制新规对我国的影响及我国的应对建议。魏庆坡认为,《巴黎协定》的国家自主贡献新模式既给中国带来了挑战,同时也客观上推动我国碳交易机制的理性发展。应坚持多边气候治理的同时,从双边气候合作协调合作入手,二者并进。[6]王际杰认为,我国应当权衡考虑国际碳交易政策与我国的可适配度,基于《巴黎协定》第 6 条加强国际碳交易协调合作,统筹国际碳交易机制的实施等。[7]王利在对我国的碳交易机制现状进行分析的基础上,建议我国制定统一的碳交易规则、健全法律督促机制来保证制度的实效性,以及制定国家层面的碳交易平台规则等。[8]龚伽萝基于对《巴黎协定》第 6 条实施细则的论述,认为其对我国建设国内碳市场和参与国际碳

---

〔1〕 参见党庶枫:《〈巴黎协定〉国际碳交易机制研究》,重庆大学 2018 年博士学位论文。

〔2〕 参见吕江:《〈巴黎协定〉:新的制度安排、不确定性及中国选择》,载《国际观察》2016 年第 3 期。

〔3〕 参见王际杰:《〈巴黎协定〉下国际碳排放权交易机制建设进展与挑战及对我国的启示》,载《环境保护》2021 年第 13 期。

〔4〕 参见胡王云:《〈巴黎协定〉下全球气候治理的俱乐部模式及其功能和风险》,载《太平洋学报》2023 年第 2 期。

〔5〕 参见王云鹏:《论〈巴黎协定〉下碳交易的全球协同》,载《国际法研究》2022 年第 3 期。

〔6〕 参见魏庆坡:《我国在巴黎气候会议之后的减排路径思考》,载《太平洋学报》2015 年第 8 期。

〔7〕 参见王际杰:《〈巴黎协定〉下国际碳排放权交易机制建设进展与挑战及对我国的启示》,载《环境保护》2021 年第 13 期。

〔8〕 参见王利:《我国碳交易实践及其法律促导机制分析——以〈巴黎协定〉为背景》,载《太原师范学院学报(社会科学版)》2019 年第 1 期。

市场都带来了挑战。他认为，我国应当根据国情建设国内碳交易市场，同时
警惕"微多边"气候治理成为部分发达国家的单边主义工具。[1] 此外，还有
学者通过对目前已有的国际碳排放权交易机制，以及碳市场链接的实践的比
较研究，对我国提出了建议。[2]

综上所述，国内外学者目前对于碳交易理论、碳交易市场发展，以及
《巴黎协定》碳交易制度等方面都有着丰富深入的研究。但是，仍有几点不足
之处：（1）对《巴黎协定》下碳交易机制的优缺点分析较多，如何完善细化
相关规则的研究较少；（2）对目前已有碳交易市场机制研究较多，但是如何
实现各个碳市场之间的有效链接较少；（3）对于如何推动国际碳交易合作协
调的综述性文章关注不足；（4）我国学者对于国内碳市场建设研究较多，但
是，鲜有探索如何将国内碳市场与其他碳市场链接互动，并有效参与国际气
候治理合作的研究。

三、研究方法及主要内容

（一）研究方法

本书采用了如下研究方法：

1. 历史研究方法

本书主要利用历史研究方法分析国际碳交易制度在国际法视阈下的产生
与发展背景，为相关论述和研究提供较为全面、准确、客观、系统的理论和
现实背景。

2. 比较研究方法

通过对《议定书》和《巴黎协定》下不同模式的碳交易规则的比较分

---

〔1〕参见龚伽萝：《国际碳排放权交易机制最新进展——〈巴黎协定〉第六条实施细则及其影
响》，载《气象与人类社会》2022 年第 6 期。

〔2〕参见张立峰：《欧盟碳市场法制建设若干特点及对中国的启示》，载《河北学刊》2018 年第
4 期；骆华等：《国际碳排放权交易机制比较研究与启示》，载《经济体制改革》2012 年第 2 期；朱梦
羽：《美国碳排放权交易市场中的善意买方保护机制的特征与启示》，载《学术研究》2016 年第 12 期；
陈婉玲、陈亦雨：《区际"碳公平"的责任分配与法治进路》，载《河北法学》2022 年第 12 期；易兰
等：《碳市场建设路径研究：国际经验及对中国的启示》，载《气候变化研究进展》2019 年第 3 期；曹
明德：《中国碳排放交易面临的法律问题和立法建议》，载《法商研究》2021 年第 5 期；江莉、曾文
革：《碳市场链接的国际法律空洞化问题与中国对策》，载《中国人口·资源与环境》2022 第 6 期。

析，以及对现有各主要国际碳交易市场的规则对比分析，总结目前碳交易国际合作协调的困难和挑战，并从中找出区别与共性，以便更加深入地把握国际碳交易机制的发展现状和面临的问题；从而能够对后续为国际碳交易协调和我国碳交易机制提出完善建议提供支撑。

3. 实证研究方法

本书主要利用实证研究方法来分析欧盟及美国等碳交易市场机制的相关规则。此外，还分析了各发达国家碳市场链接（例如，欧盟-瑞士碳交易市场链接）的运行模式、制度优势，以及可能引起的法律问题及风险。

4. 规范研究方法

规范研究方法主要用于《巴黎协定》第6条关于国际碳交易机制的分析，以及我国国内碳交易规则的研究，探究其与国际碳交易市场的可兼容性。

5. 跨学科的交叉研究方法

碳交易本质上属于经济学的概念，也是从经济领域兴起的气候治理方法。因此，在研究如何完善碳交易的国际合作协调时，不应缺少对经济学相关理论的研究。本书基于经济学对碳交易的定义和发展，以法学的制度性思维探讨碳交易如何在全球气候治理背景下进行国际协调。

（二）主要内容

本书基于"理论阐释——制度解析——实践分析——发现问题、分析原因——解决问题"的逻辑主线，对碳交易制度国际协调的法律问题展开研究（如下图所示）。

本书除引言部分外，正文部分共五章，具体内容如下：

第一章，"碳交易国际协调相关要素阐述"。本章对全书的论述中涉及重要概念提供了一个理论背景介绍和铺垫。首先，明确碳排放权的法律属性和本质是准确理解、把握碳交易制度和机制，并对其加以修改完善的基石。因此，本章节将目前已有的学术观点进行梳理和整理，将对碳排放权权属的观点分为公法视角和私法视角，结合各论点中涉及的物权、许可权及发展权等权利属性进行评析，探讨公法和私法视角之间的辩证统一关系。其次，对"广义"的碳交易的两种机制进行阐释。一般来讲，"狭义"的碳交易机制即指"总量控制与交易"机制（Cap and Trade）或"配额交易"（Allowance Trade）；而"广义"的碳交易机制还应当包括"基准与信用"机制（Baseline and Credit）。目前，在实践中，两种机制都有被不同国家或地区应用。对上述两种交易机制的阐释有利于后文探讨不同碳交易机制的协调。最后，对碳价格的形成机制、影响因素以及调节措施进行阐释，为后文论述提供理论支撑。

第二章，"碳交易市场国际协调的发展与规则嬗变"。本章梳理并分析了自《议定书》建立国际碳交易机制以来，相关规则在多边谈判中的发展、协商重点、分歧以及阻碍。并基于上述分析，探究《巴黎协定》对于继承与发展新型国际碳交易规则的概念内涵及其深远影响，也正是本书的研究重点。首先，本章节对《议定书》下碳交易"三机制"的"孕育"和形成的谈判历史进行简要回顾，并对《议定书》时代国际碳交易市场的争议与困境进行了分析。其次，阐述了基于有关争议，后京都时代不同派别的观点对碳交易机制的存废之争进行了激烈的讨论。再次，分析此后达成的《巴黎协定》第6条第2款和第6条第4款是如何继承并发展《议定书》的国际碳交易机制，以及形成了何种碳交易全球协调的新型制度框架。在此框架下，国际碳交易有两种具体形态，即（1）以ITMOs为交易客体的国家主体之间的交易，和（2）SDM机制下基于项目所产生的核证减排量的国际碳信用交易。本章节归纳总结出新型国际碳市场交易机制的直接影响和间接影响，并试图分析得出新型国际碳市场交易机制的发展现状和趋势，诸如国际碳排放权交易机制的消逝、以部门为基准核证减排的广泛发展，以及国家和区域碳交易机制的链接。

第三章，"国际主要的碳交易市场与区域协调实践"。在国际碳交易机制发展的同时，实践中各国和地区也在积极开展碳交易市场的建设和区域间的协调合作。为了能够更加客观地发掘和指出后文提到的国际碳交易协调困境，有必要对现实进行充分考量和把握。因此，本章节通过对现存国际主要碳市场的规则分析，以及对区域协同优秀实践的归纳总结，不仅是通过实践发现制度层面的不足，而且能够对更广泛的碳交易国际协调和中国的参与提供理论与实践方面的思路。在域外主要碳交易市场的实践探究方面，选取了强制性碳市场的先行者——欧盟碳交易市场，和碳交易制度的开拓者——美国部分州和区域性碳交易市场，进行代表性的研究。在区域协同实践方面，根据现存的两类协同模式，即同质和兼容型的协同模式，选取了若干典型案例进行研究。

第四章，"《巴黎协定》下碳交易国际协调合作的挑战与原因探究"。本章基于第二、三章对《巴黎协定》所规定的新型碳交易机制和目前碳交易实践的分析，同时结合《巴黎协定》第 6 条实施细则谈判中的争议焦点，指出碳交易全球协调合作的实现仍有较大的不确定性。这种不确定性在 ITMOs 交易机制和 SDM 机制下均有体现。一方面，各国之间以 ITMOs 为交易对象的全球碳市场合作，试图将不同法域下的碳交易市场监管规则与多元的碳减排措施进行有效的适配。然而，各国不同的碳交易模式和相关标准的协调都是有待解决的关键难题。另一方面，SDM 机制的实现也面临困境，如"微型多边主义"阻挡发展中国家的参与，边境贸易措施导致贸易摩擦不利于国际减排等。上述两种碳交易机制为何面临如此多的困境无法突破？各缔约方是基于何种原因无法对于相关问题达成一致呢？对谈判争议问题背后的实质原因进行探究，有利于为之后推动各缔约方谈判协商达成一致。结合前文对于《巴黎协定》签订过程的回顾和梳理，以及目前主要碳市场及国际碳市场链接实践的分析，本书认为，可以得出以下两个方面的原因：一方面，《巴黎协定》本身的义务模式和问责机制不足以约束和形成规范的国际碳交易市场；另一方面，越来越多的国家之间的碳市场链接，实际上形成了大大小小的"碳联盟"，造成利益分化及规则无法统一等问题。

第五章，"碳交易全球协调下中国有效参与的困境及纾困路径"。本章对整个研究进行总结，分析中国有效参与碳交易全球协调的困境，包括：一是，我国碳交易立法仍处于初级阶段，相关规则的缺乏将不利于我国在接下来的谈判中掌握话语权，主张自身利益；二是，目前发达国家主导的碳交易区域市场绿色壁垒较为严重，给我国带来极大的外部压力；三是，我国目前尚未形成与域外碳市场进行有效链接的相关规则，无法有效参与《巴黎协定》下的国际碳市场。针对前述困境，本章随后提出几点纾困思考。简言之，中国有效参与国际碳交易市场需要努力推动国际规则与国内规则的良性互动，从内外两方面同时推进。对内宜建立完善碳交易立法与相关机制，国内碳排放权交易规则是国家有效参与当前国际碳排放权交易机制谈判的重要基础。对外应积极寻求国际碳交易合作，双边层面积极开展与域外碳交易市场的互动，区域层面以"一带一路"为基点形成新区域碳交易市场，多边层面积极推动并引导全球碳市场的制度构建。

第一章

碳交易国际协调相关要素阐述

碳交易，也称"碳排放交易"，作为人类社会应对气候变化的重要政策"发明"，能够在减排的同时，赋予相关参与主体更多的灵活性和经济效益。因此，各国纷纷积极探索本国碳交易制度的制定，同时在国际层面寻求碳交易的协调合作。然而，碳交易国际协调的发展并不是"一帆风顺"的，至今仍有诸多未解决的问题需要克服。在本书展开深入研究讨论之前，有必要先将会涉及的有关概念进行明确和分析。基于此，本章将对碳交易中的碳排放权法律属性问题、主要碳交易制度的内涵及特点，以及碳价格的相关问题进行明晰，以期为后文打好理论基础。

第一节 碳排放权的法律属性之辨

经济学家利用产权的概念，赋予了碳排放得以进行交易的理论基础。目前，不论是国际层面还是国内层面，碳交易都得到了广泛的应用以达成气候治理的全球性目标。然而，有关于"碳排放权"的法律属性问题却没有统一定论。一方面，从国际法层面来看，虽然《议定书》创设的"京都三机制"允许特定情况下符合要求的温室气体减排量在国家间进行交易，但是通读其条文，并没有出现"权利"一词。也就是说，国际法层面上并没有将可以进行交易碳排放量的行为作为一种权利。而之所以目前几乎所有的国内学者都将"京都三机制"可交易碳排放量称为"碳排放权"，原因可能在于，这种类似商品的交易行为唤起了人们的产权意识。[1]另一方面，国内已经制定碳交易制度，建立碳交易市场的国家或地区对"碳排放权"法律属性的规范路径也不尽相同。例如，欧盟虽然拥有最大的碳排放交易体系（EU Emissions Trading System，EU ETS），但是并没有对"碳排放权"的法律属性进行界定。同样的，我国相关立法也没有对"碳排放权"赋予法律属性。根据 2021 年 2 月 1 日起施行的《碳排放权交易管理办法（试行）》，"碳排放权"是指分配给重点排放单位的规定时期内的碳排放额度。[2]但"额度"又具有何种性质和特点，则没有进一步的明确规定。而美国则采取了反向规范的路径，根据其《清洁空气法案》（Clean Air Act）规定，该法案下任何通过有限授权获得的二氧化硫排放配额都不构成财产权。[3]因为一旦承认了"碳排放权"具有财产权属性，一是将引起环保主义者的不满，二是权利主体将影响到政府开展碳排放行动，造成不必要的阻力和成本。[4]

然而，需要认识到，前述国家和地区对该问题的模糊不清或避而不谈，只是面对新事物一时的"权宜之策"。界定碳排放权的法律属性是一国建立健全碳排放交易规范的重要基础，不仅能够使得各主体间的权利义务更加明确并具有可预测性，促进碳交易市场机制更好地运转，而且也能够推动相关规则的进一步完善。目前，国内外学者对"碳排放权"的法律属性众说纷纭。由于其同时涉及环境保护等公法问题和碳排放主体的收益等私法问题，因此，学者们分别从三个方面对碳排放权法律属性进行了讨论。公法方面，主要有支持赋权的"行政规制权说"和"行政特许权说"，还有不支持赋权的"义务说"；私法方面，则包括了"准物权说""用益物权说""准用益物权说""新型财产权说"等；此外，有的学者还结合了碳排放权公法和私法兼有所涉

---

〔1〕　参见丁丁、潘方方：《论碳排放权的法律属性》，载《法学杂志》2012 年第 9 期。碳排放量交易制度的设计基本遵循了科斯的环境产权理论，这是能够通过市场机制来实现减排目标的重要前提，而"碳排放权"一词能够反映这一前提。不仅如此，"碳排放权"的设定也是碳交易制度未来发展的必备要素，由此才能够保证制度的稳定性和确定性。本书因此沿用"碳排放权"这一表述，意指可交易的碳排放量，包括"配额"（allowance）和"碳信用"（carbon credit）。关于"配额"和"碳信用"的详细论述见本章第二节。

〔2〕　参见《碳排放权交易管理办法（试行）》，生态环境部令第 19 号，第 42 条第 3 项。

〔3〕　See Sec. 7651b.（f），SUBCHAPTER IV，CHAPTER 85，Clean Air Act，42 U. S. C.

〔4〕　参见王莉、闫媛媛：《碳排放权法律属性的二元界定》，载《山东科技大学学报（社会科学版）》2022 年第 3 期。

及的特征，提出了"混合权说"。

检视以上各类学说后可以发现，每种观点都有其科学性和论述的不足之处。下文将逐一分析上述三种研究视角下的各主要学说，并且提出"碳排放权"法律属性应当分层界定的观点。

一、公法视阈下碳排放权属性考量

以公法视角论碳排放权的诸多观点，总体上讲，可以被分为两大类，即"权利说"和"义务说"。"权利说"又包括"行政特许权说"和"行政规制权说"。

（一）"义务说"的解释路径及其局限

支持"义务说"的学者认为，"碳排放权"只是披着权利外衣的、政府施加给企业的碳减排和监管义务。[1]将碳排放权利化既无法在现实实现，也不合乎法学理论。现实层面，该观点认为：第一，目前欧盟国家的立法和司法实践都否认了碳排放权的权利化路径；第二，碳排放权的权利客体是大气容量[2]，具有不确定性。所以，对于权利主体的保护也就变得不确定了。当碳排放权遭受损害，损害的范围、程度等都无法明确。法理层面，该观点认为：第一，权利的客体决定了权利主体的范围。由于大气容量属于生态机制，应为全民共享，所以，碳排放权作为一项涉及公共利益的权利应当为公众所共有，而不是个别的企业所独有。但实际上，获得碳交易配额的主体只有部分的控排企业，造成了实际上的权利主体和应然的权利主体不统一；第二，权利是服务于个体的，而碳排放权的目的是减排这一全球公共目标，所以不能称之为"权利"；第三，将碳排放权利化就是对大气污染的默认和许可，是非正义和不道德的[3]；第四，碳排放如果是一项权利，那么其对应的义务是什么、义务人是谁存在疑虑；第五，一项权利应能够对抗政府干涉并获得政

---

〔1〕 参见陈真亮、项如意：《碳排放权法律属性的公私法检视及立法建议》，载《武汉科技大学学报（社会科学版）》2022年第1期。

〔2〕 大气环境容量，是指大气通过物理、生物等过程扩散、贮存、同化人类活动所排放的污染物的能力，属于生态机制的部分。参见吴健：《排污权交易——环境容量管理制度创新》，中国人民大学出版社2005年版，第88页。

〔3〕 See Jonathan Aldred, "The Ethics of Emissions Trading", *New Political Economy*, Vol. 17, No. 3., 2012, pp. 339-360.

府救济，但是碳排放的实现都是政府严加干涉的，而碳排放也不需要国家的保障。[1]可以看出，虽然"义务说"意识到了碳排放权客体——大气容量的公共属性，同时指出了碳排放权利化的几点疑虑。但是，其观点本身存在逻辑瑕疵，并且也忽视了重要的相关要素。主要分析如下：

实践层面，一是，欧美国家并没有实质否认碳排放权是一项权利。对该问题没有加以规定不等同于对其予以否定。二是，大气容量作为碳交易权客体，其不确定性并不当然导致权利主体在受到侵害时无法得到救济。实际上，无论是行政主体与控排企业形成的行政法律关系，还是碳交易制度中企业之间的民事法律关系，都能够为权利主体提供救济途径。如果有关行政部门使得企业的碳排放权受损，那么企业可以利用行政诉讼、行政复议等途径来寻求救济；而在碳排放市场机制下，权利主体则可以通过缔约的合同来主张赔偿。在损害赔偿的计算方面，碳排放交易价格（以下简称"碳价"）即是重要的计算标准。理论层面，该学说忽略了以下几点重要概念：（1）忽略了"权利和义务是相辅相成的"[2]和"自由是相对的"[3]这两点法学基础。没有绝对的自由，也没有毫无限制的权利。碳排放权的行使都是有总量额度限制的[4]，并且碳排放配额的清缴和排放核查也是受相关立法规范调整的。因此，认为碳排放权是对气候污染的"通行证"且没有对等的义务，是不成立的；（2）碳排放权的终极目的当然是实现全球减排，但是还要注意到其降低减排成本、实现经济效益的目的。在减排目的下，碳排放权属于涉及公共利益的权利，但是，在降低减排成本并获得经济收益的层面，该权利就应是部分控排企业所拥有的个体权利。因此，该学说主张的应然和实然的权利主体不统一，以及碳排放权不服务于个体的观点也就失去了科学性；（3）碳排放权的实现是需要通过国家保障来得以实现的。如前文提及，碳排放权本身是受到额度限制、排放核查等规范约束的，如果没有国家参与，那么这些规则何以实施？不仅如此，当碳交易权进入到碳交易二级市场进行交易时，如果

---

[1] 参见陈真亮、项如意：《碳排放权法律属性的公私法检视及立法建议》，载《武汉科技大学学报（社会科学版）》2022 年第 1 期。

[2] 沈宗灵：《权利、义务、权力》，载《法学研究》1998 年第 3 期。

[3] John Stuart Mill, On Liberty, Dover Publications, 2002.

[4] 参见张红、陈敬林：《论碳交易市场中的碳排放权》，载《贵州师范大学学报（社会科学版）》2023 年第 3 期。

权利主体遭受到了利益损失，其当然可以通过司法途径寻求救济。如果没有国家保障，该等救济又该如何解释呢？

总体来讲，"义务说"忽视了碳交易制度所依赖的产权理论，从而忽视了碳交易中相关主体的财产权益问题。同时，该理论也将不利于碳交易市场机制的发展，没有权利的推动和经济利益的驱使，相关主体将失去减排的动力。

（二）"权利说"的解释路径及其局限

持"权利说"的学者总体上是以行政监管者的角度对碳排放权的法律属性进行了论证和分析，进一步又可以区分为"行政特许权说"和"行政规制权说"。由于出发点相同，所以两种观点有着共同的论点，但也具备各自的独到见解。具体来讲，在相同观点方面，两种学说都认为各自的理论能够：（1）避免碳排放权私权化的道德困境，这与美国否认碳排放权为财产权的理由相一致。也就是说，权利主体将无法因为政府碳排放政策的制定和调整来要求相应的补偿或赔偿；（2）可以保障权利主体的利益。行政法相关的规则能够给权利主体提供保障和救济途径；（3）政府可以通过行政许可的方式进行宏观调控，实现资源配置优化，以实现应对大气变化的及时性和灵活性。[1]

两者不同之处在于，"行政特许权说"认为，碳排放权作为行政特许权具有相应的法律基础，碳排放配额制度从理论上和实践中都具备行政特许的特征。[2] 而"行政规制权说"则指出，目前碳排放配额的分配制度、碳排放的排放核算制度等都属于行政干预或规制行为，在保障国家气候安全的同时，更加契合碳排放作为控排政策工具的定位。[3]

上述两种观点都注意到了碳排放权涉及的法律主体中行政主体的重要性。但是，不论是"行政特许权说"还是"行政规制权说"，都仅仅从公法的单一层面论述了碳排放权的法律属性。也就是说，两种学说只关注到了碳排放配额的分配、核查和清缴环节，而忽视了碳排放权的交易环节。在碳排放权的交易中，相关法律主体是平等的。因此，当碳排放权的权利主体在碳交易的过程中

---

〔1〕 参见王慧：《论碳排放权的特许权本质》，载《法制与社会发展》2017 年第 6 期；杨本研、方堃：《碳排放权的法律属性研究》，载《环境保护》2021 年第 16 期。

〔2〕 参见王慧：《论碳排放权的特许权本质》，载《法制与社会发展》2017 年第 6 期。

〔3〕 参见田丹宇：《我国碳排放权的法律属性及制度检视》，载《中国政法大学学报》2018 年第 3 期。

遭受了权益的侵害，那么此时适用的应当是调整平等主体间法律关系的民法，而不是调整不平等主体间法律关系的行政法。此时，行政法律法规也就无法保障碳排放权权利主体的权益了。虽然在上述两种观点下，政府能够较大程度地拥有调控的灵活性和及时应对气候变化的能力。但是，这可能导致行政权力的滥用，干扰碳交易市场的正常运转，进一步地，将削减减排主体的积极性，从而无法实现减排目标。[1]更何况，政府在制定气候政策时也面临着信息不对称等局限，同时，碳交易市场本身就具备一定的应对气候变化的能力，其自我调节的功能能够一定程度应对供需变化，起到优化资源配置的作用。

二、私法视阈下碳排放权属性考量

以私法角度分析碳排放权法律属性的观点主要可以分为"准物权说"、"用益物权说"、"准用益物权说"及"新型财产权说"。可以看出，上述学说的核心都是基于碳排放权交易这一理论，强调了碳排放权的产权属性，关注到了碳排放权权利主体的财产权益。但遗憾的是，主张碳排放权私法属性的各类学说也面临着逻辑上的瑕疵和不足。

（一）"准物权说"的解释路径及其局限

持"准物权说"的学者认为，碳排放权的诸多特征与准物权恰好完美契合。准物权是指，特别法中那些性质和要件与民法中的物权相似，但是又不属于传统物权的财产权，其准用民法中物权的相关规定。[2]通常包括：矿业权、水权、渔业权，以及狩猎权等。[3]准物权不同于一般物权的主要特征如，（1）其准物权的取得是以行政许可为前提的[4]，（2）准物权的客体是否存在，或者存在多少是不确定的[5]，以及（3）准物权一般不需要占有特定物，只要具有支配权即可[6]，等等。结合碳排放权来看，一是，碳排放权的产生是基于行政机关的配额分配，也就是通过行政许可，控排企业获得相应

---

[1] 参见魏庆坡：《碳排放权法律属性定位的反思与制度完善——以双阶理论为视角》，载《法商研究》2023年第4期。

[2] 参见胡田野：《准物权与用益物权的区别及其立法模式选择》，载《学术论坛》2005年第3期。

[3] 参见郑玉波：《民法物权》，三民书局2009年版，第20页。

[4] 参见郑玉波：《民法物权》，三民书局2009年版，第87页。

[5] 参见胡田野：《准物权与用益物权的区别及其立法模式选择》，载《学术论坛》2005年第3期。

[6] 参见胡田野：《准物权与用益物权的区别及其立法模式选择》，载《学术论坛》2005年第3期。

的私人权利；二是，根据目前的通说，准物权所指向的客体都是自然资源。碳排放权的客体是大气环境容量，是具有不确定性的自然资源；三是，大气环境容量无法也无需被碳排放权利主体占有，而是对其进行支配利用、发挥其价值即可。[1]

但是，该观点最大的论证局限在于，国家并不能享有对大气环境容量的所有权。准物权本质上属于他物权[2]，即所有权和使用权等权利是分离的。这种情况下，碳排放权如果是准物权，那么其母权就应该是对大气环境容量的所有权，而又因为准物权是通过行政许可获得的，所以，国家就应当是大气环境容量的所有权主体。然而，如果国家想要针对大气环境容量设定自然资源的所有权的话，那么需要满足三点基本前提：稀缺性、特定化，以及在开发过程中几乎不会产生外部性影响。[3]但大气环境容量则不具备稀缺性，其与风能、太阳能等资源属于"恒定资源"，即"取之不尽、用之不竭"[4]；其在目前的技术条件下，也不能够被特定化；并且，在对大气环境容量的开发过程中，会产生明显的外部性影响。例如，通过发展清洁能源能够明显提高减排效率。因此，国家在无法成为大气环境容量所有权主体的情况下，也就无法在其基础上建立对应的准物权。

(二)"用益物权说"的解释路径及其局限

用益物权是民法中的传统物权之一，根据《中华人民共和国民法典》规定，"用益物权人对他人所有的不动产或者动产，依法享有占有、使用和收益的权利"。[5]持"用益物权说"的学者认为，碳排放权客体具有民法中"物"的属性，并符合相应的权利特征。一方面，碳排放权客体并不是大气环境容量，而应当是人为计算得出的特定数量的碳排放指标。该客体可以通过碳配额等途径来实现特定化和独立性，所以，碳排放权客体具有民法中"物"的属性。[6]

---

〔1〕 参见杜晨妍、李秀敏：《论碳排放权的物权属性》，载《东北师大学报（哲学社会科学版）》2013年第1期。

〔2〕 参见丁丁、潘方方：《论碳排放权的法律属性》，载《法学杂志》2012年第9期。

〔3〕 参见张璐：《气候资源国家所有之辩》，载《法学》2012年第7期。

〔4〕 参见张璐：《气候资源国家所有之辩》，载《法学》2012年第7期。

〔5〕 《中华人民共和国民法典》，中华人民共和国主席令第45号，第323条。

〔6〕 参见叶勇飞：《论碳排放权之用益物权属性》，载《浙江大学学报（人文社会科学版）》2013年第6期。

另一方面，碳排放权权利主体可以对特定数量的温室气体享有排他和支配的权利，包括占有使用、收益等。该权利的核心权利内容是获取特定数量温室气体的使用价值，这符合用益物权的内涵。[1]

总体来讲，"用益物权说"除了面临与"准物权说"同样的他物权母权归属问题的局限之外，该观点主要还有以下两点逻辑缺陷：第一，其认为碳排放权的客体是人为创设的特定数量的温室气体，而不是大气环境容量。而实际上，这颠倒了权利及其客体的创设逻辑顺序。也就是说，权利的出现应当是基于某项"客体"，而不是先有权利后规定"客体"。[2]虽然，人类排放的温室气体在碳交易制度之前就已经存在，但是，特定数量的可以排放并进行交易的温室气体则是在碳排放权创设之后形成的。第二，根据该学说，碳排放权权利主体享有支配和排他的权利。但是，这种支配和排他的权利是不完全的，其只是针对碳配额适用。具体来讲，碳配额是政府基于本国或地区制定的减排目标，向在计划内的重点排放单位分配的可以排放温室气体的限额。而碳排放权则可以理解为，主体参与碳交易制度的凭证和合法排放温室气体的资质。[3]可以看出，碳排放权的权利主体可以通过对碳配额使用、处分等获取效益；但该权利的资格认定来源于行政授权，正因此，该权利是不能完全以权利主体的意志为转移的，至少权利主体无法将该权利任意转让。[4]

（三）"准用益物权说"的解释路径及其局限

"准用益物权说"是将"准物权说"和"用益物权说"相结合的一种观点，持有该观点的学者认为"准物权"的范围过于宽泛，"用益物权"又无法体现碳排放权依靠公权力取得这一事实，而"准用益物权说"则能够较好地适配碳排放权的特征。根据该观点，"准用益物权"除了具备"用益"要素之外，还具有以下特点：（1）准用益物权取得的前提一般是行政许可，

---

〔1〕　参见叶勇飞：《论碳排放权之用益物权属性》，载《浙江大学学报（人文社会科学版）》2013 年第 6 期。

〔2〕　参见魏庆坡：《碳排放权法律属性定位的反思与制度完善——以双阶理论为视角》，载《法商研究》2023 年第 4 期。

〔3〕　参见曹霞、郅宇杰：《基于"权额分立"理念的碳排放权性质与相关概念审视》，载《中国环境管理》2022 年第 5 期。

〔4〕　参见曹霞、郅宇杰：《基于"权额分立"理念的碳排放权性质与相关概念审视》，载《中国环境管理》2022 年第 5 期。

（2）准用益物权的客体具有相对不确定性和非单一性，（3）准用益物权的母权归属于国家或者集体，（4）准用益物权的主体要同时承担公法和私法上的义务，以及（5）准用益物权的转让受到限制，并且一般不需要占有权利客体。[1]同时，该观点认为碳排放权的客体应为"富余的碳排放削减量"[2]，其本质上与"用益物权说"中指出的"特定数量的温室气体"是一样的。这就使得碳排放权和"准用益物权"有了较高的适配度。因为碳排放权的取得一般是基于行政许可；"富余的碳排放削减量"作为碳排放权的客体是可以被相对确定的；碳排放权的母权为碳排放容量资源所有权，一国可以对其国内的碳排放容量资源设定所有权，所以国家可以享有碳排放权的母权，即碳排放容量资源所有权；碳排放权同时受到公法和私法的义务限制；以及，碳排放权亦不能够随意转让，权利主体不需要对"富余的碳排放削减量"直接占有。

可以看出，该观点意识到了"准物权"和"用益物权"作为碳排放权权属的不足，关注到了碳排放权具有较强的公法色彩。但是，与"准物权"和"用益物权"类似，该学说还是没有摆脱国家能够设定大气容量资源所有权这一误解。所以，实际上碳排放权是不符合"准用益物权"中"母权为国家或集体所有"这一特征的。不仅如此，其对于碳排放权客体的观点也和"用益物权说"有着相同的认识局限，颠倒了权利本身和权利所调整的客体出现的先后顺序问题。

（四）"新型财产权说"的解释路径及其局限

持有"新型财产权说"的学者认为，目前的法律体系所规定的权利无法将碳排放权囊括其中，而碳排放权本质上属于金融衍生品[3]，具备应被法律所保护的财产性利益，为其创设权利有正当性和必要性。加之，碳排放权涉及诸多环节，包括配额分配、配额交易、配额清缴等，而财产权也恰好是一组权利，不是单一的权利，往往可以与所有权相分离。[4]该特性与碳排放权

---

[1] 参见刘自俊、贾爱玲：《论碳排放权的法律性质——准用益物权》，载《环境污染与防治》2013年第10期。

[2] 参见刘自俊、贾爱玲：《论碳排放权的法律性质——准用益物权》，载《环境污染与防治》2013年第10期。

[3] 参见郑少华、孟飞：《论排放权市场的时空维度：低碳经济的立法基础》，载《政治与法律》2010年第11期。

[4] 参见丁丁、潘方方：《论碳排放权的法律属性》，载《法学杂志》2012年第9期。

是适配的，所以应当将碳排放权认定为新型财产权。其主要的论点有：（1）物权无法包含碳排放权。主要原因在于，碳排放权的客体，即大气环境容量，不是物权法意义上的"物"，不具有特定性，权利主体无法对其进行直接支配。碳排放权主体只能通过间接支配碳排放配额这一权利载体，来行使该权利；（2）行政权也无法包含碳排放权。将碳排放权定性为公权力将阻碍碳交易市场发挥其作用，打击相关主体的控排动力。[1]因此，该学说欲将碳排放权所涉及的公法和私法的法律关系进行整合统一，在此基础之上创设新型的财产权。根据碳交易制度涉及的不同环节，该新型财产权包括三个子权利，即初始配额获取权、配额交易权和配额清缴权。[2]在不同的环节下，碳排放权主体可以根据所享有的、相对应的子权利来行使权利并承担义务。

　　值得肯定的是，该学说兼顾了碳排放权所涉及的公法和私法两方面的因素。但是，在碳配额分配阶段，赋予控排企业相应的"配额获取权"是否合适是值得怀疑的。一方面，如果属于控排重点单位的相关企业享有"配额获取权"这一私权，那么，该等企业可以对重点排污单位名单的制定，及碳配额的分配机制进行"干预"。不仅如此，当国家有关部门根据新的气候政策对重点排污单位名单做出更改时，上述企业也可以在一定条件下要求政府进行损失赔偿。这既不符合目前的立法实践，也不利于国家应对气候变化的治理灵活性。另一方面，利用财产权制度来解决气候治理的相关问题，涉嫌将公共资源私有化，引发道德担忧。[3]

三、"公私结合"视角下的碳排放权属性考量

　　"公私结合"视角下的碳排放权属性是双重而非单一的。这类观点认为，碳排放权同时涉及公法和私法领域，仅仅通过单一的公法或者私法的权利解释是不准确的，也是不合理的。也就是说，碳排放权实际上是公权+私权的概念。在此逻辑的指引下，学术界又形成了两种具体的赋权路径，即"环境权+

---

〔1〕　参见李素荣：《碳排放权的法律属性分析——兼论碳排放权与碳排放配额的关系》，载《南方金融》2022年第3期。

〔2〕　参见王国飞、金明浩：《控排企业碳排放权：属性新释与保障制度构建》，载《理论月刊》2021年第12期。

〔3〕　参见魏庆坡：《碳排放权法律属性定位的反思与制度完善——以双阶理论为视角》，载《法商研究》2023年第4期。

新型财产权说"和"准物权+发展权说"。对于二者的分析评价如下:

(一)"环境权+新型财产权说"的解释路径及其局限

顾名思义,该观点认为碳排放权应当是环境权和财产权的综合体。持"环境权+财产权说"观点的学者首先认为碳排放权具有环境权的属性。近年来,环境法中的环境权概念在理论和实践层面都获得了发展,甚至有的国家将这一权利写入了宪法。[1]根据通常理解,环境权是指人类享有使环境不受污染的自由以及拥有自然资源的权利。[2]而碳排放权的内涵则恰好是人们在享有开发利用自然资源的权利同时,也应当减少温室气体的排放。二者都强调的是利用和保护的双面性,而又因为碳排放权客体——大气环境容量属于环境资源的子类,因此,碳排放权属于环境权的范畴。但是,考虑到无尽的温室气体排放会给大气造成极大的负面影响,碳交易制度因此在环境产权理论的背景下产生了,碳排放权需要通过碳交易制度中私权的参与来实现该权利创设的目的,即以较低的减排成本实现气候治理目标。然而,环境权作为人权被学术界广泛认可,无法调整碳交易制度中涉及的私权部分。在这方面,"环境权+新型财产权说"认为,应当通过制定单行法,为碳排放权创设新型财产权。该部分的论点与"新型财产权说"类似,本书将不再赘述。

该学说的局限性主要有两个方面:一方面,环境权作为碳排放权属性过于抽象。其无法解释碳交易制度中涉及碳配额定价、碳配额分配方式,及碳排放核准清缴等具体规则。[3]从而无法有效指导碳交易制度的完善和发展。另一方面,在碳排放权属于环境权的基础上兼具新型财产权的观点,也同时面临着"新型财产权说"的逻辑困境。

(二)"准物权+发展权说"的解释路径及其局限

与"环境权+新型财产权说"的底层逻辑类似,"准物权+发展权说"关注到了碳排放权的公法和私法色彩,想要通过两种权利属性的结合,来构建

---

〔1〕 参见赖虹宇:《环境权入宪的规范模式:选择及其实现》,载《北京行政学院学报》2018年第6期。

〔2〕 参见[英]简·汉考克:《环境人权:权力、伦理与法律》,李隼译,重庆出版社2007年版,第173页。

〔3〕 参见田丹宇:《我国碳排放权的法律属性及制度检视》,载《中国政法大学学报》2018年第3期。

碳排放权的相关理论框架。持有该观点的学者，分别从碳排放权准物权属性和发展权属性两方面展开论述。在发现准物权高度方面，该观点与前述"准物权说"相类似，认为碳排放权虽然不完全符合传统物权特性，但是属于可以准用物权的新型权利。如排污权，其以大气环境容量为客体，就有学者认为其属于准物权。[1]而碳排放权的客体也是大气环境容量，其也具备物权化的必要性和可能性。一方面，碳排放权的物权化能够避免"公地悲剧"；另一方面，碳排放权的权利客体，即大气环境容量是可以物化的；权利主体与传统物权是一致的，国家的参与对碳交易制度呈现出的私权属性基本没有影响；以及，权利内容也完全属于私法领域。[2]在论证碳排放权的发展权属性方面，该观点认为，碳排放权从自然权利过渡到法定权利，从《公约》到《议定书》，其性质的转变、规则的细化及完善，都体现了发展权的特征。[3]同时，准物权和发展权能够互为补充，是辩证统一的关系。准物权赋予了碳排放权私权色彩，推动碳交易市场发展；而发展权则能够避免过度的私权化带来的道德困境，给予碳排放权更多的公法限制和人权色彩。[4]

相较于建立新的财产权，"准物权+发展权说"更加节约立法成本。但是，其不可避免地在面临着"准物权说"的局限的同时，也在发展权的论证层面上存在缺陷。发展权，正如环境权，其作为一项人权，内涵是广泛的且极具原则性的。如果将其作为碳交易制度制定时总体的指导原则，则无可厚非。但是，如果将碳交易权直接定性为一项发展权，则不具有实操的指导意义。例如，其无法解决在碳配额分配环节，如果控排企业作为权利主体的利益受到侵害，该以什么法律依据、如何寻求救济的问题。缺乏具体制度的支持将不利于碳交易的正常运转。[5]

---

〔1〕 参见邓海峰：《环境容量的准物权化及其权利构成》，载《中国法学》2005年第4期。

〔2〕 参见王明远：《论碳排放权的准物权和发展权属性》，载《中国法学》2010年第6期。

〔3〕 根据《发展权利宣言》，发展权是指"一项不可剥夺的人权，由于这种权利，每个人和所有各国人民均有权参与、促进并享受经济、社会、文化和政治发展，在这种发展中，所有人权和基本自由都能获得充分实现"。"人的发展权利这意味着充分实现民族自决权，包括在关于人权的两项国际盟约有关规定的限制下对他们的所有自然资源和财富行使不可剥夺的完全主权。"参见《发展权利宣言》，载 https://www.un.org/zh/documents/treaty/A-RES-41-128，最后访问日期：2023年8月27日。

〔4〕 参见王明远：《论碳排放权的准物权和发展权属性》，载《中国法学》2010年第6期。

〔5〕 参见刘自俊、贾爱玲：《论碳排放权的法律性质——准用益物权》，载《环境污染与防治》2013年第10期。

四、"双阶理论"指导下碳排放权属性层次的理性思辨

根据上文对于已有各类学说的分析和评介，总体来讲可以归为两大基础类别，即一元论的"私权属性说"和"公权属性说"，以及二元论的"公私结合说"。一元论的局限在于，无法对碳排放权同时涉及公私法两个领域的这一特殊性进行全面考量。其中，"私权属性说"基本都面临着权利客体的认定问题，而"公权属性说"则都存在公权力扩张进而有碍交易市场发展的担忧。二元论在兼顾碳排放权公私两种属性的方面是值得肯定的，但是不论是"准物权+发展权说"，还是"环境权+新型财产权说"，都可以概括为"抽象+具体"的逻辑思路。具体来讲，发展权和环境权都属于较为抽象笼统的人权，准物权和新型财产权都具有实践指导意义。这种思路虽然能够在一定程度上解释碳排放权具有一定的公法色彩，无法完全私权化，但是在涉及与行政部门发生法律关系的环节方面，其解释力和制度的指导能力是不足的。因此，无法在碳交易制度的各个环节中进行有效论证。

本书认为，二元论的基础思路是可取的。也就是说，不应只顾及碳排放权的私法属性，也不应当完全倒向公法属性，应当做到二者的兼顾才能够全面地还原碳交易制度各个环节的实际运行。对此，德国行政法中的"双阶理论"具有很大的启发性。下文将针对（1）双阶理论的内涵，（2）双阶理论如何嵌入碳交易权属性的重构，以及（3）双阶理论嵌入后的调整适用进行进一步的论述。

（一）双阶理论：务实主义下公私法合作的桥梁

双阶理论起源于德国行政法，起初是为了能够解决德国政府给予私人主体"补贴"[1]情景下所涉及的权利救济问题。但实际上，该理论解决了公权力在以私法形式作出行政行为时，应当适用公法还是私法进行约束的问题。下文将对双阶理论的提出、内涵，以及适用进行详细展开。

---

〔1〕 德国行政法中的"补贴"通常是政府提供给非政府受助人的资金或特殊权利，以此来推动社会重要领域（如教育、研究、发展、商业、艺术、文化或体育领域）的发展，有利于公共利益的实现，该措施不要求非政府受助者给予对等的经济给付。根据项目的不同，可采取的"补贴"形式包括补助金、保证、优惠贷款、担保、投资或其他利益。See "Public Funding, Grants And Subsidies in Germany", WHINHELLER, available at: https://www.winheller.com/en/business-law/public-commercial-law/public-funding-grants-subsidies.html, last visited: 28 July 2023.

1. 双阶理论的提出与内涵

双阶理论提出的基础，源于在汉斯·彼得·伊普森（Hans Peter Ipsen）对 1950 年 "联邦政府拒绝为电影《穿晚礼服的爱娃》（Eva imAbendkleide）提供拍摄贷款担保案"（以下简称 "爱娃案"）作出的一份法律意见书。[1]在该案中，联邦政府认为，其决定是否给予担保的行为本身由于基于内部规则，因此担保申请人没有请求救济的权利。而针对决定担保之后的其他争议，则应诉诸民事法院进行解决。汉斯·彼得·伊普森对此进行了批判，他认为，"爱娃案" 中的争议焦点问题在于，联邦软件做出是否担保的决定这一行为是公权力行为，还是民法中的意思表示？紧接着，他提出了如下观点：一方面，联邦政府决定是否提供担保的行为，和履行担保的行为属于两种截然不同的行为，应当区分对待；另一方面，联邦政府决定是否提供担保的行为是为了实现公共利益[2]，属于公权力行为，应当受公法的约束。而履行担保的行为则无法推导出有助于公共利益的满足，仅仅是决定担保行为后续的执行行为，所以应当由私法来加以约束。[3]此后，汉斯·彼得·伊普森进一步梳理了双阶理论，并在《对私人的公共补贴》一书中，对该理论进行了全面分析和论述。双阶理论下，政府的 "补贴" 应当被区分为两个阶段，即 "决定阶段" 和 "履行阶段"。而两阶段的分界标准，在于行政行为的目的，是否服务于实现公共利益。"决定阶段" 因属于为实现公共利益目的的公权力行为所以适用公法，受 "补贴" 主体可以通过公法寻求救济；而 "履行阶段" 与公共利益的实现关系甚微甚至可以忽略不计，所以应当受私法的规范。[4]

2. 双阶理论的实践运用

双阶理论在提出之后便受到了德国各界的广泛关注和重视。该理论实际上将本来对立的公法和私法进行了有效的链接，跳脱出了一元论中 "非公即私" 或者 "非私即公" 的固式思维。以务实的视角，综合权衡各方主体的利益保障，即能够维护私主体的权益，同时能够防止行政机关通过制定内部规

---

[1]　参见严益州：《德国行政法上的双阶理论》，载《环球法律评论》2015 年第 1 期。

[2]　在 "爱娃案" 中，政府提供担保可以推动电影业的发展。

[3]　参见严益州：《德国行政法上的双阶理论》，载《环球法律评论》2015 年第 1 期。

[4]　参见严益州：《德国行政法上的双阶理论》，载《环球法律评论》2015 年第 1 期。

则"滥用"行政权。[1]同时,双阶理论还考虑了公共利益的要素。正因为"打通"了公法和私法之间的壁垒,在公私融合情景越来越普遍的情况下,双阶理论得到了广泛的运用。

目前在德国,除了通过贷款和担保的方式进行"补贴"的场景适用双阶理论之外,还延伸到了诸如公共设施利用、市镇优先购买权行使、国有土地出让等领域。[2]并且随着适用场景的不同,双阶理论也在结合不同场景的具体特点嬗变,从而形成合理完美的解释闭环。以公共设施利用为例,在双阶理论的视角下,政府或其他公法主体建设的公用设备(如公共图书馆、公园、公立博物馆等)在被民众所利用的时候,应当分为两个阶段,并在不同阶段适用不同的法律规范。具体来讲,第一阶段是,政府或其他公法主体决定是否将某一公共设施投入运营供民众所使用。这一阶段属于基于公共利益的公权力行为,因此适用公法;第二阶段是,政府决定公共设施投入使用后,如何供民众利用。这一阶段的法律适用,取决于有关公权力机关制定的,关于该公共设施的使用规范的性质。也就是说,如果公权力机关制定的该公共设施的使用规范具有行政法属性,那么就该阶段的有关争议应当适用公法;而如果相关规范仅仅是民法意义上的一般规则,那么第二阶段的有关争议就应当适用私法来进行救济。[3]

综上,双阶理论具有较高的灵活性,能够有效地对涉及公法私法相融合的复杂法律关系进行界分。简单来讲,双阶理论指引了有关主体通过判断某行为所服务的利益,将不同行为划分为不同的阶段,从而在各阶段适用不同的法律规范。其核心在于关注行为背后所追求的目的,即是为了公共利益还是一般的法益,阶段的划分只是在识别出行为目的后,为了清晰界限点而采取的手段。虽然双阶理论名为"双阶",但是随着福利国家的发展,更为复杂的法律关系也会日益出现,从而不只是双阶,三阶甚至是多阶都是有可能的。因此,需要把握双阶理论的精髓。

(二)碳排放权属性与双阶理论的适配重构

双阶理论在应对如何处理复杂的、涉及公法私法相交融的法律关系时,

---

[1] 参见秦天宝:《双阶理论视域下碳排放权的法律属性及规制研究》,载《比较法研究》2023年第2期。

[2] 参见严益州:《德国行政法上的双阶理论》,载《环球法律评论》2015年第1期。

[3] 参见严益州:《德国行政法上的双阶理论》,载《环球法律评论》2015年第1期。

具有极大的积极作用。该理论能够通过纵向划分相关行为的不同阶段，来识别具体的法律行为应当适用公法还是私法。从而打破了公法与私法相对立的局面，并且能够避免"一元论"在解释论上的"生搬硬套"。结合碳排放权的运行制度来看，其与上述德国法中的"补贴"相类似，同时涉及公法和私法因素，牵涉到的法律关系较为复杂。而且，碳排放权的运行制度实际上也包括了多个环节，包括碳配额的申请与分配、买卖交易和履约清算等。而多个环节因追求的利益目的不同，可以被划分为不同的权属阶段。对不同阶段的碳排放权属性单独把握，才能实现对权利主体的充分保护。所以，将双阶理论应用于碳排放权属性的构建兼具理论和现实意义，并具有相当的可行性。如前文所论述的，双阶理论的核心在于把握不同法律行为追求的利益和目的，而不是字面上把法律行为生硬地分为两个阶段。因此，本书认为应将碳排放权运行机制分为碳配额分配、买卖交易和履约清算三个阶段，三个阶段的碳排放权属性分别界定，适用不同的法律法规。具体分析如下：

1. 第一阶段：公法调整下的碳配额分配

相关主体要作为碳排放权的权利主体参与到碳排放权的运行制度之中，毫无疑问，首先需要获得根据政府每年制定的《碳排放权交易配额总量设定与分配实施方案》所分配的碳排放交易额度。这一阶段，政府对碳排放交易配额总量的设定、分配方式的选择、覆盖行业的范围，以及分配额度的确定等，都属于为了应对气候变化、实现减排目的的行政行为，是以公共利益为基点和追求的。以我国《2021、2022 年度全国碳排放权交易配额总量设定与分配实施方案（发电行业）》中规定的工作原则为例，其指出，应遵循服务大局，"以助力火电行业顺利实现碳达峰碳中和为目标，充分考虑新冠疫情影响、国内外经济形势、能源供应形势等因素，合理设计配额方案。"[1]不仅如此，我国 2021 年 2 月 1 日起开始实施的《碳排放权交易管理办法（试行）》规定，"生态环境部负责制定全国碳排放权交易及相关活动的技术规范，加强对地方碳排放配额分配、温室气体排放报告与核查的监督管理，并会同国务

---

[1]《关于做好 2021、2022 年度全国碳排放权交易配额分配相关工作的通知》，国环规气候〔2023〕1 号，附件 1：《2021、2022 年度全国碳排放权交易配额总量设定与分配实施方案（发电行业）》。

院其他有关部门对全国碳排放权交易及相关活动进行监督管理和指导"[1]，也体现出了在碳排放配额分配阶段强烈的公权力规制的色彩。所以，这一阶段应当通过公法，也就是行政法来解决涉及的法律关系问题。此时，碳排放权就应当被赋予公法层面的属性，属于政府授予符合控排条件的企业，在一段时间内可以向大气排放温室气体的许可。

2. 第二阶段："私为主公为辅"调整下的碳配额交易

重点排放单位在获得政府有关部门分配的碳排放交易额度之后，就成为了碳排放权主体，便有资格进入到碳交易市场，以平等自愿的原则，通过交易合同订立的方式，与其他主体进行碳排放权的交易。"其他主体"包括其他重点排放单位，以及符合国家有关交易规则的机构和个人。关于订立的合同类型方面，以中国为例，广义的碳排放交易合同类型包括：国家核证自愿减排量（China Certified Emission Reduction，CCER）开发服务、碳交易信息服务、碳中和咨询、与碳排放权履约配额清缴相关的排放量核查服务，以及碳排放权的质押、担保等金融衍生品相关的全部交易合同。[2]可以发现，无论是碳排放权的交易主体，还是交易合同的性质和类型，都呈现出明显的私法属性，碳排放权此时具有明显的商品属性和经济属性[3]。因此，碳配额交易的这一阶段，碳排放权可以被视为控排企业的"财产"[4]，应当被认定为私权利，并受民法所调整。

但是，需要注意的是，碳配额的交易阶段也并不是纯粹的私法范围。以我国《碳排放权交易管理规则（试行）》中的规则为例，一方面，碳配额的交易都需要在全国碳排放权交易系统进行[5]；另一方面，为了防止市场失灵等风险的出现，我国生态环境部有权进行市场调节。[6]同时，交易机构也应当建立相应的风险管理制度，如涨跌幅限制、最大持仓量限制、大户报告、风险警示、风险准备金、异常交易监控制度，以及因不可抗力、不可归责于

---

[1] 参见《碳排放权交易管理办法（试行）》第6条第1款。

[2] 参见高原、黄瑞：《碳排放权交易合同法律风险识别与预防》，载《北京仲裁》2021年第1辑。

[3] 参见魏庆坡：《碳排放权法律属性定位的反思与制度完善——以双阶理论为视角》，载《法商研究》2023年第4期。

[4] 参见秦天宝：《双阶理论视域下碳排放权的法律属性及规制研究》，载《比较法研究》2023年第2期。

[5] 参见《碳排放权交易管理规则（试行）》第5条。

[6] 参见《碳排放权交易管理规则（试行）》第18条。

交易机构的重大技术故障等原因导致部分或者全部交易无法正常进行时的暂停交易措施。[1]在涉及上述碳配额交易程序和有关部门的风险管理两个方面时，由于生态环境部和交易机构采取的措施属于明显的行政行为，交易主体的利益遭受侵犯时应当适用公法。

然而需要强调的是，碳配额交易环节仍然是以私法调节为主、公法调节为辅。该定位将会产生两点积极影响：一是，在确立了碳排放权的私法属性之后，能够有效地限制公权力的滥用和扩张，如在生态环境部门制定市场调节保护机制和交易机构建立风险管理制度时，能够最大程度地保护私主体的财产性利益。二是，私权属性的界定，能够推动碳交易市场的发展，发挥市场自身的作用，激励重点排放单位积极实现减排目标，从而能够实现经济效益与环保的双赢局面。

3. 第三阶段：公法调整下的履约清算

履约清算，即重点排放单位在规定的时间内将通过认证的碳排放配额，向政府有关主管部门进行核查和清缴。简单来讲，就是获得了碳排放配额的企业根据相关规定，完成控排义务的环节。在履约清算这一环节下，重点排放单位应当制定符合要求的温室气体排放核算与报告技术规范、编制温室气体排放报告并进行定期公开接受社会监督。作为重点排放单位的履约依据，生态环境主管部门应当对上述报告进行核查，如果某重点排放单位没有完成控排义务，即所排放的温室气体量超过了原始取得的碳排放配额，那么该重点排放单位将会面临主管部门的处罚。这一阶段，主管部门基于总体控排目标的实现，对重点排放单位的控排义务进行核查和清算，属于典型的行政行为。因此，如果在这一过程中产生法律纠纷，则应当诉诸公法予以救济。

实际上，很多学者认为，如果将碳排放权置于双阶理论之下进行规范，应当进行调适。他们认为，双阶理论本身"两个阶段"的划分不具有现实性，因为阶段的划分标准往往是不确定的，甚至是难以划分的，这将导致法律适用的混乱。并且，某一阶段可能也无法被简单定性为单一属性，如碳排放权的第二阶段——碳配额交易环节，就同时涉及公法和私法。[2]但是，这种观

---

〔1〕　参见《碳排放权交易管理规则（试行）》第19条至第26条。

〔2〕　参见魏庆坡：《碳排放权法律属性定位的反思与制度完善——以双阶理论为视角》，载《法商研究》2023年第4期；秦天宝：《双阶理论视域下碳排放权的法律属性及规制研究》，载《比较法研究》2023年第2期。

点其实没有把握"双阶理论"的精髓，如前文所述，"双阶理论"最有价值之处并不是简单生硬地将某一机制划分为两个阶段。而是在于其提供了一个解决问题的"两步走"的方法：第一步，分析某行为的目的，是为了实现公共利益还是一般的利益；第二步，基于服务不同目的的行为，赋予其不同属性的法律救济。基于此，某一机制可能被分为三个甚至多个阶段，而每个阶段在服务主利益的基础之上，可能会兼顾其他利益，所以可能又被分为若干子阶段，例如前述"碳配额交易阶段"，就是以私法调整为主、公法调整为辅。

综上所述，碳排放权的法律属性为何，不应局限于"非公即私"或"非私即公"的"公私对立"的固式思维。应当以能够解决实际问题的务实态度，以"双阶理论"指导对其属性的认定。本书认为，可以将碳排放权运行机制纵向划分为碳配额分配、碳配额交易，以及履约清算三个阶段，每个阶段对碳排放权的属性分别定性。由此，不仅能够在实践中解决适用法律混乱的问题，而且也能够更好地实现公法与私法的平衡，在满足公共利益的基础上，充分保护私主体的经济利益，推动碳市场的积极运转，从而更好地实现减排目标。

第二节　碳交易不同制度模式的内涵及其特点分析

"碳交易"，也就是"碳排放权交易"，如前文所述，其内涵是将一定量的温室气体作为商品进行交易，实现经济效益和减排的双赢目标。实际上，可以交易的温室气体包括甲烷、氧化亚氮、全氟化物、六氟化硫、二氧化碳及氢氟碳化物六种。[1]之所以称为"碳交易"，则是考虑到二氧化碳的排放量占据了相当大的比例。碳排放权的交易载体一般包括"配额"和"碳信用"两种，分别归属于不同的碳交易制度。在"总量控制与交易"制度下，可交易单位是由政府统一发放的排放配额；而在"基准与信用交易"制度下，可交易单位则是经过政府验证的减排量，也就是"碳信用"。二者各具特点，各有优劣，学界和实务界对选择何种制度进行碳交易市场的构建的探讨已经十分广泛和深刻，其中的争论焦点主要体现在二者的效率不同。研究两种碳

----

〔1〕　参见《京都议定书》，附件 A。

交易制度的内涵、特点及制定中的风险要素，不仅有利于指导建立完善国内的碳制度，更是对探索国际碳交易制度的协调有着十分重要的积极意义。本节将分别分析"总量控制与交易"制度和"基准与信用交易"制度，并对二者进行对比研究。

一、总量控制与交易制度的内涵及风险要素

在"总量控制与交易"制度中，监管机构为受监管的实体（如国家、公司等主体）设定允许其进行温室气体排放的最高水平，也就是制定"上限"。该"上限"再根据所制定的碳配额分配规则，通过一定的分配方式，通常包括"免费分配""拍卖"或二者相结合的方式，将碳配额分配给受监管的实体。监管实体继而可以利用这些配额进行交易，以实现控排义务或者获取经济效益。但是，该制度面临一定的风险和制定争议。具体分析如下，

（一）总量控制与交易的制度内涵

简单来讲，"总量控制与交易"制度可以被分为两个环节，一是限量分配，二是交易。在第一阶段，对总量的限制实现了温室气体排放的严格限制，并且随着时间的推移，这种限制将会越来越严格。而在第二阶段交易部分，则是创设了一个有关主体买卖配额的市场。这种交易为控排单位提供了强有力的激励，使其通过最具成本效益的方式减少排放，从而节省开支。而在这种方法下，实际上就给碳排放权赋予了经济价值。碳价格将取决于需求（总排放量）和供给（分配和可用的排放单位）之间的平衡。

不难发现，"总量控制与交易"制度有着极大的优越性，具体包括：（1）该制度的交易环节可以给控排单位提供更强的灵活性。能够超额实现控排义务的有关主体，可以在碳交易市场上将多余的碳排放份额进行交易，售卖给排污更多的主体，以获得一定的经济效益。这种情况下，买卖双方都有较大的灵活性，也就是说，买方能够获得碳排放份额以免面临处罚和更高的减排成本；卖方能够获得经济收益来投入到新减排技术的研发应用，或以备未来运营发展之用。（2）该制度模式能够鼓励实现更高水平和更广泛的气候治理目标。在"总量控制与交易"制度中，政府所制定的总量往往越来越严苛，以此保证减排目标的实现。所以，有关主体会积极寻求技术创新，因为碳排放额度的数量会随着时间的推移而逐渐减少。当污染的机会减少时，企业继续

以相同的水平生产将付出更高的成本。（3）该碳交易制度模式下政府的收入
会有所增加，能够间接实现其他公共利益目标。例如，美国加州从碳配额拍
卖中就获得了约 44 亿美元的收入，这些收入被投资于包括高铁项目在内的公
共交通、交通中心附近的经济适用房以及帮助低收入房主进行风化和太阳能
安装的项目。[1]

有基于此，"总量控制与交易"制度也被多数国家和地区所采纳并应用，
包括欧盟、德国、芬兰、中国、英国、美国的加州等。其中，最著名的实践
当属 2005 年建立的世界首个碳交易体系，即欧盟的碳排放交易体系（EU E-
missions Trading System，EU ETS）。该体系自建立以来，显著地助推了气候减
排目标的实现，为其他国家提供了有益的借鉴。据统计，到 2023 年，EU ETS
大幅降低涵盖部门的排放量，与 2005 年相比，发电、供热和工业制造行业的
排放量减少了 47.6%。[2]到 2030 年，EU ETS 所涵盖部门的排放上限将比
2005 年的水平减少 62%。[3]

（二）总量控制与交易的风险要素

虽然"总量控制与交易"制度有诸如降低减排成本等的优势，但是，其
还面临着诸如（1）难以激励减排技术创新和新能源的使用和（2）"上限"
设定不合理阻碍减排进度等风险。具体分析如下：

1. 难以激励减排技术创新和新能源的使用

"总量控制与交易"制度的一个最大问题就是，那些高度依赖化石燃料的
行业将没有足够的意愿进行技术的创新，而是继续维持其现有的污染水平。
允许碳排放权进行交易的制度安排，使得这些企业能够在碳交易市场中买到
达成控排义务所需的碳排放权额度，而购买碳排放权额度的支出，往往要大
大低于其采用新技术或者改为使用新能源进行生产的成本。例如，有研究机
构分析了美国加州政府不常向公众报告的数据，分离出石油和天然气行业的

---

〔1〕 Barbara Grady, "Why 'cap and trade' is still the main way to price emissions", available at: https://
www. greenbiz. com/article/why-cap-and-trade-still-main-way-price-emissions, last visited: 29 July 2023.

〔2〕 "How did the EU Cut over8% of GHG Emissions in 2023?", Global Carbon Fund, 7 Nov. 2024,
available at: https://global carbon fund. com/carbon-news/how-did-the-eu-cut-over-8-of-ghg-emissions-
in-2023/, last visited: 2 Fed 2023.

〔3〕 "EU ETS emissiong Cap", European Commission, avaibable at: https://climate. ec. europa. eu/
eu-action/eu-emissiong-trading-system-eu-ets, last visitad: 2 Feb 2023.

排放量增长情况。该分析表明，自采用"总量控制与交易"制度以来，加州的石油和天然气行业的碳排放量实际增长了 3.5%。炼油厂，包括马拉松石油公司（Marathon Petroleum）拥有的一家炼油厂和雪佛龙公司（Chevron）拥有的两家炼油厂，一直是该州最大的污染源。燃烧炼油厂加工燃料的汽车排放量也在增加。[1] 换句话说，即使在温室气体总排放量持续下降的情况下，那些需要重点控排的行业仍有机会在相当长的一段时间内继续产生大量的污染，进而拒绝可持续技术的创新和新能源的使用。

2. "上限"设定不合理阻碍减排进度

"上限"作为一项碳交易制度中相关主体所能获得的全部碳排放权额度，其制定对于实现减排目标极为重要。在确定上限时，监管机构力求协调气候治理目标和经济效益方面的平衡。"上限"的设定可以保证温室气体的排放量不超过给定的限值，从而实现预先确定的减排目标。除此之外，虽然碳排放配额价格的影响因素还包括控排单位减排的难易程度，以及消费和经济增长等其他因素，但是"上限"的设置将在很大程度上决定碳排放配额的价格水平。也就是说，政府出于保护国内行业等因素的考虑可能会将"上限"设定过高，但是这样会导致碳排放配额的价格过低，从而降低相关主体减排的积极性。相反，如果"上限"过于严苛，就会造成碳排放配额在市场上过于稀缺，从而提高其价格，导致减排成本过高，不利于减排目标的实现和相关行业的发展。以 EU ETS 为例，该系统自开始运行以来经历了四个不同的阶段。分别是 2005 年-2007 年的第一阶段、2008 年-2012 年的第二阶段、2013 年-2020 年的第三阶段，以及 2021 年-2030 年的第四阶段。其中，在第二阶段（2008 年-2012 年），该系统相较于第一阶段，将碳排放权额度下调了 6.5%。造成了"供过于求"的局面，碳价格大幅度下降。再加上适逢 2008 年经济衰退，以及市场对未来化石燃料价格趋于下降的看法，推动了碳价格的进一步下跌，企业的减排动力低迷不振。[2]

---

〔1〕 Lisa Song, "Cap and Trade Is Supposed to Solve Climate Change, but Oil and Gas Company Emissions Are Up", available at：https://www. propublica. org/article/cap-and-trade-is-supposed-to-solve-climate-change-but-oil-and-gas-company-emissions-are-up, last visited：29 July 2023.

〔2〕 "Development of EU ETS (2005-2020)", European Commission, available at：https://climate. ec. europa. eu/eu-action/eu-emissions-trading-system-eu-ets/development-eu-ets-2005-2020_ en, last visited：29 July 2023.

(三) 碳排放额度初始分配的路径之争

在制定了碳排放额度的总量之后,就面临着如何能够公平有效地将其分配给各控排主体的环节。这一环节也是事关"总量控制与交易"制度能够正常运行,实现减排目标的重要部分。总的来讲,碳排放额度的分配路径一共有三种,即免费分配、拍卖,以及混合分配 (即免费分配和拍卖相结合的方式)。其中,混合分配又可以细分为"渐进混合"和"行业混合"。具体来讲,"渐进混合"是指,随着时间发展而逐渐提高拍卖比例的方式;"行业混合"是指,针对不同行业采取"免费分配"和"拍卖"的不同混合比例。[1]目前,从已有的实践来看,大部分国家和地区采取了混合分配的路径。不同的分配路径既有优点也有其局限,下文将进行具体分析。

1. 免费分配路径的优劣辨析

免费向受管制排放单位提供排放额度的制度,实际上就是允许该等排放单位免费排放温室气体到允许的水平。这种路径的优势主要有两点,(1) 能够缓解控排企业的合规成本。尤其是在一些减排较为困难的行业,采用新的减排技术或者改用新能源生产,都将是一笔不小的开支。通过获取免费的碳排放分配额度,能够降低减排的压力和成本。而如果能够超出配额完成减排义务,还能够将所获得的配额进行出售,获得额外的收益来促进生产。(2) 能够降低碳泄漏风险。碳泄漏,是指原本在一国内承担减排义务的企业,出于降低合规成本,而到其他不需要承担减排义务的国家进行污染排放的现象,阻碍全球减排目标实现。[2]而对这些企业分配免费的碳排放配额,就能够降低这种风险的出现。

但是,免费分配路径也有其局限。举例来讲,(1) 由于不同行业的碳排放量不同,对气候的影响不同,而且减排能力也有所不同。统一实行免费分配的方式,将无法体现行业减排的差异化,无法对不同行业的减排努力起到差异化的激励作用。(2) 有学者指出,免费分配的方式有悖于"污染者付费"的基本原则,对于温室气体排放量较大的行业并没有起到降低其排放的作用。[3]

---

〔1〕 参见齐绍洲、王班班:《碳交易初始配额分配:模式与方法的比较分析》,载《武汉大学学报 (哲学社会科学版)》2013 年第 5 期。

〔2〕 参见谢来辉、陈迎:《碳泄漏问题评析》,载《气候变化研究进展》2007 年第 4 期。

〔3〕 参见宣晓伟、张浩:《碳排放权配额分配的国际经验及启示》,载《中国人口·资源与环境》2013 年第 12 期。

2. 拍卖路径的优劣辨析

顾名思义，在该路径下，相关企业需要通过拍卖规则购买碳排放配额。该路径的突出优点在于，（1）避免了免费分配致使污染者逃避"付费义务"的原则；（2）能够体现不同行业对于碳排放额的需求差异，从而实现市场资源的合理分配；（3）政府所获的拍卖收入可以投入到其他公共部门的运行，提升社会整体福利效益。

然而，拍卖路径也存在适用问题，其中最主要的就是拍卖碳排放配额的方式会增加企业的减排成本负担。相关企业在控排初期就要投入相当一部分的支出来购买碳排放配额，对后续采用新型技术和新能源的投入造成了较大的经济压力。不仅如此，企业在面临经济压力的情况下，可能会将该成本转嫁给下游企业或者消费者。[1]

3. 混合分配路径的优劣辨析

如前文所述，混合分配又可以细分为"渐进混合"和"行业混合"。采用"渐进混合"的有欧盟的 EU ETS，其在第一期允许各国拍卖的碳排放配额不能超过总量的 5%；到第二期时，该比例上升到了 10%；而到第三期，拍卖方式成了主要的碳排放配额分配方式。例如，其规定从 2013 年起电力行业将全面施行拍卖方式取得碳排放配额，取消了免费分配方式。不仅如此，欧盟允许新加入的成员国的能源行业逐渐完成拍卖方式取代免费分配方式。[2]而采取"行业混合"路径的主要有，新西兰的碳排放权交易体系（New Zealand Emissions Trading Scheme，NZ ETS）和美国加州的碳市场。例如，NZ ETS 对不同行业采取不同的混合分配方式，其出于保护本国相关企业的目的，对工业、渔业和林业采取免费分配碳排放配额，降低其合规成本；而对于能源行业和交通运输业的上游企业不发放免费配额，避免上游企业将成本转嫁给下游企业逃避控排义务。[3]

可以看出，混合分配能够较为合理地规避单一分配方式的弊端，结合二

---

〔1〕　参见齐绍洲、王班班：《碳交易初始配额分配：模式与方法的比较分析》，载《武汉大学学报（哲学社会科学版）》2013 年第 5 期。

〔2〕　参见熊灵、齐绍洲：《欧盟碳排放交易体系的结构缺陷、制度变革及其影响》，载《欧洲研究》2012 年第 1 期。

〔3〕　参见齐绍洲、王班班：《碳交易初始配额分配：模式与方法的比较分析》，载《武汉大学学报（哲学社会科学版）》2013 年第 5 期。

者的优点，既能够发挥免费分配的降低合规成本的作用，又能够实现市场资源的有效分配，并相对避免成本转嫁的问题。但由此以来，对于政府有关部门的制度设计能力就提出了更加严苛的要求。如何把握在何种时机、对哪些行业采取何种分配方式，不同分配方式的各自占比如何确定才能够最大程度地激励减排，以实现气候治理目标，是具有相当难度的。不仅如此，想要让部分控排主体"自掏腰包"来购买碳排放配额，规则的推行难度也是较大的。

二、基准与信用制度的内涵及风险要素

不同于"总量控制与交易"制度设定"上限"的路径模式，基准与信用制度为碳排放设定了一个"标准水平"。也就是说，在基准与信用制度之下，没有碳排放额度的限制，而是对标主管部门通过计算设定的碳排放量的基准线。如果相关主体减少的碳排放量超过了基准线的要求，那么其可以获得对应的碳信用额度，并进行交易获取经济利益。但同样的，基准与信用制度存在的优点和风险值得关注，具体分析如下：

（一）基准与信用制度的内涵

基准与信用制度中所设定的基准线，代表的是在没有实行减排政策的情况下，过去的温室气体的排放水平是衡量未来温室气体排放水平变化的参照标准。这种情况下，温室气体的变化就能够反映减排政策的效果。基准与信用额度利用碳信用（carbon credits）额度赋予公司、行业或国家排放二氧化碳等温室气体的权利。也就是说，如果一个实体的减排量低于既定的基准线，超过了其所承担的减排义务，该实体就会获得碳信用。这些碳信用可以出售给其他希望保持在基准线以下的实体。反之，排放量超过基准线的实体则无法获得碳信用，也不一定会受到处罚。[1]可以看出，该制度模式有以下几个主要特点和优势，即（1）政府需要为每一个所监管的控排行业制定相应的"基准线"，以求碳排放变化把握的准确性；（2）碳信用的获取是在控排行为

---

〔1〕"Carbon Credits and Additionality Past, Present, and Future", Partnership for Market Readiness, World Bank, available at: https://openknowledge.worldbank.org/server/api/core/bitstreams/d0ad30e4-af71-5bf0-ab79-d4eafc0629df/content#:~:text=Most%20countries%20or%20constituencies%20considering%20climate%20mitigation%20policy, deemed%20to%20reduce%20emissions%20from%20a%20reference%20scenario, last visited: 29 July 2023.

之后的，属于"事后"的减排量核证；（3）能够降低控排企业转嫁成本的风险。也就是说，由于其"事后"核证的特点，相关控排企业无法在一开始基于自己所获得的碳排放配额来提高其商品价格，将减排的成本转嫁给下游企业或者消费者来承担。[1]

举例来讲，在国际层面，《议定书》下的"清洁发展机制"（Clean Development Mechanism，CDM）就是典型的基准与信用制度的安排。根据《议定书》第12条的定义，CDM 允许根据《议定书》做出减排或限排承诺的国家（附件 B 的缔约方）在发展中国家实施减排项目。这些项目可以获得可交易的核证减排量（Certified Emission Reduction，CER）的信用额度，每个信用额度相当于一吨二氧化碳，可用于实现《议定书》规定的减排目标。[2]该机制同时激励了可持续发展和减排，并给予了工业化国家在实现减排或限排目标方面一定的灵活性。国内层面，加拿大艾伯塔省采用了基准与信用制度。根据该省制定的《技术创新与减排法》（Technology Innovation and Emissions Reduction（TIER）Regulation）法规，受该法规监管的企业必须使用特定设施的碳排放基准（Facility-specific Benchmarks），并在此基准的基础上降低排放强度；或者，该等企业也可以使用经批准的高绩效基准（Approved High Performance Benchmark），也就是说，对标该行业内减排绩效最高的设备，在该基础上降低碳排放强度。[3]如果企业减少的碳排放量超过碳排放基准或经批准的高效基准，则可产生排放绩效信用，也就是碳信用。而未达到排放强度目标的企业可通过以下方式履行合规义务：（1）购买并使用其他受监管企业产生的碳信用；（2）购买并使用基于艾伯塔省自愿减少温室气体排放的项目产生的

---

〔1〕 "BASELINE AND CREDIT VERSUS CAP AND TRADE EMISSIONS TRADING SCHEMES", McLennan Magasanik Associates, available at：https://core. ac. uk/download/pdf/30684833. pdf, last visited：29 July 2023.

〔2〕 "The Clean Development Mechanism", United Nations Climate Change, available at：https://unfccc. int/process-and-meetings/the-kyoto-protocol/mechanisms-under-the-kyoto-protocol/the-clean-development-mechanism, last visited：29 July 2023.

〔3〕 碳强度是指，单位能源消耗下的碳排放量。碳强度的常用衡量标准是每英（制）热单位（Btu）能源的碳重量。当只有一种化石燃料时，碳强度和排放系数是相同的。而当包括了多种燃料时，碳强度基于它们的综合排放系数，并按其能源消耗水平加权。参见 "Carbon intensity", U. S. Energy Information Administration, available at：https://www. eia. gov/tools/glossary/index. php? id = carbon% 20intensity, last visited：29 July 2023.

"抵消"（Offsets）[1]额度；或（3）向 TIER 基金进行支付，以支持减排或提高对不断变化的气候的适应能力的措施。[2]

（二）基准与信用制度的风险要素

基准与信用制度虽然也起到了激励碳排放主体减少温室气体排放的作用，同时推动了碳市场的运转。但是，仍存在以下三点主要风险要素需要注意。

1. 无法降低消费者对高能耗产品的需求

在基准与信用制度下，因为没有确定碳排放量的上限，所以往往没有规定对碳排放量超出"基准线"的有关主体的罚则。虽然如此规定对控排企业有着降低合规成本的好处，同时也避免了其将合规成本转嫁给下游企业或者消费者承担。但是，这也意味着在没有合规压力的情况下，控排企业不需要考虑抬高价格。如此一来，消费者就不会产生消费转移，而是继续维持对该碳排放密集型行业所生产的商品的消费倾向。因此，不能够反向推动该类行业中企业主体进行技术更迭和面向可持续发展的转型。

对此，有观点提出，可以通过对碳排放强度较低的产业进行补贴来刺激消费者的消费转移。[3]例如，对新能源汽车进行补贴，激励消费者从购买燃油汽车过渡到对新能源汽车的消费。但是，采取该类政策的同时，还需要关注潜在的反弹风险。也就是说，如果更多的消费者转而消费相对低能耗的产品，可能会推动越来越多的该类低企业生产量大增。这种情况下，单位排放量虽然减少了，但是由于生产的数量增多，很有可能会增加总体的碳排放量。

2. 滋生舞弊行为引发道德风险

鉴于基准与信用制度中的"基准线"是根据现有技术水平下的某行业的

---

〔1〕"抵消"通常是指，公司或个人为满足减排义务，而使用在非温室气体管理体系下的项目或设施所产生的减排额度。See Deatherage S., "Carbon trading law and practice", Oxford University Press, 2011, p. 34.

〔2〕"Review of Alberta's Technology Innovation and Emissions Reduction（TIER）Regulation", Discussion Document, Alberta Environment and Parks, available at: https://www. alberta. ca/system/files/custom_downloaded_ images/aep-technology-innovation-and-emissions-reduction-review-discussion-document. pdf#: ~ : text = The% 20Technology% 20Innovation% 20and% 20Emissions% 20Reduction% 20% 28TIER% 29% 20Regulation, systems% 20that% 20first% 20came% 20into% 20effect% 20in% 202007, last visited: 29 July 2023.

〔3〕"BASELINE AND CREDIT VERSUS CAP AND TRADE EMISSIONS TRADING SCHEMES", McLennan Magasanik Associates, available at: https://core. ac. uk/download/pdf/30684833. pdf, last visited: 29 July 2023.

碳排放强度所制定的，为了能够获取更多的经核准的碳信用，控排企业将有操控该基准线的风险。具体来讲，某一行业的企业完全可以通过自身对本行业温室气体排放量的把握，利用信息的不对称性，来误导政府有关部门，提高碳排放强度，从而抬高"基准线"。之后，再通过本应采取的减排行动来实现碳强度的降低，进而获取碳信用。这无疑引发了道德风险，阻碍减排目标的实现。

3. 行政管理成本较高

在"总量控制与交易"制度的安排下，政府有关部门只需要设定一个上限，并根据该上限对排放量进行监测即可。而在基准线和信用体系下，必须为每项排放活动设定基准线。这样一来，行政管理成本可能在以下三个场景中"居高不下"，（1）部分排放设施没有历史数据来设定适当的基准线，因此要根据一定的公式来制定出一个理论层面的基准线。该理论层面的基准线不仅在准确性和科学性方面引发疑虑，而且也是极大地增加了行政部门的工作成本；（2）即使是同一行业的工厂，其排放强度也有很大差异（例如，不同煤矿的甲烷排放量就有很大差异），这使得基准线的计算和制定变得更加复杂。[1]具体来讲，如果选择为每个工厂设定基准线来确保准确性，行政管理成本将非常高昂；而一旦将所有工厂都包括在内，使用统一的基准线，在事后确定和核实每项减排活动的减排量时，行政管理成本也很高；（3）在上述引发道德风险的情况下，由于在基准和信用制度下往往不会对没有实现减排的有关主体进行处罚，因此，政府有关部门将面临制定更高标准的减排政策，来弥补因有关主体"造假"而滞后的减排进度。

三、不同碳交易制度间的对比研究

"总量控制与交易"和"基准与信用"都是目前在碳排放交易实践中采用的有效的减排制度。两种制度通过碳排放配额或碳信用的交易，释放出碳价格信号，从而发挥碳交易市场的资源调配作用。所以从总体上看，二者在底层逻辑上是相同的。也就是说，当控排主体认为其进行减排的合规成本低

---

〔1〕 See "BASELINE AND CREDIT VERSUS CAP AND TRADE EMISSIONS TRADING SCHEMES", McLennan Magasanik Associates, available at: https://core.ac.uk/download/pdf/30684833.pdf, last visited: 29 July 2023.

于出售碳排放配额或碳信用所带来的收入时，那么控排主体将会选择降低温室气体排放，从而实现成本最低；而如果控排主体认为其进行减排的合规成本更高，那么购买碳交易市场上的碳排放配额或碳信用将会是更优的选择。但是，二者在实施路径上是截然不同的。主要包括：（1）控排主体所参照的减排"对标物"不同，以及（2）可交易碳排放标的物的获取时间不同。

（一）控排主体所参照的减排"对标物"不同

"总量控制与交易"制度和"基准与信用"制度最显著的区别，就在于其所设定的用于控制温室气体排放，同时刺激碳交易市场运转的工具不同。在"总量控制与交易"制度下，是制定了碳排放量的上限并将其按照分配规则下发给各个控排主体。控排主体如果在核查碳排放量之后，配额仍然有富余，那么将该部分配额进行出售。而在"基准与信用"制度下，是制定了碳排放强度的基准线。也就是说，控排主体并没有一个能够排放多少温室气体的总量限制作为参考。而是通过判断自己的碳排放强度是否高于或低于该基准线，来制定合规计划。如果控排主体的碳排放强度在核证之后低于该基准线，说明该主体的减排能够获取多余的碳信用（即碳排放强度与基准线的差）来进行出售。

由此可见，"总量控制与交易"制度中，控排主体的"对标物"是碳排放配额，而"基准与信用"制度中，"对标物"为有关部门设定的"基准线"。同时，也反映出了两方面的问题。一方面，"总量控制与交易"制度下，确切的碳排放总量的限制能够更加容易实现气候治理目标。政府有关部门只需要结合年度减排目标来设定碳排放量"上限"即可，在面临超出排放量就会遭受处罚的情况下，控排主体一般都会在所规定的碳排放量之内进行生产，或通过碳交易来达到合规目的。相对地，在"基准与信用"制度下，政府有关部门需要参考不同控排行业的现有技术水平、能源强度、能源类型，及经济发展水平等诸多因素[1]，来制定合理的基准线。由于涉及的变量因素较多，所以制定的基准线是否能够有效推动减排目标的实现是无法准确把握的，而信息的不对称性会进一步加剧该不确定性。另一方面，通过上述分析，也

---

〔1〕 参见程叶青等：《中国能源消费碳排放强度及其影响因素的空间计量》，载《地理学报》2013 年第 10 期。

可以得出"总量控制与交易"制度下的行政管理成本可能会比"基准与交易"制度更低的结论。比起"总量控制与交易"制度对于碳排放量的整体规范,"基准与交易"制度着眼于各个控排行业的具体碳排放情况,更为细致。对不同行业的控排主体进行不同碳排放强度的核证也将是一笔巨大的开支。

(二) 可交易碳排放标的物的获取时间不同

由于碳排放配额是先行分配的,因此,在"总量控制与交易"制度模式下,控排主体在一开始,即合规义务完成之前就可以获得可用于交易的碳排放配额。而在"基准与信用"制度模式下,控排主体只有在碳排放强度进行核证之后,如果低于基准线,即完成了合规义务之后,才能获得可以用于交易的碳信用。

由此,会导致两种制度下的可交易碳排放标的物的数量也将有很大不同。由于在"基准与信用"制度中,只有碳排放强度低于基准线的控排主体,才能够获得碳信用。所以,比起所有控排主体在"事前"都能够获得定量的碳排放配额的"总量控制与交易"制度,碳信用的数量明显会少得多,同时交易的时间也会更短。因此,有观点认为,"基准与信用"制度下的碳市场流动性是受限的。[1]例如,如果在"基准与信用"制度下,基准线设定为 2000 吨二氧化碳,那么实际排放量为 1000 吨二氧化碳的企业将获得 1000 吨对应的碳信用进行交易;而在"总量控制与交易"制度下,"上限"可以设定为基准线同等的 2000 吨二氧化碳,那么此时,碳市场中可以用来交易的碳配额就是 2000 吨二氧化碳。在这种情况下,碳信用的价格就会比碳配额的价格要高,相关控排主体通过购买碳信用来达成合规义务的成本就会提高。

第三节 碳定价的相关要素辨析及国家干预的边界

减排目标的实现离不开合理完善的碳定价机制。一方面,通过碳定价这一气候治理工具,能够将温室气体排放所产生的外部性成本,转移给温室气体排放者自行承担;另一方面,碳定价制度下形成的碳价格,虽然没有直接

---

〔1〕 参见向璐瑶:《碳会计系列—主要排放交易计划透视》,载 https://m. thepaper. cn/baijiahao_13407736,最后访问日期:2023 年 8 月 10 日。

规定哪些碳排放主体应当如何开展控排或减排的合规动作，但是，它向碳排放者提供了一个经济信号。也就是说，碳排放主体可以参考碳价的浮动，来决定是通过技术或能源革新来减少排放，还是继续排放并为排放付费。这就给相关主体提供了极高的灵活度，能以成本最低的方式来实现总体的气候治理目标。有效的碳价信号有利于充分调动社会资金的投入，优化资源配置、刺激清洁技术和市场创新，同时推动低碳经济增长，最终实现减排目标。

目前，各国采取的碳定价制度主要有碳税、碳排放交易制度、基于结果的气候融资（Results Based Climate Finance，RBCF），以及内部碳定价（Internal Carbon Pricing）和自愿交易市场中的碳抵消机制。不同制度的运行机理不尽相同，各有利弊。不仅如此，结合本书，碳交易制度下的碳价还同时受到诸多因素的影响。厘清不同碳价格形成机制的区别，以及碳交易中不同因素对碳定价的影响，并把握好政府干预市场调控的平衡，才能够将碳价格稳定在一个科学合理的区间内，使其发挥应有的作用。有鉴于此，本节将对以下三个方面进行详细论述：（1）各主要碳定价制度的机理辨析，（2）碳交易市场中碳价格的影响因素辨析，及（3）市场机制和国家机制对碳价格的干预边界。

一、不同碳定价制度的机理辨析

碳定价被认为是帮助各国限制二氧化碳排放和实现净零排放目标的最有力工具之一。为了能够避免碳排放产生的负外部影响，各国都在积极地制定适宜的碳定价制度，将碳排放的外部性"内部化"，实现兼具经济效益的环境治理目标。目前，各国所采取的碳定价制度包括：碳税、碳排放交易制度、基于结果的气候融资（Results Based Climate Finance，RBCF），以及内部碳定价（Internal Carbon Pricing，ICP）。其中，碳税和碳排放交易制度是最主要的两种碳定价制度，二者各自的优势和局限也是学术界和实践所关注的重点。在国际层面，《议定书》下的"京都三机制"开创了国际碳定价的进程，其通过自愿碳交易市场和基于结果的气候融资，推动各国碳价的协调合作，在不损害各国产业竞争力的基础上，加快向绿色能源的过渡，达成全球气候治理目标。具体分析如下：

（一）碳税与碳排放交易制度的比较分析

1. 碳税：政府干预下直接赋予碳排放价格

碳税的理论基础，即"庇古税"（Pigouvian Taxes），是指对排放二氧化碳或其他诸如甲烷、氧化亚氮、氢氟碳化合物、全氟化碳和六氟化硫等温室气体的主体征收的税。[1]直接对碳排放主体进行征税的气候治理措施。简言之，碳税的运行机制是通过对温室气体排放确定明确的税率，直接设定碳价格。美国早在 1973 年就首次提出了要对碳征收税[2]，但是长时间仍未有行动，而首个对碳排放进行征税的是芬兰[3]，随后大量的国家和地区也制定了各自的碳税制度。根据世界银行的最新数据，截至 2023 年 5 月 31 日，全球已经有34 个国家和地区实施了碳税制度。[4]

碳税制度由于其本质上属于税收制度的子类，因此在建构该制度的时候，所考虑的要素与一般税收制度相类似，包括：税制的设置、征税范围、征税对象、计税依据、税率的设置、税收的优惠及使用等方面。其中征税的对象划定，以及税率的制定是该制度中的核心要素，也是各国存在较大差异的地方。具体来讲，征税对象方面，大部分国家都是直接对诸如煤气、石油等含碳化石燃料直接征税。但是仍存在一部分的国家或地区选择对排放二氧化碳等温室气体的经济活动和设施进行征税。例如，西班牙碳税制度的征税对象是排放氟化温室气体的设备，而不是燃烧后产生氟化温室气体的化石燃料。[5]两种征收对象的划分模式各有利弊。一方面，直接针对化石燃料的碳税制度能够更加简便，减少监测等行政成本，但是无法涉及除了化石燃料燃烧活动之外的碳排放活动，导致对碳排放活动的规制不足；另一方面，对排放二氧化碳等温室气体的经济活动和设施进行征税的好处在于能够覆盖除了化石燃料燃烧

---

〔1〕　参见边永民：《贸易措施在减排温室气体制度安排中的作用》，载《南京大学学报（哲学·人文科学·社会科学版）》2009 年第 1 期。

〔2〕　Sara Brown, "6 arguments for carbon taxes", MIT, available at: https://mitsloan. mit. edu/ideas-made-to-matter/6-arguments-carbon-taxes, last visited: 29 July 2023.

〔3〕　参见杨晓妹：《应对气候变化：碳税与碳排放权交易的比较分析》，载《青海社会科学》2010 年第 6 期。

〔4〕　"Carbon Pricing Dashboard", The World Bank, available at: https://carbonpricingdashboard. worldbank. org/map_ data, last visited: 29 July 2023.

〔5〕　李书林等：《国际碳税政策实践发展与经验借鉴》，载《中国环境管理》2023 年第 4 期。

活动之外的其他碳排放活动，然而，局限在于政府部门需要对某经济活动或设备实施监测，将产生较高的行政管理成本。在税率的设置方面，各国的征税水平差异较大。根据世界银行 2023 年的数据，乌拉圭是目前碳税率最高的国家，每吨二氧化碳当量（tCO2e）[1]155.86 美元。而拥有最低碳税率的乌克兰，则不足 1 美元/tCO2e[2]。实际上，过高或过低的碳税率都是不利于减排工作的进展。如果碳税率过高，则会给相关的企业造成巨大的成本压力，不利于国内该产业的国际竞争力。不仅如此，由于碳税的提高，相关产品的价格也会提高，例如电价的提高。也会给消费者带来更高的成本压力，从而不利于社会的整体福利。

2. 碳排放交易：供需博弈形成的碳价

在碳排放交易制度之下，不论是"总量控制与交易"模式，还是基准与信用模式，都是间接赋予碳排放价格。两种模式下的碳价都可以分为两个阶段来理解，即碳交易的一级市场和二级市场。根据功能的定位不同，碳交易一级市场主要是政府碳排放配额的总量设定和分配，或者制定基准线的调控环节。而碳交易二级市场主要针对的是碳交易的市场调节环节。所以，碳价的形成同时受到两级市场的影响。以"总量控制与交易"模式为例，在碳交易的一级市场中，政府有关部门在对相关要素的评估之后，制定碳排放配额的总量和分配方式（即免费分配、拍卖或混合分配）。一方面，碳配额的总量多少会对碳价造成影响，即过多的碳配额不利于激励相关主体的减排动力，而过少的碳配额又会抬高减排成本；另一方面，分配方式的设定也会对相关主体的减排合规成本带来不同程度的影响，从而间接影响碳价的高低。在进入到二级市场中后，各相关主体为了实现经济效益、达成环境治理目标而对碳配额或碳信用进行交易。此时成交的碳价格，实际上就是一级市场中的供给和二级市场中产生的需求之间的博弈结果。

3. 二者优势与局限的对比分析

国内外学者对二者孰优孰劣的比较性分析已经比较完善与全面，并且形

---

〔1〕 二氧化碳当量是一种用作比较不同温室气体排放的量度单位。不同温室气体对地球温室效应的贡献度有所不同，为了统一度量整体温室效应的结果，又因为二氧化碳是人类活动产生温室效应的主要气体，因此，规定以二氧化碳当量为度量温室效应的基本单位。

〔2〕 State and Trends of Carbon Pricing 2023, Warld Bank Group.

成了三类观点，即碳税优于碳排放交易〔1〕、碳排放交易优于碳税〔2〕，以及二者并非对立关系可以互为补充。而这些观点的理论依据主要是基于碳税制度和碳排放交易制度的不同点，主要包括：（1）气候治理目标实现的可预测性，（2）控排企业减排合规成本和经济效益的确定性不同，（3）行政管理成本，以及（4）政治层面的可接受性。

一是，气候治理目标实现的可预测性不同。碳价的本质就是要在降低经济成本的情况下实现全球气候治理目标，即减少二氧化碳等温室气体的排放。所以碳税和碳排放交易的制度有效性，取决于其是否能够助推气候治理目标的实现。在这方面，由于碳税制度只是对碳排放直接定价，而没有直接涉及碳排放量的控制，因此是否能够实现气候治理目标是不确定的。而碳交易制度中，尤其是"总量控制与交易"模式下，碳排放的总量是给定的，所以能够直接实现区域性、阶段性的碳减排目标，通过不断地下调碳配额总量，实现最终的气候治理目标。

二是，控排企业减排合规成本和经济效益的确定性不同。在碳税制度下，相关控排企业应当付出多少减排成本是被预设好的。也就是在减排的初期，控排企业可以根据碳税的高低来选择是继续保持现有状态为碳排放买单，还是革新生产技术从而降低合规成本。而在碳排放交易制度下，碳价格并不是在一开始确定的，而是受到碳交易市场机制的调节，从而产生波动和不稳定性。所以，控排企业在选择合规路径时缺少确定性，不利于进行长期的减排投资。〔3〕

三是，行政管理成本的不同。这一方面需要结合不同制度下具体规则的不同而分别讨论。在碳排放交易制度下，"总量控制与交易"模式下的行政管理成本相较于基准与信用模式会更低。因为后者还会涉及对不同行业、不同

---

〔1〕　持有该观点的有，边永民：《贸易措施在减排温室气体制度安排中的作用》，载《南京大学学报（哲学·人文科学·社会科学版）》2009 年第 1 期；吴巧生、成金华：《论全球气候变化政策》，载《中国软科学》2003 年第 9 期。

〔2〕　持有该观点的有，王慧、曹明德：《气候变化的应对：排污权交易抑或碳税》，载《法学论坛》2011 年第 1 期；陈秀梅：《碳税与许可证交易的对比分析》，载《番禺职业技术学院学报》2008 年第 2 期。

〔3〕　参见刘明明：《碳排放交易与碳税的比较分析——兼论中国气候变化立法的制度选择》，载《江西财经大学学报》2013 年第 1 期。

碳排放设备的监测成本；而在碳税制度下，正如前文所述，征收对象的不同导致行政管理成本会有所区别。总之，行政管理成本也较低的碳定价制度是"总量控制与交易"制度和针对化石燃料征税的碳税制度。

四是，政治层面的可接受性不同。政治层面的可接受性主要可以从两个方面进行考虑，一方面是对弱势群体造成的影响，另一方面是对具有较强政治谈判实力的利益相关方的影响。[1]结合两种碳定机制，碳税对弱势群体更为不利。如前文所述，碳税提高了相关产品的成本，而这些成本将由消费者最终承担。同时，碳税具有明显的累退税性质[2]，即负税能力强的主体理应承担更高的税负，但是实际上税负较低，反而低收入主体承受了较高的税负，导致社会福利水平的下降。不仅如此，税收制度的征收范围主要是能源密集型企业，这类企业对自然资源等的控制力将会给政策制定带来谈判阻力。[3]相比之下，碳交易制度的政治层面可接受度相对较高。只有在"总量控制与交易"模式下，考虑采用拍卖方式分配碳配额时，可能涉及对不同利益主体的影响，产生一定的阻力。

总之，碳税和碳交易在形成碳价格的运行机理上各具特点，也各具优劣。需要根据不同国家的不同国情，在结合两种制度不同特征的情况下，制定更加有利的碳定价机制，推动释放正确的碳价格信号。

（二）其他碳定价制度内涵辨析

除了被广泛应用的碳税制度和碳排放交易制度之外，目前还有其他几类相对"小众"的碳定价制度，包括：（1）内部碳定价，（2）基于结果的气候融资，以及（3）碳抵消（offset）机制。

1. 内部碳定价：企业自身应对气候治理的碳价工具

碳排放产生的经济成本对企业的影响是巨大的，为了避免气候变化风险、监管风险等造成的财务风险，能够在尽可能低的经济成本下有效地促进自身合规义务的实现，企业纷纷通过内部碳定价的方式来辅助成本效益分析，从

---

〔1〕 参见杨晓妹：《应对气候变化：碳税与碳排放权交易的比较分析》，载《青海社会科学》2010 年第 6 期。

〔2〕 参见樊勇、张宏伟：《碳税对我国城镇居民收入分配的累退效应与碳补贴方案设计》，载《经济理论与经济管理》2013 年第 7 期。

〔3〕 参见杨晓妹：《应对气候变化：碳税与碳排放权交易的比较分析》，载《青海社会科学》2010 年第 6 期。

而作出合理科学的商业决策。内部碳定价通常有两种实现方式，即收取内部碳税和影子价格。[1]具体而言，收取内部碳税是指，企业在内部设定一个碳排放基准额度，对相关员工收取超出碳排放配额的部分的费用。如此一来，一方面，可以规范员工的行为达到合规要求；另一方面，可以将收取的费用用于低碳技术的开发，或填补碳排放量大的部门的经济成本等，进行激励机制的重构。而影子价格是指在商业评估中将气候治理风险等进行量化，指导未来的决策制定，并不是收取现实的费用。例如，新加坡的淡马锡控股公司就采取了影子价格的内部碳定价方式，指导其选择投资项目。根据影子价格下的评估，一些碳排放较高的企业的投资项目由于财务回报低被淡马锡淘汰。不仅如此，影子碳价的实施还推动其将更多资金投入到可持续发展的项目中，实现了企业的绿色转型。[2]

2. 基于结果的气候融资

简单来讲，基于结果的气候融资就是一种事后支付对价的融资方式。也就是说，委托方与代理方达成某项减排项目之后，委托方并不预先支付一定的价款，而是在完成了预先协定的项目后再进行付款。关于基于结果的气候融资，目前尚无统一的定义。然而，通过分析文献可知，基于结果的气候融资需要具备以下几点特征：（1）委托方投资的项目主要内容是气候治理，（2）委托方进行"事后"付款，（3）委托方在项目达成预定结果时立即付款，以及（4）项目结果经过独立第三方核实。[3]但可以设想，这种"事后"付款的形式实际上会给代理方带来很大的压力。一方面，其在项目开展初期将面临缺乏资本的资金压力；另一方面，其要承担项目成果无法达到预期的失败风险。但是，支持使用该碳定价制度的学者认为，基于结果的气候融资有两方面的合理性：一是，能够减少信息不对称的成本，保证委托人的利益，

---

〔1〕　参见朱帮助等：《内部碳定价机制是否实现了减排与增收双赢》，载《会计研究》2021 年第 4 期。

〔2〕　参见《内部碳价——为企业气候行动赋能》，载 https://zhuanlan.zhihu.com/p/557055761，最后访问时间：2023 年 8 月 1 日。

〔3〕　The World Bank，"RESULTS-BASED CLIMATE FINANCE IN PRACTICE：DELIVERING CLIMATE FINANCE FOR LOW-CARBON DEVELOPMENT"，p. 5，available at：https://openknowledge.worldbank.org/server/api/core/bitstreams/c8925e1d-e578-564e-ac68-5b1cf89a0ec2/content，last visited：29 July 2023.

从而更好地实现项目的减排目标。由于基于结果的气候融资是建立在双方当事人"委托代理"关系之上来运转的,所以接受资助的代理人比委托人拥有更多关于要执行的特定任务或项目,或要销售的产品的信息。代理人可以利用这种信息优势不顾委托人的利益,来促进自己的利益。而事后付款就很好地解决这一风险。二是,基于结果的气候融资能够带来长期的结果优化。也就是说,由于代理人只有在完成项目的预期成果才能获得资金,所以会激励其进行方法的创新,从而实现有效的减排目标。长此以往,委托人可能会支持更多的更高质量的减排项目。[1]比起其他的融资方式,基于结果的气候融资将更有利于气候治理。

3. 碳抵消机制

碳抵消(Carbon Offset)机制是在自愿碳交易市场下运转的碳定价制度,该机制允许个人或组织通过资助其他的碳减排项目,来抵消自身排放的温室气体。[2]该机制在国际、区域和国家内部都有着大量应用。国际层面,《议定书》中的清洁发展机制(CDM)和联合履行机制(JI)就属于此类机制;在区域、国家或地区层面,日本、蒙古国等国建立起的区域性的碳抵消机制仅有联合信用机制(JCM),就是由日本作为购买方来履行减排义务的机制。中国的核证自愿减排量(CCER)则是在国内碳交易市场内的实践。

通常情况下,判断某项目所减少的碳排放量或增加的碳存储量(例如植树造林等)是否可用于碳抵消,主要依靠的标准包括:(1)额外性(additionality),即如果没有该项目的实施,就不会产生对应的温室气体的减排成果。简单来讲,该项目所减少的温室气体或者增加的碳存储量必须是现有强制性减排制度之外的。例如,如果某控排企业通过创新技术项目而减少了温室气体的排放,由于该部分减排量是其本应达成的强制减排义务,因此不能认定为具有"额外性"。(2)验证(verification),即碳抵消项目所减少的碳排

---

[1] The World Bank, "RESULTS-BASED CLIMATE FINANCE IN PRACTICE: DELIVERING CLIMATE FINANCE FOR LOW-CARBON DEVELOPMENT", pp. 9-10, available at: https://openknowledge. worldbank. org/server/api/core/bitstreams/c8925e1d-e578-564e-ac68-5b1cf89a0ec2/content, last visited: 29 July 2023.

[2] Broekhoff, D., et al., and Cage, P., "Securing Climate Benefit: A Guide to Using Carbon Offsets", Stockholm Environment Institute & Greenhouse Gas Management Institute, 2019, available at: www.off-setguide. org, last visited: 29 July 2023.

放量和增加的碳存储量都是要经过特定机构的准确评估核算来认定的。（3）避免"碳泄漏"（carbon leakage）在核算期间，面临的主要困境就是"碳泄漏"。也就是相关主体通过碳抵消项目在一个地方减少了温室气体的排放，但是却到另一个地方实施污染行为。所以应当通过合理科学的核算方法来避免此类风险。（4）永久性（permanence），即所实现的碳减排量是不可逆转的，不会因为政策性或气候性因素而发生改变。如果发生改变，就需要考虑进行折算等。[1]

关于碳抵消有效性的观点，众说纷纭。反对者指出，抵消的便利性和廉价性可能会降低有关主体实质减排义务的能动性。但支持者则认为，该制度提高了减排的灵活性，并且实际上培养了一种主动减排的意识。[2]

二、碳交易下碳价的影响因素之辨

由于碳交易本身属于一种市场行为，所以碳价的形成会受到市场供需要素的影响；但是，碳排放权本身又兼具公法和私法的属性，因此也会受到政策因素、自然因素等外部环境的影响。

（一）供给侧因素对碳价的影响解析

供给侧对碳价产生影响的方式主要包括：（1）初始碳配额总量的设定，以及（2）初始碳配额分配方式的选择。

1. 初始碳配额总量的设定

碳配额总量设定对碳价产生影响，主要发生在"总量控制与交易"制度下。这种影响包括两个方面，即总量的数量多少，和确定总量的方式。一方面，政府有关部门对碳排放的"上限"设定的高低将从碳配额的供给方面对碳价产生影响。如果碳配额的数量过多，那么其在碳市场上将供过于求，导致碳价格的下跌。由此带来的后果，即控排主体将很容易实现合规义务，从而不利于激励控排主体开展减排行动。另一方面，碳配额总量的设定方式有"自下而上"和"自上而下"两种。欧盟ETS第一和第二阶段就是通过"自下而上"的方式设定碳配额总量。具体来讲，各国根据欧盟减排的总体标准

---

〔1〕　参见葛新锋：《碳抵消机制的实践及建议》，载《金融纵横》2021年第11期。

〔2〕　Richard Kim & Benjamin C. Pierce, "Carbon Offsets: An Overview for Scientific Societies", available at: https://www.cis.upenn.edu/~bcpierce/papers/carbon-offsets.pdf, last visited: 29 July 2023.

和原则，自行上报本国的碳排放配额数量。[1]这种方式虽然灵活，但是面临评估标准、制度设计不统一等问题，导致竞争力扭曲，进而无法反映真实碳价。而"自上而下"的方式，顾名思义就是通过政府部门统一制定某区域内的碳配额总量进行分配。

2. 初始碳配额分配方式的选择

如前文所述，碳配额的分配方式主要有免费分配、拍卖，以及混合式。采用何种分配方式，将决定碳配额的供给结构。目前大多数国家采用的是混合方式，也就是免费分配+拍卖。免费分配能够降低企业的合规成本，但同时也会在一定程度抑制碳市场发挥作用。而拍卖的方式虽然在一开始带给企业购买碳配额的成本压力，但能够有利于碳市场对资源的优化配置。其对碳价的影响表现在，如果拍卖的价格较高，那么企业就会选择采取减排措施而非购买碳配额，从而减少了需求，碳价下降；反之，拍卖价格低则会抬高碳价。

（二）需求侧要素对碳价的影响解析

除了政府方面供给碳配额对碳价格会产生影响之外，需求侧的相关要素也会影响碳价格的涨跌。主要包括：（1）宏观经济变动，（2）能源价格变化，以及（3）科技进步等。

1. 宏观经济变动

宏观经济变动对碳价格的影响是巨大的。一方面，如果宏观经济的发展良好、社会经济总体水平提高，就会引起有关企业大规模扩大生产和投资。由此会带来化石能源的大量燃烧，从而加大了温室气体的排放量，造成碳配额的紧缺，最终提高碳价。另一方面，如果全球经济的发展势头下降低迷，那么企业就会缺乏资金投资并开展生产，也就会减少温室气体的排放，碳价因此下跌。例如，在2008年的金融危机中，全球碳价格急剧下跌。欧盟ETS中的碳价格从超过30欧元/tCO2e，急剧下降至15-16欧元/tCO2e左右。[2]

2. 含碳能源价格变化

含碳能源作为企业经济活动排放温室气体的产生来源，其价格变化对碳

---

〔1〕 Nkole Lederer, "The European Emissions Trading Scheme and International Emissions Trading a Comparative Analysis", *New Zealand Journal of Environmental Law*, Vol. 1, No. 1, 2008, pp. 1–38.

〔2〕 Fiona Harvey, "Carbon prices hit by economic crisis", Financial Times, available at: https://www. ft. com/content/75a79668-c481-11dd-8124-000077b07658, last visited: 2 August 2023.

价格的影响是直接而显著的。如果企业生产所利用的含碳能源价格提高，则企业的生产成本上升，企业可能被迫减少排放或者选择创新技术形成替代生产方案，碳排放由此减少，碳价格就会下降。但是同时也要注意不同能源的相对价格。也就是说，一类化石能源价格上升，如果其可替代品的碳密度高于该能源，则会提高温室气体排放量；反之，如果碳密度低，则会减少温室气体排放量。举例来说，国际石油的价格如果上涨，那么作为其替代品的煤炭和天然气可能就会更受企业生产的欢迎。但是，煤炭的碳密度更高，如果企业选择煤炭作为替代品燃烧，则会产生大量温室气体，从而需要更多的碳配额，导致碳价上涨；而天然气的碳密度低，使用天然气会降低温室气体排放，从而导致碳价下跌。[1]

3. 科技进步

科学技术的进步同样也会对碳价格产生影响。这种影响包括两方面：一方面，科技进步会提高化石能源的燃烧效率等，从而致使企业能够应用新的技术来减少温室气体的排放。碳价格因碳配额的需求量减少而降低。另一方面，科技进步也可能通过碳捕捉来减少温室气体的存量，也就是减少现有大气中的污染气体。[2]由此一来，净零目标的实现将更容易达成，各国所设定的碳配额总量也将大幅度减少，企业在现有状态下对碳配额的需求就会增加，从而导致碳价上升。然而，碳捕捉的技术尚未成熟，因此科技的影响目前主要体现在前述的第一个方面。

（三）政策因素对碳价的影响解析

国际层面，气候治理已经日益成为各国政治角逐博弈的重要领域，碳市场则是该领域中的博弈焦点。从《公约》《议定书》再到《巴黎协定》的谈判过程可以看出，各国因国内政治经济的需求不同，发达国家和发展中国家的对立很难调和。美国自一开始便退出了《议定书》，日本、新西兰等国也相继在《议定书》的第二履约期退出，致使核证减排量（CER）和减排量（ERU）出现了供大于求的局面，碳价因此下跌。[3]再加上，目前欧盟、美国

---

〔1〕 参见冯楠：《国际碳金融市场运行机制研究》，吉林大学 2016 年博士学位论文。

〔2〕 参见彭晓洁、钟永馨：《碳排放权交易价格的影响因素及策略研究》，载《价格月刊》2021年第 12 期。

〔3〕 参见冯楠：《国际碳金融市场运行机制研究》，吉林大学 2016 年博士学位论文。

等发达国家对发展中国家施加的减排压力，也极大地影响了碳市场的供需关系。

国内层面来看，各国为了应对 COVID-19、俄乌冲突，以及经济危机等国际突发事件对国内社会、经济造成的负面影响，往往通过政策的制定来影响碳价格，从而达到刺激经济的作用。举例来讲，在 COVID-19 期间，就有 37 个经合组织和二十国集团中的国家，在 2020 年 1 月（即疫情开始）至 2020 年 8 月之间对实施了不同的政策影响碳价格。如，中国实施了国家排放交易机制，覆盖了全国 40% 的二氧化碳排放量。还有的国家为了有效实现 COVID-19 救援和恢复，对航空税、燃料税等规则都进行了不同程度的调整。[1]在这种情况下，尽管 COVID-19 给全球经济带来了重大挑战，但是通过影响碳价的政策制定，使得 2022 年全球相关收入达到了 530 亿美元，比前一年增加了 80 亿美元，为政府提供额外的收入来源。[2]

三、碳交易中碳价信号的释放有效性：市场与国家干预机制的平衡边界

从上述碳价格波动的影响因素可知，碳价的浮动主要是市场力量和国家干预互动的结果。碳价作为指导控排主体减排行动的风向标，只有正确地反映目前的减排成本，才能够有效优化资源的配置。因此，需要找到市场与国家干预机制的平衡点，防止政府过度干预下的碳价扭曲。

（一）信息不对称导致碳价机制失灵

碳价的主要影响因素之一就是政府所设定的碳配额总量和分配方式，但是此类规则的制定，实际上对政府的规则制定水平提出了很高的要求。也就是说，政府有关部门只有在掌握了所有碳排放企业的整体排放情况之后，才能够进行科学分析设定碳配额的总量；只有摸清了具体控排企业的排放水平和减排能力之后，才能制定合理的分配方式。简而言之，政府需要大量有效的信息来做出决策。但是，信息往往是不对称的，政府通常无法全面掌握各个控排主体的具体信息，因此，作出的总量设定和分配方式的决定也就存在

---

〔1〕 Daniel Nachtigall, et al., "Carbon pricing and COVID-19: Policy changes, challenges and design options in OECD and G20 countries", *OECD Environment Working Papers*, No. 191., 2022, pp. 8-9.

〔2〕 Daniel Nachtigall, et al, "Carbon pricing and COVID-19: Policy changes, challenges and design options in OECD and G20 countries", *OECD Environment Working Papers*, No. 191., 2022, p. 15.

潜在的不合理风险。例如，我国在碳市场的实践过程中，就曾经历因一级市场的碳配额总量管控过于宽松，导致履约期满前密集交易，无法形成合理价格。[1]

（二）碳泄漏：碳交易市场的负外部效应

不同国家由于发展水平不同，对于温室气体排放的规制严格程度是不一样的。有些国家所制定的气候治理规定会比其他国家更加严格。所以，在实行较为严格的控排政策的国家，企业因为会面临更大的合规压力，就会转而将有关的温室气体排放活动转移到控排政策相对宽松的国家。这种转移行为就是"碳泄漏"。"碳泄漏"本质上属于碳交易市场的负外部效应。[2]由此产生的问题就是，虽然局部看国家内的减排任务完成了，但是实际上不利于全球总体气候治理目标的达成。例如，美国和欧洲的碳排放量在多年以来一直呈下降趋势，但在中国和印度等发展中国家，碳排放量却还在增加。一方面是由于发展中国家自身的碳排放量较大，但是另一方面，也存在着发达国家相关企业为了规避减排义务而转移生产的可能。不仅如此，由于我国国内各省份地区的发展差异，碳泄漏的问题也日益突出，总体表现为从京津、东部沿海地区向其他地区转移的趋势。[3]

（三）国家干预碳市场的必要性及边界

国家干预碳市场具有其正当性和必要性，但是也需要避免"无形的手"对碳市场进行过度干预，造成碳价格的扭曲。

国家干预碳市场的必要性主要表现为以下几点：（1）碳排放权的公法属性。如前文所述，碳排放权的特殊之处在于，其兼具公法和私法的属性。因此基于碳排放权的交易不仅仅涉及私主体的利益，同时也要兼顾社会公共利益。为了避免碳市场对公共利益的忽视，有必要通过政府有关部门的监管来进行一定程度的干预；（2）碳市场自身风险。与其他交易市场类似，碳交易

---

〔1〕参见蒋志雄、王宇露：《我国强制碳排放权交易市场的价格形成机制优化》，载《价格理论与实践》2015 年第 4 期。

〔2〕参见刘明明：《论碳排放权交易市场失灵的国家干预机制》，载《法学论坛》2019 年第 4 期。

〔3〕参见王文治：《中国省域间碳排放的转移测度与责任分担》，载《环境经济研究》2018 年第 1 期。

市场也面临着金融风险、政策风险、能源风险等。为了避免该类风险对碳价造成过度影响，政府干预也会给相关主体利益带来更多保障。

为了能够最大程度地发挥市场机制的作用，国家干预也应当有一定的"谦抑性"。具体可以从以下几个方面把握干预的边界：（1）在碳配额的供给侧，制定合理的碳配额分配规则，灵活运用拍卖方式。如前文所述，拍卖方式可以提前引入市场机制调节碳价格。在碳配额进入交易市场之前，就通过市场机制一定程度上实现了资源的合理分配。不仅如此，政府也能够增加该部分的收入，并投入到碳交易监管领域，提高管理技术和水平；（2）建立碳配额的存储和借贷机制。碳配额的存储是指，持有碳配额的企业或者经过履约期后仍有富裕的碳配额的企业将这些碳配额存入到特定的账户中；碳配额的借贷是指，控排企业在一个履约期内未完成减排义务，超出的部分先从下一履约期进行预支，等到下一履约期再偿还。[1]如此一来的好处就是，控排企业将会有更多的灵活性来安排生产活动，有利于防范碳价波动引发的市场风险。由此，碳价也就能够更真实地反映相关主体的控排成本。

综上所述，各国所采取的诸如碳税、碳排放交易制度、基于结果的气候融资（Results Based Climate Finance，RBCF）、内部碳定价（Internal Carbon Pricing），以及自愿交易市场中的碳抵消机制等碳定价制度，其内涵不同，优势与局限也不尽相同，需要结合具体国情和全球气候变化的客观因素来选择制定。而在制定的同时，还应考虑到供需关系和政策等因素对碳价的影响。并在充分发挥碳市场机制作用的前提下，适度地通过国家干预机制将碳价格稳定在一个科学合理的区间内，尽可能地通过碳价反映真实的减排成本，释放正确的经济信号。

第四节　本章小结

总体来讲，本章结合全书关于"碳交易国际协调"的研究主题，对该制度中相关的部分要素进行了明晰和阐述，以起到理论基础铺垫的作用。首先，碳排放权作为碳交易制度中的核心要素之一，其法律属性应当如何界定引发

---

〔1〕 参见刘明明：《论碳排放权交易市场失灵的国家干预机制》，载《法学论坛》2019年第4期。

学界和实务界的广泛讨论。本章在全面分析公权、私权，以及混合权利说的各主要论点的基础之上，对其进行逐一评析。同时，提出并论证运用"双阶理论"来解释碳排放权不同阶段的法律属性及其应用是当前的可取之策这一观点。

其次，对不同的碳交易模式，即"总量控制与交易"和"基准与信用"模式的运行机理、内涵、特点及制定中涉及的风险要素进行了概述。并结合两种制度的特点进行了比较性的研究，分析了二者的优劣和不同之处。以期指导国内的碳制度建立完善。更重要的是，对探索国际碳交易制度的协调具有积极意义。

最后，由于碳交易市场的运转实质上依赖于合理完善的碳定价制度，所以本章对实践中已有的碳定价制度的类型和内容进行了阐述和分析。之后，结合具体案例论述了不同因素对碳价格波动造成的影响。同时，分析并指出市场与国家干预在碳价格形成方面应当把握边界，找到平衡点。从而形成有效的碳价格信号，充分调动社会资金的投入，优化资源配置、刺激清洁技术创新，推动低碳经济增长，最终实现减排目标。

第二章

碳交易市场国际协调的发展与规则嬗变

　　《公约》和《议定书》搭建起了国际法对气候治理的规范框架，形成了对温室气体排放的全球控制与约束的规则体系。其中，《议定书》创设性地提出了"京都三机制"，建立起了国际碳交易市场这一灵活运用经济机制来实现减排目标的制度安排。然而，由于谈判各方利益冲突，以及"京都三机制"本身规定的局限性，存在困境无法延续。经历了艰苦卓绝的谈判历程，国际社会终于达成了新型国际碳交易制度的新共识——《巴黎协定》。《巴黎协定》对《议定书》的部分规则进行了一定程度的革新，包括义务模式的转变和具体的碳交易制度的规则，对国际碳交易制度的协调和发展产生了深远的影响。因此，本章梳理并分析了自《议定书》建立国际碳交易机制以来，相关规则在多边谈判中的发展、协商重点、分歧以及阻碍。并基于上述分析，探究《巴黎协定》对于继承与发展新型国际碳交易规则方面的新规内涵及其重大影响。

第一节　《京都议定书》与国际碳交易机制的诞生和发展桎梏

　　《议定书》对全球气候治理最大的意义之一，就在于其规定的"京都三机制"创设了国际碳交易制度的规则体系。实际上，国际碳交易制度是调和各方利益冲突的产物。[1]在应对气候变化应当采取何种治理方式的议题上，不

---

　　〔1〕　参见党庶枫：《〈巴黎协定〉国际碳交易机制研究》，重庆大学 2018 年博士学位论文。

仅存在着发达国家和发展中国家的利益冲突，发展中国家内部、发达国家内部也存在着不同的考量。经过多年的谈判和妥协，形成了联合履约机制、清洁发展机制，以及国际排放贸易机制。然而，《议定书》也存在着诸如不能有效规避碳泄漏、没有给予负有控排义务的国家足够碳减排的激励，以及强制减排覆盖面不全等不足和局限之处，履约效果并不理想，引发激烈的争议。因此，本节将梳理国际碳交易制度在《议定书》下的诞生与发展，论述"京都三机制"的规则内涵及其所面临的困境与争议。

一、国际碳交易的诞生：利益分化到妥协的演变

《议定书》在 1997 年通过之后，留下了在具体实施方面的几个有争议的问题，包括：碳汇（carbon sink），附件 B 国家的减排义务量化问题，及相关国家碳排放权的交易性问题等。国际社会在上述问题中的共识的达成并不是一帆风顺的，而是曲折复杂的。在谈判过程中，各国根据利益取向的不同分成了不同的联盟阵营。如 Sebastian Oberthür 和 Hermann Ott 认为，不同的国家联盟主要有：欧盟、美日和其他非欧盟经济合作与发展组织成员国、俄罗斯和其他经济转型国家、石油输出国组织（Organization of the Petroleum Exporting Countries，OPEC）成员国、小岛屿国家联盟（Alliance of Small Island States），以及以中国和印度为首的大多数发展中国家。[1]有学者认为还包括"77 国集团和中国"这一庞大的发展中国家集团。[2]这些利益集团的争议体现在：一方面，南北国家关于"共同但有区别责任"的解释存在巨大的意见分歧，发展中国家强调发达国家承担减排的主要义务。而诸如德国等发达国家认为，应当对中国等排放量大的发展中国家施加义务，遭到了"77 国集团和中国"的强烈反对；另一方面，由于利益集团的多样化，发达国家内部和发展中国家内部也出现了不同声音。例如，发达国家下的伞形集团反对减排义务量化这一举措，而欧盟则是支持该做法的一派；发展中国家内部的主张也有所不同，小岛国家联盟主张发达国家承担更多排放义务，然而 OPEC 国家则持相

〔1〕　See S. Oberthür, H. Ott, "The Kyoto Protocol: International Climate Policy for the 21st Century", *Springer Berlin*, 1999, p. 13.

〔2〕　See Grubb, et al., "The Kyoto Protocol: A Guide and Assessment", *Royal Institute of International Affairs*, 1999, pp. 29-35.

反意见，等等。下文将对各利益方的主张争议进行梳理分析。

（一）发达国家的内部利益取向分立

发达国家在《议定书》的谈判过程中，因利益的不同而形成了两大主要阵营，即欧盟和伞型集团（Umbrella Group）。伞型集团是在《议定书》通过后成立的一个缔约方联盟。该集团由澳大利亚、加拿大、冰岛、以色列、日本、新西兰、哈萨克斯坦、挪威、乌克兰和美国组成。[1]该集团与欧盟27国最主要的意见分歧主要有两方面：（1）减排义务是否应当被量化，及（2）是否应当建立国际碳交易机制。

1. 减排义务被量化的争议

在减排义务是否应当被量化方面，欧盟持支持态度，并作为一个区域性整体承诺在2008-2012年期间减少相较于1990年排放量8%的碳排放量。[2]其主要原因可能在于，欧盟内部不同国家的经济发展水平、碳排放量，以及减排能力等是不同的，为了能够实现自身整体的环境治理目标，而支持通过《议定书》下的量化义务达到进一步促进欧盟各国减排的作用。同时，也可以防止因其他发达国家的减排要求较低，而产生碳泄漏、影响欧盟企业竞争力等问题。而以美国为主导的伞型集团却极力反对减排义务被量化。其认为只对发达国家施加义务是不公平的。例如，美国西弗吉尼亚州的民主党参议员罗伯特·伯德和来自内布拉斯加州的共和党参议员查克·哈格尔就曾在1997年提出了一项"参议院意见"（sense of the Senate）的决议，也称"伯德-哈格尔决议"（Byrd-Hagel Resolution）。该决议以95票对0票获得国会通过，指出对发展中国家的减排义务豁免"不符合对气候变化采取全球行动的需要"。决议还指出，豁免这些国家"可能会对美国经济造成严重损害，包括大量失业、贸易劣势、能源和消费成本增加"。因此，在1997年12月的京都谈判和其后的谈判中，美国不应签署任何有关1992年《公约》的《议定书》或其他协议，除非《议定书》或其他协议也强制要求发展中国家作出减排承诺。[3]

---

〔1〕 英国于2023年正式加入该集团。

〔2〕《联合国气候变化框架公约》京都议定书，联合国1998年。

〔3〕 See Expressing the sense of the Senate regarding the conditions for the United States becoming a signatory to any international agreement on greenhouse gas emissions under the United Nations Framework Convention on Climate Change, S. RES. 98, Report No. 105-54. , July 25, 1997.

2. 国际碳交易机制建立与否的争议

在国际碳交易机制建立与否的问题上，伞型集团则持支持意见。尤其是美国，基于本国商业利益的考量，其希望能够购买其他国家剩余的碳排放权来弥补其本国的碳排放。[1]实际上，《议定书》中的碳交易机制是基于美国在酸雨项目中进行许可证交易的经验而提出的，该实践经验使气候治理的成本比预期降低了50%。在谈判过程中，美国提出了支持国际碳交易机制的三点理由：一是，该机制能够减少世界主要工业国家的温室气体排放；二是，该机制具备灵活性、是基于市场的、能够实现商定目标的机制；三是，能保证发展中国家有意义地参与减排。[2]欧盟则持反对意见，原因在于，欧盟长期以来在内部都实施着统一和详细的指令。欧盟的环境治理呈现出"从源头"预防而非通过自愿交易市场解决的样态。因此，欧盟对美国所提出的自愿碳交易机制并不信任。[3]

（二）发展中国家的内部利益取向分立

发展中国家对于"共同但有区别责任"的理解是不同的，具体表现在对碳减排目标高低的设定，以及减排义务国家的覆盖范围存在意见分歧。在碳减排目标方面，小岛屿国家联盟[4]由于更易受到气候变暖的负面影响，因此不断提出要求设定尽可能高的减排目标。在《议定书》的谈判过程中，小岛国家联盟曾于1994年提交了一份倡议草案《〈联合国气候变化框架公约〉关于减少温室气体排放的议定书草案》），该倡议没有对发展中国家施加任何额外义务，而是强调实现《公约》目标的责任在于发达国家。[5]然而，OPEC成员国却对提高减排目标并不赞同。在OPEC成员国看来，他们没有受到全

---

〔1〕 See Chad Damro & Pilar Luaces Méndez, "Emissions trading at Kyoto: from EU resistance to Union innovation", *Environmental Politics*, Vol. 12, No. 2., 2003, p. 71, p. 77.

〔2〕 See Chad Damro & Pilar Luaces Méndez, "Emissions trading at Kyoto: from EU resistance to Union innovation", *Environmental Politics*, Vol. 12, No. 2., 2003, pp. 77-78.

〔3〕 See Chad Damro & Pilar Luaces Méndez, "Emissions trading at Kyoto: from EU resistance to Union innovation", *Environmental Politics*, Vol. 12, No. 2., 2003, pp. 79-84.

〔4〕 小岛屿国家联盟由来自非洲、加勒比、印度洋、地中海、太平洋和南中国海的39个成员国组成。小岛屿国家联盟形成的主要原因是，小岛屿国家最容易受到海平面上升的影响，而海平面上升是全球变暖进程的后果之一。气候谈判为这些国家建立联盟和在国家层面上表达共同观点开辟了道路。

〔5〕 See "Summary of the Eleventh Session of the INC for a Framework Convention on Climate Change: 6-17 February 1995", *Earth Negotiations Bulletin*, Vol. 12, No. 11., 1995.

球变暖的太多负面影响，所有损失都可以用石油出口收入来补偿。因此，其谈判立场主要是因为担心气候变化协议可能对石油市场产生影响，从而影响他们的收入。沙特阿拉伯和科威特拥有全球近 1/3 的石油储量，而沙特阿拉伯的石油出口收入约为该国国内生产总值的 1/3。因此，正如 Michael Grubb、Christiaan Vrolijk 和 Duncan Brack 指出的，气候变化政策对 OPEC 国家的资源战略及其长期前景构成威胁。[1] 在遭到各国反对后，OPEC 国家改变了策略，提出建立"补偿基金"，以补偿发达国家为减少排放而采取的行动对其所造成的损失。起初，这一提议得到了"77 国集团和中国"的大多数成员的支持，并将其纳入其一揽子提议，但其他谈判参与者反对，最终"补偿基金"未纳入《议定书》的最终文本。[2]

（三）利益集团妥协的产物：国际碳交易

《议定书》的谈判漫长而艰难，这主要是因为《议定书》旨在加强各国的减排承诺，与《公约》不同，涉及对各国具有约束力的义务设定。因此，每个缔约方（或缔约方联盟）都努力确保其特定利益在《议定书》的条款中得到体现，并且没有任何对其不利的条款。但是，气候治理的谈判过程中，掌握较大话语权的往往是排放量较大的国家。由于该类国家的减排进程将对全球气候造成重大的影响，也会形成巨大的贡献，所以这些国家的利益显得相对重要。因此，欧盟为了能够使减排义务条款得以通过，从而能够实现规制碳排放量较大的发达国家（如美国）的碳排放行为的目的，最终在制定碳交易制度的立场上做出了妥协。达成的碳交易制度，实际上实现了各方利益的平衡。发达国家拥有了购买额外碳排放权的权利，以及能够在本国之外的国家或地区进行温室气体排放，从而最大限度地减少国内政治经济的阻碍和困难；小岛国家和其他认为自己将会受到减排影响的国家（如石油出口国）也因此可以通过减排项目的开展获得一定的资金补偿。转型期经济体也能够更加灵活地应对温室气体的减排治理。[3]

---

〔1〕 See S. Oberthür, H. Ott, "The Kyoto Protocol: International Climate Policy for the 21st Century", *Springer Berlin*, 1999, p. 25.

〔2〕 See Grubb, et al., "The Kyoto Protocol: A Guide and Assessment", *Royal Institute of International Affairs*, 1999, p. 57.

〔3〕 See Mumma, Dr. Albert, "The Poverty of Africa's Position at the Climate Change Convention Negotiations", *UCLA Journal of Environmental Law and Policy*, Vol. 19, No. 1., 2000, pp. 187–189.

二、《京都议定书》下的灵活"三机制"

《议定书》的谈判中遭到美国等发达国家极力反对的争议点之一，就在于其设定了附件一国家的减排义务。一改《公约》不具有约束力的全球气候治理规则的制定路径，《议定书》从法律层面上细化了对发达国家减排和限排的温室气体种类范围、时间节点以及排放量等方面的要求。而发展中国家则没有因此被施加任何的强制性减排义务，充分体现了"共同但有区别责任"的原则。但是，如前文所述，为了能够平衡各利益集团的利益，《议定书》开启了国际碳交易制度的帷幕。并在该制度下，制定了三类基于市场且灵活的机制（"京都三机制"），从而促进发达国家之间，以及发达国家和发展中国家共同减排的合作和协调。这三类机制具体为：

（一）联合履约机制：发达国家之间的减排项目合作

根据《议定书》第6条，联合履约机制（JI）是指，《公约》中附件一的某一缔约方可以通过参与另一该附件下缔约方的减排或者控排的项目（既可以是温室气体排放量的减少，也可以是碳存储量的增加），来获取或者转让通过该项目产生的"减排量单位"（Emission Reduction Units，ERUs）。[1]该ERUs本质上就是一种自愿碳交易市场下的碳信用，可以用来实现相关国家的减排义务。截至2015年3月，JI已发放了近8.72亿个ERUs，约占《议定书》所有信贷的三分之一。[2]

但是，JI的成功运转需要满足包括：减排或控排的项目应当经过缔约方批准，以及必须符合"额外性"（additionality）要求等的条件。在项目完成后，要活的EDUs往往涉及两个层面的程序要求，即（1）如果该项目的缔约方满足一定的碳排放测量系统等的所有资格要求[3]，那么该国可以适用"简易程序"，通常也被称为Track 1程序来进行ERUs的认证和发放。也就是说，

---

〔1〕　See KYOTO PROTOCOL TO THE UNITED NATIONS FRAMEWORK CONVENTION ON CLIMATE CHANGE, *United Nations*, 1998, Art. 6.

〔2〕　See Anja Kollmuss, et al., "Has Joint Implementation reduced GHG emissions? Lessons learned for the design of carbon market mechanisms", *Stockholm Environment Institute*, 2015.

〔3〕　根据《联合履行指南》D部分第21条，这些条件包括：该国为《议定书》的缔约国、已根据第13/CMP.1号决定计算并记录了根据第3条第7款和第8款所分配的数额，以及已经建立了估算《蒙特利尔议定书》未控制的所有温室气体的人为源排放量和人为汇清除量的国家系统等。

作为东道国的缔约方可根据《议定书》第 6 条第 1 款 （b） 项的规定 （即 "额外性" 规定），核实项目产生的温室气体排放量的减少，或碳存储量的增加，是对本应发生的任何减排结果的补充。经核实后，东道国可根据第 13/CMP. 1 号决定的有关规定发放适当数量的 ERUs。[1]（2） 如果该项目的东道国不符合相应的资格条件，那么只能适用相对复杂的 Track 2 程序来进行 ERUs 的认证和发放。[2]也就是在核查 "额外性" 要求的时候，应通过 "第 6 条监督委员会" （Article 6 Supervisory Committee） 规定的核实程序[3]进行。简单来讲，如果东道国不符合相应资格要求，则必须适用 Track 2 程序。否则，它可以在 Track 1 和 Track 2 之间做出选择。经相关报告统计，截至 2015 年，97% 的 ERUs 是在 Track 1 下发放的，就意味着 JI 的东道国基本上可以在没有国际监督的情况下制定自己的项目审批和发放信贷规则。[4]

（二） 国际排放贸易机制：发达国家之间的碳配额交易

国际排放贸易机制 （IET），是指对减排或限排的目标和义务作出了承诺的，《议定书》附件 B 中的缔约方，在履约期内如果实际排放的温室气体量小于所承诺的排放量，则能够获得与盈余部分相对应的 "分配数量单位" （Assigned Amount Units，AAUs），并对 AAUs 进行交易的机制。[5]不难看出，该机制的原理实际上就是一种 "总量控制与交易" 模式的碳交易制度。除了 AAUs 之外，国际碳市场中可以用于交易的单位还包括：基于土地利用、土地利用的变化和林业活动 （如重新造林） 的清除单位 （Removal Units，RMUs）；JI 项目产生的减排单位 （ERUs），以及清洁发展机制 （CDM） 项目活动产生的核证减排量 （Certified Emission Reduction，CER）。

---

〔1〕 See Guidelines for the implementation of Article 6 of the Kyoto Protocol, Decision 9/CMP. 1, FCCC/KP/CMP/2005/8/Add. 2, Annex, p. 6, Section D 23.

〔2〕 See Guidelines for the implementation of Article 6 of the Kyoto Protocol, Decision 9/CMP. 1, FCCC/KP/CMP/2005/8/Add. 2, Annex, p. 6, Section D 24.

〔3〕 See Guidelines for the implementation of Article 6 of the Kyoto Protocol, Decision 9/CMP. 1, FCCC/KP/CMP/2005/8/Add. 2, Annex, p. 6, Section E.

〔4〕 See Anja Kollmuss, et al., "Has Joint Implementation reduced GHG emissions? Lessons learned for the design of carbon market mechanisms", *Stockholm Environment Institute*, 2015.

〔5〕 See KYOTO PROTOCOLTO THE UNITED NATIONS FRAMEWORK CONVENTION ON CLIMATE CHANGE, United Nations, Art. 17, 1998.

（三）清洁发展机制：联动发达国家与发展中国家协作减排

清洁发展机制（CDM）是指，在《议定书》下作出减排或限制排放承诺的国家（附件 B 的缔约方）可以在发展中国家实施减排项目，从而获得可销售的核证减排量（CERs）信用，每个信用相当于一吨二氧化碳，可以计入实现该发达国家的减排目标。该机制最直接的影响在于两方面：一方面，是第一个全球环境投资和信贷机制，提供了标准化的碳排放抵消工具 CERs。[1]另一方面，CDM 将发展中国家也拉入了全球减排控排的行动计划之中，使得发达国家和发展中国家能够通过合作的方式共同应对全球气候问题。并且，使得两者都能够从中受益。发达国家能够获得更多的减排控排灵活性，而发展中国家能够获取项目的技术外溢、资金流入，以及就业机会等资源。不仅如此，CDM 还有如下间接意义：一是，CDM 下项目的核证方法、标准和基础设施将对量化气候治理行动起到助推的作用；二是，CDM 机制也提升了全人类对气候变化的认识和行动。项目的实施帮助人们理解了气候行动的重要性，同时鼓励公司、组织、个人采取自愿行动来减少碳足迹。[2]

但需要注意的是，CDM 同时也面临着严格的程序和实质要求，与 JI 下的规则相类似的，CDM 下的项目也要符合特定的要求。其中，最重要的就是"额外性"要求。这些项目必须通过严格的公开登记和发放程序来获得指定国家（东道国缔约方）当局的批准。

三、《京都议定书》时代国际碳交易制度的争议与困境

《议定书》在人类碳减排的历史进程中发挥了极大的推动作用，尤其是，在政治方面，其证明了各国能够达成气候治理的协作共识。然而，随着气候变化和国际政治经济局势的变迁，部分发达国家逐渐不满于发展中国家游离于强制减排义务之外，并开始陆续退出《议定书》下的国际气候治理合作平台。不仅如此，《议定书》所制定的规则也并没有很好地实现应达到的减排效

---

[1] See "The Clean Development Mechanism", UNCC, available at: https://unfccc. int/process-and-meetings/the-kyoto-protocol/mechanisms-under-the-kyoto-protocol/the-clean-development-mechanism, last visited: 19 June 2023.

[2] See UNCC, ACHIEVEMENTS OF THE CLEAN DEVELOPMENT MECHANISM: Harnessing Incentive for Climate Action (2001-2018), p. 6.

果。部分国家不论是在 2008-2012 年第一阶段履约期，还是 2013-2020 年的第二履约期，都没有完成其所承诺的减排、限排目标。[1]因此，有学者甚至指出《议定书》是"正确的时间的错误决定"。[2]通过梳理与分析，关于《议定书》的争议和其规则的局限性主要体现在：（1）强制减排义务的国家范围没有囊括碳排放量大的发展中国家；（2）无法很好地解决碳泄漏问题，影响全球减排总体的进程；（3）规则设定的短期性问题无法有效激励相关国家的减排动力，以及（4）核证减排机制的标准不统一，有效性存疑。

（一）强制减排义务主体范围不够全面

《议定书》虽然对大部分的发达国家进行了强制减排义务的规范，但是，美国这一世界第一经济大国，同时也是温室气体排放量第一的国家，却没有被囊括在内。实际上，美国在 1998 年 11 月 12 日签署了《议定书》，但是一直没有通过批准的程序，最终在 2001 年宣布退出《议定书》。[3]美国政府的退出的原因主要有两方面，一方面，也是最主要的原因，就是诸如中国、巴西、印度等温室气体排放量较大的发展中国家并没有被施加减排的义务。从根本上讲，这是美国对于"共同但有区别责任"的理解与其他国家不同。其认为，在只有发达国家实施减排的情况下，全球无法达成预想的气候治理目标。另一方面，美国指出其对温室气体排放与全球气候变化的关系存在质疑。也就是说，目前不能完全确定温室气体排放是全球气候变化的主要原因。然而，需要注意的是，该理由背后的实际出发点其实是美国国内利益驱动。一是，作出减排承诺之后，对目标的实现会给美国国内的经济和财政方面带来较大的压力，影响美国的经济增长；二是，美国作为石油和汽车等工业极发达的国家，在该类产业上面的投入和产出是巨大的，同时这些产业也是受减排

---

〔1〕 See Christopher Napoli, "Understanding Kyoto's Failure", *The SAIS Review of International Affairs*, Vol. 32, No. 2, p. 183, pp. 183-196 (Summer-Fall 2012); Francesco Bassetti, "Success or failure? The Kyoto Protocol's troubled legacy", Forsight, December 8, 2022, available at: https://www.climateforesight.eu/articles/success-or-failure-the-kyoto-protocols-troubled-legacy/, last visited: 23 June 2023.

〔2〕 Amanda M. Rosen, "The Wrong Solution at the Right Time: The Failure of the Kyoto Protocol on Climate Change", *P&P*, Vol. 43, No. 1., 2015, p. 38, pp. 30-58.

〔3〕 See Sean D. Murphy ed., "U. S. Rejection of Kyoto Protocol Process", *The American Journal of International Law*, Vol. 95, No. 3., 2001, p. 647, pp. 647-650.

政策影响最大的，因此需要保护这些产业，使其免受减排措施的负面影响。[1]
除此之外，2011 年 12 月，加拿大也在第一阶段承诺期届满前宣布了退出《议
定书》。退出的理由之一，与美国类似，即对部分发展中国家没有负担减排义
务的微词和不满。然而更深层次的原因，在于污染严重的油砂给加拿大创造
了巨大的经济利益，加拿大希望退出《议定书》以便能够继续开采油砂，而
不考虑环境破坏，也不考虑法律后果。[2]随后的第二阶段的承诺期，日本、
俄罗斯等国也相继表示无意参加。

在全球温室气体排放量上"举足轻重"的美国和加拿大脱离《议定书》
的规范范围，无疑是极大的遗憾，对《议定书》的有效、顺利推进产生了巨
大的负面影响和阻碍。

（二）碳泄漏阻碍全球气候治理总进程

经济学家长期以来一直担忧碳泄漏的可能性，也就是说，部分国家的监
管可能会改变相对商品的价格，从而将二氧化碳密集型商品的生产转移到不
受此类监管的国家或地区。[3]实际上，有研究表明，《议定书》导致了 5% 至
15% 的碳泄漏率。而产生碳泄漏的主要国家和地区分别是欧盟、美国和日本。[4]
如此大的碳泄漏将会带来如下几点主要的危害：（1）碳泄漏将会抵消那些生
产活动移入国内的减排成果，甚至可能导致全球排放量的增加；（2）减排规
则宽松的国家，其化石能源的价格较减排严格的国家更低，因此，在产业由
减排严格国家转移到减排宽松的国家之后，后者会因为化石能源的价格差异
而获得更多的利润；（3）减排规则严格的国家的碳密集型产业将无法获得更
多的投资，从而降低竞争力；（4）相关产业转移还可能导致减排严格国家的
就业率、福利水平下降等。[5]正因为此，潜在的竞争力损失和碳泄漏的危害

〔1〕　参见周洪钧：《〈京都议定书〉生效周年述论》，载《法学》2006 年第 3 期。

〔2〕　See James Burgess, "The Real Reasons Why Canada is Withdrawing from Kyoto", OILPRICE. com,
30 November, 2011, available at：https://oilprice. com/Energy/Energy-General/The-Real-Reasons-Why-
Canada-Is-Withdrawing-From-Kyoto. html, last visited：23 June 2023.

〔3〕　See Copeland, et al., "Free Trade and Global Warming：A Trade Theory View of the Kyoto Proto-
col", *Journal of Environmental Economics and Management*, Vol. 49, 2005, p. 205, pp. 205-234 .

〔4〕　See Sergey V. Paltsev, "The Kyoto Protocol：Regional and Sectoral Contributions to the Carbon
Leakage", *The Energy Journal*, Vol. 22, No. 4. , 2001, p. 53, pp. 53-79.

〔5〕　参见边永民：《世界贸易组织法视域下欧盟碳边境调节措施的合法性》，载《经贸法律评
论》2022 年第 2 期。

就促使部分国家和地区制定关于碳边境调节措施的规则，引发国际社会的争议。[1]其中，欧盟于 2021 年 7 月就公布了"减排55%"的一揽子提案（Fit for 55 package），通过包括碳边境调节措施（Carbon Border Adjustments Mechanism，CBAM）在内的一系列措施，实现其减排目标。

（三）短期性规则设定对减排激励不足

《议定书》的规则设定，除了上述两点无法实现有效碳减排的直接、明显缺陷之外，还在间接激励减排动力方面存在局限之处。主要体现在《议定书》承诺期的短时性无法形成对减排措施的有效激励。具体来讲，根据《议定书》规定，第一阶段的承诺期（2008 - 2012 年）为五年，第二阶段的承诺期（2013-2020 年）为八年，二者的时间都并不长。可以看出，《议定书》鼓励各国在短期内实行减排措施来完成承诺的目标，而不是鼓励追求更根本的减排政策变化和创新投资。但是，事实上，只有长期的政策和投资支持，才能够实现更广泛的减排。[2]因为新兴技术的研发、新能源的开发使用都是需要较长时间的。这不仅是由于技术层面本身就需要一定时间的研究，更主要的是在前期投资环节，需要企业有足够的意愿和动力加大投入。企业在对于新型技术和能源的投资方面，依赖于长期的政策引导和财政支持。也就是说，企业必须认为某项低碳减排的政策扶持是长期可信的，一旦他们的创新产品进入市场，确实会有足够的需求。在这种情况下，才会投入大量的资金来实现实质性的减排。而这种政策的引导却往往需要提前几十年制定，并为各种技术解决方案提供稳定的财政激励。[3]相比较之下，《议定书》下承诺期的

---

〔1〕 碳边境措施，是一种新型的贸易措施，旨在防止碳密集型经济活动从气候政策相对严格的管辖区转移到政策相对不那么严格的管辖区。边境调整措施也被视为一种保护工业竞争力的方式，减少企业将生产转移到国外的动机。碳边境调节措施往往根据进口商品的排放量对其征收费用，还包括对向国外市场出口商品（特别是对气候政策宽松的国家出口）的国内生产商进行退税或豁免。该类措施引发了大量 WTO 的合规性，以及与《公约》的兼容性问题的争论。

〔2〕 See Keeler, et al., "Mitigation Through resource transfers to developing countries: expanding greenhouse gas offsets", in Joseph E. Aldy & Robert N. S. (eds), *Post-Kyoto International DImate Dolicy*, Cambridge University press, 2009, pp. 439 - 468. "Industrialized - Country Mitigation Policy & Resource Transfers to Developing Countries: Improving & Expanding Greenhouse Gas Offsets", *Harvard Project for International Climate Agreements* 2008.

〔3〕 See Richard G. Newell, "International Climate Technology Strategies", *Forthcoming in Climate Change Policy Beyond Kyoto*, Cambridge University Press, 2009, pp. 12-14.

长度就显得不足以形成对企业的激励了。

（四）核证减排机制标准不一减损碳信用质量

如前文所述，核证减排机制是在清洁发展机制和联合履约机制中用来核证项目产生的减排成果是否合格，从而利用碳信用抵消相关国家的减排义务的工具。但是，该工具的实施标准并不是统一的，而是由项目的投资方和东道国主导的。具体来讲，虽然负责签发 CERs 和 ERUs 的是清洁发展机制理事会和联合履约机制理事会，二者的作用也不可否认；但是，核证用的基准线却是投资方和东道国自行制定后报相关理事会批准的。不仅如此，制定基准线的方法也不是统一的，而是采取了"一案一划"的方式。[1]由此可见，最终以何种标准进行碳排放的核证是相当灵活的。再加上，因为所产生的碳信用可以用于抵消减排义务，因此发达国家作为投资方有着极大的意愿和动力来产生更多的碳信用，而东道国为了得到更多的资金和技术资源也会积极配合投资国。这种情况下，就会产生双方通过制定宽松的基准线得到更多碳信用的风险。而该类碳信用的减排质量显然是令人担忧的，低质量的碳信用将减损减排效果。

综上，《议定书》提供了一个各缔约方进行协商、共同治理全球气候变化的重要制度性平台。并且，创造性地开拓了国际碳交易市场的发展，通过"京都三机制"实质性地联动了发达国家之间，以及南北国家之间的气候治理合作。然而，遗憾的是，《议定书》还存在着制度上的"先天不足"，同时又面临着部分国家退出所带来的冲击。从而，导致其实施效果并不理想，并最终以第二阶段承诺期的到期而告终。

第二节　后京都时代碳交易制度的艰难巩固与协调

碳交易制度在《议定书》生效之后对全球减排发挥了重要的作用，但是规则层面的局限使得各国对于《议定书》下的碳市场逐渐产生质疑，甚至失去信心。为了能够巩固《议定书》所形成的全球气候治理合作的良好局面，

---

〔1〕 See A. Prag & G. Briner, "Crossing the Threshold: Ambitious Baselines for the UNFCCC New Market-Based Mechanism", *Glimate Change Expert Group Paper*, OECD, No. 2012（2）, May 2012.

在后京都时代，也就是第二履约期期间（2013-2020 年）[1]，各国通过多边气候谈判签署了一些具有重要意义的国际协议，如 2007 年的"巴厘路线图"、2009 年的《哥本哈根协议》、2011 年的"德班平台"，以及 2013 年的华沙气候会议通过的决议。上述协议的达成过程虽然曲折，但是都从不同程度上回应了各国的关切、对国际碳交易制度进行了调整和完善，使其能够延续并发挥应有的作用。

一、"巴厘路线图"：开启"双轨谈判"延续国际碳交易发展

为了能够让《议定书》的进程在第一阶段的履约期到期后能够继续延续，《公约》第 13 次缔约方大会（COP 13）于 2007 年在印度尼西亚巴厘岛召开（以下简称"巴厘岛气候变化会议"），对 2012 年之后的全球气候减排行动进行了计划和规定。巴厘岛气候变化会议最终达成了"巴厘路线图"，路线图下包含了 13 则条文和一个附件，针对缓减、适应、技术转让，及融资等方面作出了具有前瞻性的决定。其中，值得一提的是，路线图形成了"双轨制"的全球气候协调治理的谈判路径，由此延续了《议定书》的生命周期。

具体来讲，"双轨制"分别指：（1）长期合作特设工作组（Ad Hoc Working Group on Long-term Cooperative Action），和（2）特设工作组（Ad Hoc Working Group）。二者的区别在于，长期合作特设工作组的谈判主要围绕给发展中国家和其他未签署《议定书》的国家施加减排义务，而特设工作组的任务则是推动《议定书》附件 B 的发达国家继续承诺减排目标，以推动 2012 年之后的全球气候治理进程。不难看出，"双轨制"的确立实际上是试图缓解发达国家对于发展中国家不承担减排义务的不满，从而能够将发达国家（尤其是美国）重新拉回到国际减排合作的平台。[2]也正是由于路线图对美国等国家做出了将发展中国家纳入减排行动的妥协，才使得《议定书》的第二履约期有了延续的可能，相关发达国家对本国的减排目标作出了承诺。总体来看，

---

[1] 参见吴卫星：《后京都时代（2012~2020 年）碳排放权分配的战略构想——兼及"共同但有区别的责任"原则》，载《南京工业大学学报（社会科学版）》2010 年第 2 期。

[2] See Raymond Clémençon, "The Bali Road Map: A First Step on the Difficult Journey to a Post-Kyoto Protocol Agreement", *The Journal of Environment & Development*, Vol. 17, No. 1., 2008, p. 70, pp. 70-94.

虽然"巴厘路线图"一定程度上弱化了"共同但有区别责任"的原则[1]，但是在实践层面实现了全球气候治理的延续。

二、"德班平台"：碳交易新秩序的起点

《公约》缔约方大会的第十七次会议（COP 17）于 2011 年 11 月 28 日在南非德班召开。该会议在全球气候治理的进程中具有着相当积极的推动作用，主要体现在其成立了"德班加强行动平台特设工作组"（Ad Hoc Working Group on the Durban Platform for Enhanced Action，ADP）（以下简称"德班平台"）。"德班平台"是 2011 年 12 月第 1/CP.17 号决定设立的一个附属机构，其任务是在 2015 年前根据《公约》制定一项适用于所有缔约方的具有法律效力的协议，以便在缔约方大会第二十一次会议上通过，并自 2020 年起生效和实施。也就是说，自此，发展中国家被纳入到减排义务主体范围的谈判路径正式获得缔约方授权得以启动。[2]这一重大制度转变不仅标志着国际碳交易制度等规则将会产生巨大的变化，同时也意味着发展中国家所坚持的"共同但有区别责任"的原则在一定程度上让步于发达国家。因此，COP 17 的谈判过程可想而知是十分艰辛和激烈的。

在整个谈判过程中，各缔约方主要呈现出了三大阵营，即以美国为首的伞型国家集团、欧盟，以及"77 国集团和中国"。伞型国家主要以美国为主，包括了澳大利亚、日本、加拿大等发达国家。在谈判过程中，这些国家强烈要求将发展中国家中的温室气体排放大国纳入到减排义务主体的范围当中，尤其是中国和印度应当承担相应的减排义务。美国甚至将把中国作为减排义务主体作为了其加入到 2020 年后新协议缔约方的前置性条件。[3]同时，伞型国家提出了在 2020 年后应当制定以各国自主承诺减排目标为核心的单一的气

---

[1]　关于"巴厘路线图"对"共同但有区别责任"原则的减损讨论，参见谷德近：《巴厘岛路线图：共同但有区别责任的演进》，载《法学》2008 年第 2 期。

[2]　关于"德班平台"的详细内容参见：UNCC，"Ad Hoc Working Group on the Durban Platform for Enhanced Action（ADP）"，available at：https://unfccc.int/process/bodies/bodies-that-have-concluded-work/ad-hoc-working-group-on-the-durban-platform-for-enhanced-action-adp#Additional-information-on-the-work-of-the-ADP，last visited：23 June 2023.

[3]　参见高小升、石晨霞：《中美欧关于 2020 年后国际气候协议的设计——一种比较分析的视角》，载《教学与研究》2016 年第 4 期。

候治理安排。[1]欧盟一直以来都是全球碳减排的推动者，其希望能够达成高标准、严格，且全面的全球气候治理协议。并且，其认为发展中国家（尤其是印度和中国）也应当承担减排的责任。再加上《议定书》下美国的缺席使得减排进展始终不尽理想。因此，在这一过程中，为了美国能够重返谈判，实现所谓"公平"的全球气候治理协调，欧盟基本上认同了美国的利益主张。[2]而作为发展中国家利益集团的"77国集团和中国"阵营，则积极主张"共同但有区别的责任"原则。但是如前文所述，发展中国家的小岛国家等利益集团的分化，使得内部产生意见分歧，对于美国等国家提出的发展中大国减排义务的观点呈现出了不同的意见。[3]

但无论如何，新的国际气候治理规则的制定自 COP 17 开始提上日程，大会通过的"德班一揽子决议"标志着新的减排秩序拉开帷幕。

三、华沙气候会议：明确转为"单轨谈判"推动碳交易发展

2013 年 11 月，为期两周的《公约》缔约方大会第 19 次会议（COP 19）在波兰华沙召开。该次大会涉及了包括推动 2015 年的巴黎会议达成新的国际气候协定、气候融资、损失和损害、公平问题（即如何处理"共同但有区别责任"和各自能力的相关原则）；以及衡量、报告和核实（Measurement, Reporting and Verification, MRV）的相关内容的谈判，并取得了一定的进展。其中，最关键的谈判内容就是，华沙气候会议承接了"德班平台"和 2012 年多哈会议的精神，明确 2015 年制定的国际协议应当是"单轨制"的。也就是说，发展中国家和发达国家的区别应当弱化，二者同时作为温室气体的减排义务主体。这无疑反映出了"共同但有区别责任"的原则遭受到了一定程度的挑战，在未来的谈判中各方利益集团将会更加分化，呈现出松散的局面。[4]具体来讲，各国将更加聚焦于自主减排的目标和义务安排，而缺乏自上而下的强制性减排义务的规制。实际上，这种局面一直以来是以美国为代表的发达国

---

〔1〕 参见姚莹：《德班平台气候谈判中我国面临的减排挑战》，载《法学》2014 年第 9 期。
〔2〕 参见姚莹：《德班平台气候谈判中我国面临的减排挑战》，载《法学》2014 年第 9 期。
〔3〕 参见严双伍、肖兰兰：《中国与 G77 在国际气候谈判中的分歧》，载《现代国际关系》2010 年第 4 期。
〔4〕 参见傅平：《华沙会议折射未来国际气候关系趋势》，载《中国财政》2014 年第 3 期。

家的政策倾向，同时也被发展中大国接受。而后续的谈判只是在自主行动的具体实施方式、范围等方面进行讨论。

　　总之，虽然后京都时代面临《议定书》无法延续的困难局面，但是各国仍在积极地寻求各种路径进行谈判，以期能够继续国际碳减排的共同治理局面。从为了将美国拉回全球气候治理合作舞台的"双轨制"谈判路径，到明确转为"单轨制"谈判路径，开启新的国际气候协定的制定阶段，体现出各方利益激烈的争议和最终的利益平衡和妥协。同时，也奠定了巴黎气候大会上新国际气候治理规则的总体基调。

第三节　《巴黎协定》：碳交易国际协调的新多边共识

　　"单轨制"的国际气候治理谈判，最终在 2015 年的《公约》缔约方大会第 21 次会议中结出了硕果，即该大会通过了作为 2020 年后国际气候协调合作的新规则——《巴黎协定》（Paris Agreement）。《巴黎协定》的通过是国际气候协调合作继《议定书》后的又一个里程碑，为多年来缔约方几近僵局的谈判画上了句号。该协定开创了一个发展中国家和发达国家共同参与、长期持续减排、定期评估和不同碳交易制度合作协调的新局面。简而言之，《巴黎协定》的主要成就在于：它代表着各利益集团各自退让了一步，克服了许多争议和分歧。不论是发达国家与发展中国家之间减排义务"公平"承担的分歧，还是支持碳市场机制的国家与强烈反对碳市场机制的国家之间的分歧，都得到了相对理想的解决。制度层面，《巴黎协定》将"自上而下"的强制性碳减排义务规则，转变为各国"自下而上"的自主减排义务的承担模式。不仅如此，在碳交易制度方面，《巴黎协定》规定了两种交易机制，即（1）第 6 条第 2 款下的以国际转让减缓成果（Internationally Transferred Mitigation Outcomes，ITMOs）为标的的交易机制，以及（2）第 6 条第 4 款下的可持续发展机制（Sustainable Development Mechanism，SDM），即基于项目所产生的核证减排量的国际碳信用交易机制。制度上的革新给国际碳交易的协调合作带来了重大影响，同时也象征新的发展趋势。本节将对《巴黎协定》下各国减排义务模式的转变、新型国际碳交易制度的内涵与影响，以及未来的发展趋势进行详细的阐述及分析。

一、《巴黎协定》下的义务模式之变与规范之辨

《巴黎协定》以《公约》为基础，首次将所有缔约方汇聚到共同减排的制度框架之下，为应对气候变化和适应其影响做出了极大的努力，为全球气候努力指明了新的方向。而实现这种全球气候治理协调合作新局面的制度基础，就是《巴黎协定》下减排义务模式的转变。具言之，《巴黎协定》突破了《议定书》下"自上而下"分配碳排放配额的义务模式，开启了各缔约方灵活地根据自身情况对减排目标作出承诺，即以国家自主贡献（Nationally Determined Contributions，NDCs）为基础的"自下而上"的义务模式。但是，该义务模式的顺利运转还需要对其内涵有着清晰和正确的认识。因此，需要厘清诸如对于国家自主贡献中的"贡献"的理解、各缔约方如何根据自身情况制定减排目标从而做出承诺，以及如果"国家自主贡献"没有实现是否有相关的约束和问责等问题。

（一）"国家自主贡献"下的"贡献"释义

根据《巴黎协定》第4条，所有缔约方都应制定、通报和保持其确定的贡献（NDCs），并采取相应的国内措施来实现这些贡献。[1]《巴黎协定》使用了"贡献"（contribution）一词来表述各缔约方的需实现的温室气体减排数量，而不是《议定书》和《公约》中所使用的"承诺"（commitment）。这种用词的不同本质上是由于义务模式由"自上而下"到"自下而上"的转变，因此，"贡献"的内涵应当从以下几个方面进行把握：

首先，"贡献"是基于各缔约国"自我驱动"所制定的。在《公约》和《议定书》下，全球气候治理是集权治理的模式。《公约》首先通过对全球气候变化的把握和科学分析其对人类社会所造成的威胁和挑战，为各个国家划定了一个温室气体排放的上限。在此规划下，《议定书》通过碳市场机制，明确发达国家和发展中国家的不同角色定位，从而形成不同的减排义务。而在《巴黎协定》下，集权治理模式被分权治理模式所取代，各缔约方不再遵从于不同角色定位下的减排承诺和义务，而是根据全球减排的总体目标，基于自

---

〔1〕 See United Nations, Paris Agreement, Article 4. 2 (2015).

身情况，制定温室气体的减排计划。[1]不难看出，各缔约方所做出的"贡献"完全取决于"自我驱动"的程度大小，而没有外界的强制性推动。

其次，"贡献"的涵盖范围更加广泛。简单来讲，"贡献"不仅包括了减缓（mitigation），还包括了适应（adaption）。[2]在"承诺"之下，各缔约方主要承担的是减缓的义务，即需要制定并实施减少温室气体排放和增加碳存储的措施。而"贡献"在包括减缓义务的同时，还要求各缔约方制定适应气候变化影响的解决方案，这通常取决于该缔约方的独特背景以及气候变化的具体影响。适应措施通常侧重于降低气候变化带来的直接和预测的影响，提高国家和社区的抗灾能力和应对能力。适应措施的范围往往包括：建设洪水防御系统、建立气旋预警系统，以及重新设计通信系统、企业运营、保险解决方案或政府政策等。[3]

最后，"贡献"的实质内容（如，缔约方通过何种措施达到多大程度的减排目标等），并非《巴黎协定》谈判所确定的规范内容，而是相当于缔约方的"提案"。《巴黎协定》只是对"共同但有区别的责任"原则和一些程序性的事项进行了规定，诸如 NDCs 的通报频率、登记程序、透明度要求，以及 NDCs 需持续进步要求等内容。

（二）不同国情所制定承诺目标的标准把握

根据《巴黎协定》第 4 条第 3 款，"各缔约方的连续国家自主贡献将比当前的国家自主贡献有所进步，并反映其尽可能大的力度，同时体现其"共同但有区别的责任"和各自能力，考虑不同国情。"[4]除此之外，第四款也明确指出，发达国家应当起到带头作用，而发展中国家根据本国国情逐步实现全经济范围的减排或限排目标。[5]可以看出，《巴黎协定》不止一次强调了

---

〔1〕　参见杨博文：《〈巴黎协定〉后全球气候多边进程的国际规则变迁及中国策略》，载《上海对外经贸大学学报》2023 年第 5 期。

〔2〕　See Report of the Conference of the Parties on its twenty-first session, held in Paris from 30 November to 13 December 2015. Addendum. Part two: Action taken by the Conference of the Parties at its twenty-first session, FCCC/CP/2015/10/Add. 1, 29 Jan 2016.

〔3〕　See UNCC, "Adaptation", the UNFCCC and the Convention, 10 July 2014, available at: https://unfccc. int/news/adapatation-and-the-convention, last visited: 23 June 2023.

〔4〕　See Paris Agreement, United Nations, Article 4. 3 (2015).

〔5〕　See Paris Agreement, United Nations, Article 4. 4 (2015).

各国应当根据各自不同的国情来制定并推行 NDCs 的实施。但是,"国情"一词该如何理解是较为模糊的,依照何种标准来判定不同国家的不同国情,《巴黎协定》并没有给出明确的答案。由此,就会使得各国所制定的 NDCs 因依据标准不同而灵活性过高,导致贡献的计划和实施不公平的后果。在这种情况下,《巴黎协定》的透明度规则可以在一定程度上对不同国情起到间接释明的作用,从而推动各国自律,避免不公平的后果产生。

《巴黎协定》要求各国提交所需的信息,使 NDCs 计划和实施更加清晰、透明和易于理解,[1]《巴黎规则手册》[2] 又对该条文进行了进一步的阐释和明确。其中,《巴黎规则手册》下的第 4/CMA.1 号决定《与减缓一节有关的进一步指导意见》中的附件一,对各缔约国如何实现 NDCs 清晰、透明和可理解进行了指导。并对缔约方证明其 NDCs 是出于具体国情而制定的提出了一定程度的信息披露范围参考,包括:(1)证明该缔约方所制定的 NDCs 就其本国国情而言是公平并有力度的;(2)公平性的考虑因素包括关于对公平的思考;(3)该缔约方是如何考虑《巴黎协定》第 4 条第 3 款的,即关于 NDCs 的制定必须是不断进步且体现"共同但有区别责任"原则的;(4)该缔约方是如何考虑《巴黎协定》第 4 条第 4 款的,即关于发达国家带头实现全经济范围绝对减排目标和发展中国家加强减排努力的要求,以及(5)该缔约方是如何考虑《巴黎协定》第 4 条第 5 款的,即关于发达国家向发展中国家支助的要求。[3]

(三)"国家自主贡献"约束问责的"软法性"

通过分析相关条文可知,《巴黎协定》对于"国家自主贡献"的规定都是有关于基本原则和程序方面的要求。例如,要求各缔约方应当自主制定 NDCs,并采取国内措施实现,每五年通报一次等。而并没有涉及各国应当如

---

〔1〕 See Paris Agreement, United Nations, Article 4.8 (2015).

〔2〕《巴黎协定》的所有规则细节并没有在 2015 年得到解决。各缔约方给自己三年时间来商定执行《巴黎协定》的实施准则——俗称《巴黎规则手册》(Paris Rulebook)。在 2018 年 12 月,于波兰卡托维兹举行的联合国气候大会 COP 24 上,各国通过了《巴黎规则手册》的大部分内容,又称《卡托维兹气候一揽子计划》。

〔3〕 See Annex 1, Report of the Conference of the Parties serving as the meeting of the Parties to the Paris Agreement on the third part of its first session, held in Katowice from 2 to 15 December 2018, FCCC/PA/CMA/2018/3/Add.1, 19 March 2019.

何制定 NDCs、依据何种具体标准制定和实施 NDCs，以及如何采取国内的何种措施来实现所提交的 NDCs 等。虽然在之后的《巴黎规则手册》中各缔约方制定了一定的指引文本，但是这些内容都不属于协定本身的一部分，所以并不具备法律约束力。不仅如此，对于各缔约方如果未制定 NDCs，或者未完成相关规则要求，《巴黎协定》也并没有相应的问责甚至惩罚机制。由此，也就引发了学术和实践层面的争议和担忧，认为《巴黎协定》实际上是"硬的法律外壳+软的执行机制"[1]，将会导致国家间信任机制的弱化，不利于国际气候法治化的稳定性和秩序性。[2]

但无论如何，《巴黎协定》下国家自主贡献给予了各缔约方足够的灵活度，作为对新型全球气候治理模式的探索，实现了联动发展中国家和发达国家共同努力实现减排目标，是具有重大制度和现实意义的。

二、《巴黎协定》下新型国际碳交易制度的内涵与影响分析

《议定书》开拓性地打开了国际碳交易市场构建进程的大门，使得各缔约方根据自身角色定位的不同，能够灵活、低成本地通过统一的碳交易框架协调合作，实现资源的优化配置，实现各自的减排或控排目标。然而，遗憾的是，《议定书》规则上的不足使其难以继续维系不同利益之间的妥协与合作。因此，国际社会通过不断地谈判协商，在继承发展《议定书》相关规则基础之上，重构了国际碳交易制度，形成了《巴黎协定》下的新型国际碳交易制度。该新型制度由两大机制构成，即（1）以减缓成果为交易客体的国际转让机制，以及（2）以项目产生的核证减排量为交易客体的可持续发展机制。不仅如此，各缔约方于 2021 年在格拉斯哥举行的《公约》缔约方大会第 26 届会议（COP 26）上，通过了《关于第六条第二款所述合作方法的指南》和《根据第六条第四款所建立机制的规则、模式和程序》（统称为"实施细则"），进一步明确了两大机制的运转规则和实施要求，对各缔约方起到了指引的作用。

---

〔1〕 参见袁倩：《〈巴黎协定〉与全球气候治理机制的转型》，载《国外理论动态》2017 年第 2 期。

〔2〕 参见杨博文：《〈巴黎协定〉后全球气候多边进程的国际规则变迁及中国策略》，载《上海对外经贸大学学报》2023 年第 5 期。

（一）以减缓成果为交易客体的国际转让机制

根据《巴黎协定》第 6 条第 2 款规定，缔约方在自愿的基础上采取合作方法，并使用国际转让的减缓成果（Internationally transferred mitigation outcomes，ITMOs）来实现国家自主贡献。也就是说，超额完成减排目标的缔约方可以将其盈余的"减缓成果"作为交易客体自愿地进行国际碳交易出售给其他缔约方。用于国际转让的"减缓成果"应当具备如下特征和属性：第一，"减缓成果"应当是真实的、可核查的和额外的；第二，"减缓成果"属于排放清除量或减少量，包括国际转让下适应行动和/或经济多样化计划或实现这些计划的手段所产生的缓解的共同效益。值得注意的是，"减缓成果"实质上并不是与 ERU 等类似的国际碳减排单位，而是《巴黎协定》用以评价各缔约方满足减排水平的一种法律概念，是能够进行国际转让的减排量和碳清除量的代称；[1]第三，"减缓成果"应当按照政府间气候变化专门委员会（Intergovernmental Panel on Climate Change，IPCC）评估，并经作为《巴黎协定》缔约方会议的《公约》缔约方会议通过的方法学和指标，以二氧化碳公吨当量（t CO_2 eq）或参与缔约方确定的符合其国家确定的贡献（NDCs）的其他非温室气体（GHG）指标来进行衡量；第四，"减缓成果"也包括通过《巴黎协定》第 6 条第 4 款规定的可持续发展机制下用于实现 NDCs 的核证减排量，以及非用于实现 NDCs 目标的核证减排量；第五，"减缓成果"应当是自 2021 年之后产生的，等等。[2]

可以看出，以减缓成果为交易客体的国际转让机制是对"京都三机制"下国际排放贸易（IET）的继承与发展，并基本呈现出了两大特点，也即灵活性和自愿性。灵活性是指，该机制并没有规定具体的碳交易规则，而是缔约方之间通过双边或多边协议的方式，达成碳交易规则的协调合作。只要在核算规则方面符合该机制的总体指引，即符合 IPCC 评估及《公约》确立的指标和方法等规范，就可以进行减缓成果的国际转让。自愿性是指，缔约方可以自愿地参与国际碳交易市场。总之，以减缓成果为交易客体的国际转让机制提供了一个不同缔约方国内碳交易制度链接协调的核算框架，以期能够将不

---

〔1〕 参见党庶枫：《〈巴黎协定〉国际碳交易机制研究》，重庆大学 2018 年博士学位论文。

〔2〕 See UNFCCC, Guidance on cooperative approaches referred to in Article 6, paragraph 2, of the Paris Agreement, Decision-/CMA.3, 14 Nov. 2021.

同的交易方案以统一的"黄金标准"[1]进行衡量，从而避免碳减排的重复计算。

（二）以项目产生的核证减排量为交易客体的可持续发展机制

作为《巴黎协定》中规定的通过碳交易制度实现减排目标的第二大机制，可持续发展机制（SDM）允许所有缔约方根据相关规则，制定并开展可持续发展项目，所产生的减排量通过核证后成为缔约方的碳信用（A6.4ERs），用以转让或抵消，从而完成国家自主贡献的目标。从本质上讲，可持续发展机制是对清洁发展机制（CDM）的继承与发展。

从继承的角度来看，一方面，可持续发展机制也是采用的"基准与信用"的碳交易模式，通过对标基准线的方式对项目产生的减排量进行核证。核证过的减排量可以作为碳信用抵消项目相关缔约方（无论是投资方还是东道国）的国家自主贡献；另一方面，由于可持续发展机制与清洁发展机制有着相同的内核，因此，如何处理清洁发展机制所遗留的核证减排量是需要妥善解决的重点问题。经过各缔约方激烈的争论和协商，最后各方作出了妥协，达成了有条件地将 CERs 转入可持续发展机制当中。具体来讲，在 2013 年之后登记的清洁发展机制项目，其在 2021 年前产生的 CERs 需要东道国在 2023 年之前提出申请，经审批后将该 CERs 过渡流入可持续发展机制当中。[2]

从发展的角度来看，一方面，相较清洁发展机制，可持续发展机制的参与主体不仅包括《议定书》下附件 B 中的发达国家，同时还包括了其他发展中国家，充分体现了《巴黎协定》联动发达国家和发展中国家碳交易协调合作的核心导向；另一方面，为了避免产生《议定书》中的碳泄漏等问题导致全球减排受到影响，保证净减排的进程，缔约方在可持续发展机制中产生的所有交易都将被扣除至少 2% 的 A6.4ERs，该部分不能用来实现国家自主贡献的目标。不仅如此，在援助气候脆弱国家的气候治理和应对方面，各缔约方将

---

〔1〕 "GLOBAL CARBON MARKETS AFTER COP26: THE PAST, PRESENT, AND FUTURE", Slaughter and May, 17 Dec 2021, available at: https://my.slaughterandmay.com/insights/client-publications/global-carbon-markets-after-cop26-the-past-present-and-future, last visited: 23 June 2023.

〔2〕 See UNFCCC, Guidance on cooperative approaches referred to in Article 6, paragraph 4, of the Paris Agreement, Decision 7/CMA.4, FCCC/PA/CMA/2022/10/Add. 2, 17 March 2023.

交易收益的 5% 投入到联合国适应气候变化基金（Adaptation Fund）。[1]

（三）新型国际碳交易机制的影响

《巴黎协定》下的国际转让机制和可持续发展机制，构成了继"京都三机制"之后的新型国际碳交易机制。对全球碳交易建设和发展产生了直接与间接两方面的影响：

1. 直接影响：提升国际碳交易活跃度的正面溢出效应

《巴黎协定》第 6 条所设定的新型国际碳市场交易机制对国际碳交易起到了显著的推动作用。据有关数据分析，到 2030 年，国际碳信用额的潜在市场规模将达到每年 1000 亿-4000 亿美元，发展中国家将获得较为可观的收益。这些额外的收入将增加对可再生技术、植树造林及相关工程建设的投资。[2]这是因为，一直以来，由于各国国内政治、经济等不同因素的考虑，部分发达国家对于直接援助发展中国家减排技术和资金的动力和意向较弱。尤其是，在《议定书》下，碳泄漏等问题的日渐突出，以及发达国家对于发展中国家不承担减排义务的不满，使得发展中国家实际上获得绿色投资和技术援助的机会并不乐观。《巴黎协定》的国际转让机制则为各缔约方提供了一个更加灵活自由的平台，南北国家在共同作出国家自主贡献承诺的基础之上，通过碳交易实现资源的流动和互相补充。发达国家通常因其工业密集型产业较多而作为碳交易市场的买方，发展中国家则往往作为碳市场中的卖方。可以看出，新型碳交易机制产生了较为理想的经济正溢出效应，有利于推动绿色投融资的发展，从而使得发展中国家获得足够的资金开展减排工作。

2. 间接影响：建设完善各国自愿碳交易市场提上日程

《巴黎协定》下的国际转让机制从本质上讲属于强制碳市场[3]，需要部分特定行业根据统一的规则进行减排量的计算、核证和抵消。但是由于该新型碳市场机制还处于初级阶段，作为全球统一的核心强制碳市场，建设的进

〔1〕 See UNFCCC, Guidance on cooperative approaches referred to in Article 6, paragraph 4, of the Paris Agreement, Decision 7/CMA.4, FCCC/PA/CMA/2022/10/Add.2, 17 March 2023.

〔2〕 See Ignacio Arróniz Velasco, "Charra Tesfaye Terfassa, Aligning climate and trade policies-What happened at COP26?", 15 Nov 2021, available at: https://www.e3g.org/news/aligning-climate-and-trade-policies-what-happened-at-cop26/, last visited: 23 June 2023.

〔3〕 参见龚伽萝：《国际碳排放权交易机制最新进展——〈巴黎协定〉第六条实施细则及其影响》，载《阅江学刊》2022 年第 6 期。

度比较缓慢、覆盖的行业范围也不够广泛。[1] 在全球减排目标越来越严格的情况之下，缓慢建设的国际转让机制一定时间内无法满足相关主体的减排需求。因此，自愿碳交易市场基于其灵活、覆盖面广等特点，开始发挥积极的补充作用。再加上，国内和区域性的自愿碳交易市场属于《巴黎协定》规制的范围之外，可以避免向联合国有关监管机构提交相应的收益。有鉴于此，多数国家将本国国内及区域性的自愿碳交易市场的建设提上了日程，起到补充强制碳交易市场的作用。

三、新型国际碳交易机制的发展现状及趋势

随着缔约方大会对于相关实施细则不断地谈判协商，和各缔约方对于有关规则的实施和推进，目前《巴黎协定》下的新型国际碳交易机制呈现出了（1）国际碳排放权交易的消逝，（2）以部门为基准核证减排的广泛发展的发展现状。并且，由于国际转让机制建设尚未完善等原因，国家和区域碳交易机制逐步进行链接。

（一）国际碳排放权交易的消逝

新型国际碳交易机制诞生的同时，也意味着国际碳排放权交易的终结。在《议定书》中，其17条规定的是"总量控制与交易"的碳交易制度模式。附件B中的发达国家在各自的强制减排义务限度之内进行温室气体的排放是被允许的，也就是拥有一定的国际碳排放权，该排放权在该等发达国家之间可以进行交易。可以说，国际碳排放权的交易是依赖于总量控制与强制减排义务而存在的。然而，《巴黎协定》一改强制性减排义务的规范路径，通过国家自主贡献的路径鼓励各缔约方积极实现减排目标。同时，将国际碳交易制度模式改为了"基准与信用交易"，取消了碳排放量的上限设定。由此，碳排放权所依赖的两大基础条件，即强制性减排义务和总量控制均已不复存在，国际碳排放权交易也因此退出了历史舞台。

（二）部门核证减排机制的广泛发展

《巴黎协定》下的新型国际碳交易机制在传统的项目核证减排机制之外，

---

〔1〕 参见龚伽萝：《国际碳排放权交易机制最新进展——〈巴黎协定〉第六条实施细则及其影响》，载《阅江学刊》2022年第6期。

开拓了基于部门的核证减排机制。从本质上看，基于项目的核证机制与基于部门的核证减排机制都是"基准与信用交易"制度模式下的核证减排机制，呈现的形式是一致的。二者的主要区别在于基准线的类型不同，基于项目的核证机制顾名思义，是以项目为单位作为基准线划定标准，是《议定书》下清洁发展机制所使用的核证减排机制；而部门核证减排机制，则是以行业部门作为基准线单位。相较于基于项目的核证减排机制，部门核证减排机制具有更强的减排激励作用，同时能够避免项目核证减排机制中基准线划定标准不一的风险。

具体来讲，在减排激励方面，部门核证减排机制由于是针对不同行业部门设定基准线，所以在该行业部门内的所有企业都有机会获得核证信用，而不局限于某一个项目的当事方。不仅如此，部门核证减排机制还能够间接促使相关国家制定更加有利于减排的行业政策和目标，从而更好地推动该行业的绿色发展，获取收益。在基准线划定方面，项目核证减排机制是由项目的投资方根据不同的项目划定的，可能出现不真实、无法反映正确排放水平的风险。而在部门核证减排机制下，基准线是由国际组织或者国家统一划定的，能够更加完整全面、真实地反映碳排放水平，从而进行更加准确的核证，保证减排目标的实现。

（三）国家间和区域间碳市场的逐步链接

如前所述，《巴黎协定》第6条第2款规定的国际转让机制，鼓励缔约方之间通过双边或多边协议的方式，达成碳交易规则的协调合作。此外，《巴黎协定》第6条第6款还提倡各缔约方进行国际碳减排合作。所以，伴随着各国国内碳市场和区域性碳市场的层出不穷，国家间和区域间碳市场规则的链接也逐步展开。例如，美国和加拿大在2014年实现了碳市场链接，欧盟也与冰岛等国建立了碳市场的链接。我国目前尚未实现与域外碳市场的整体链接，仅仅局限于通过《议定书》时期的清洁发展机制与国际市场产生链接。不仅如此，在"自下而上"、自愿履约的新型义务模式下，发展中国家的承诺水平往往较低，使得发达国家不愿与之进行合作，而选择减排水平相近的国家或者区域碳市场进行协调合作。从而，形成了"碳交易联盟"这一国家间和区域间碳市场链接的特点。

第四节 本章小结

综上所述，本章首先梳理了《议定书》中国际碳交易制度的诞生、发展和终结；其次，分析《巴黎协定》新型国际碳交易制度对《议定书》相关规则的继承与发展；最后，阐述目前碳市场及相关制度的发展现状，并分析了发展趋势。

从《议定书》到《巴黎协定》，国际碳交易制度伴随着全球气候问题和各缔约方经济政治等因素发展的变化，发生了重大的革新。《议定书》中"自上而下"的减排义务模式与"京都三机制"所构成的国际碳交易制度框架，对全球减排起到了重要的、里程碑式的推动作用。然而，规则上的局限和全球气候治理局势的急剧变化，使其最终被《巴黎协定》所替代。由此，"自下而上"的国家自主贡献模式和国际转让机制与可持续发展机制构成的新型国际碳交易制度框架，开启了联动发展中国家和发达国家共同承担减排义务的新时代。虽然相关的实施细则仍处于各缔约方协商谈判、不断明确的过程中，但是，更加灵活、自愿、公平的新型国际碳交易制度必将对全球减排进程产生深刻而长远的影响。

第三章

国际主要的碳交易市场与区域协调实践

  碳交易市场在推动全球减排进程方面，具有灵活、兼顾减排成本和激励创新、引导资源优化配置，以及创造潜在的社会效益等优点。所以，多边气候治理的艰难推进并没有阻挡越来越多的国家在本国国内建立碳交易市场，同时加强与利益趋同的其他国家或地区协调合作，来实现各自的减排目标。

  目前，全球范围内有 25 个已经生效运转的碳市场机制，覆盖了全球 17% 的温室气体排放，涉及全世界近三分之一的人口。并且，还有 22 个国家和地区的碳交易机制正在制定和筹备。[1] 其中，最具代表性的两个碳交易市场包括：一是，目前全球最大，也是最成功的欧盟碳交易市场，该市场同时也是强制性碳交易市场的突出代表；二是，作为碳交易制度发源地的美国，其国内的区域和州层面的碳市场。

  除了本国或地区内的碳市场构建，不少国家还在积极寻求与其他国家碳市场的协调合作。具体来讲，欧美发达国家之间为了能够进一步发挥碳交易制度的作用，进行了碳交易的协调合作。通过链接不同的碳市场，创建更具流动性和广阔的碳交易平台。已建立的链接例如，2014 年美国加州与加拿大魁北克省的碳市场签订协议完成链接，以及 2017 年欧盟与瑞士的碳交易市场进行了链接等。根据已有碳市场链接的实践，可以看出，目前主要呈现出了两大类碳交易制度的协调模式，即（1）同质碳交易制度的协调模

---

[1] See ICAP, Emissions Trading Worldwide Status Report 2022, Berlin (2022).

式，和（2）可兼容碳交易制度的协调模式。不同的协调模式有不同的特点、机制和目标。可以发现，不同的碳市场链接协调模式主要都是欧美进行主导。

鉴于《巴黎协定》下的国际转让机制，实际上会涉及不同碳交易制度的有效衔接和协调，所以探究不同碳市场的链接，有助于理解目前《巴黎协定》中碳交易制度的发展。不仅如此，研究分析以欧盟和美国为代表的、不同的碳交易市场的制度内涵和运行机制，还将有利于把握不同类型碳市场的优缺点和制度特点，以及如何进行有效链接，从而指导碳市场的建设完善和协调合作。因此，本章将通过以下三部分进行论述：（1）欧美碳交易市场的实践探究；（2）同质性碳交易制度协调模式下的碳市场联动，以及（3）兼容性碳交易制度协调模式下的碳市场联动。

第一节　域外主要碳交易市场的实践探究

在利用碳交易市场实现减排目标的主要实践中，欧盟和美国拥有着丰富的经验。二者的碳交易额在国际市场上占据了相当大的比例，同时，其相关的法律和市场运作机制也较为完善和成熟。但二者又各具特点，例如，欧盟碳排放交易体系（EU Emissions Trading System，简称 EU ETS）通过专门立法，建立了一个统一的、涉及行业范围广，以及"集中-分权"管理相结合的强制性碳交易市场，相比较而言，美国则没有形成全国层面统一的碳市场，而是通过各州或区域性的碳市场来推动减排进程。下文将对欧盟和美国的碳交易市场作进一步论述。

一、欧盟碳交易市场：强制性碳市场的先行者

根据是否通过法律等强制措施来规制相关主体的碳排放行为的分类标准，来划分目前所有的碳市场，可以分为强制性碳市场和自愿性碳市场。具体来讲，强制性碳市场是由《议定书》形成的碳市场类型。[1]在强制性碳市场下，政府有关部门通过制定"总量控制与交易"的碳交易机制模式，设定碳

---

〔1〕　参见曹莉、刘琰：《联合国框架下的国际碳交易协同与合作——从〈京都议定书〉到〈巴黎协定〉》，载《中国金融》2022 年第 23 期。

排放量的上限，并向作为规制对象〔1〕的高排放行业中的企业分配碳排放配额。而自愿性碳市场则没有强制性的规则来对相关主体进行合规义务的规范，个人、企业、非政府组织（NGO）等主体均可以在自愿性碳市场中交易"碳抵消"（Carbon Offsets）。〔2〕

目前，全球范围内主要的强制性碳交易市场包括，欧盟碳排放交易体系（EU ETS）、美国的区域温室气体减排行动（Regional Greenhouse Gas Initiative, RGGI）、韩国碳交易市场（Korea Emissions Trading Scheme, K-ETS），以及我国的全国碳排放权交易市场等。其中，最大且最成功的当属欧盟碳排放交易体系（EU ETS）。欧盟碳排放交易体系（EU ETS）采取的是"总量控制与交易"的碳交易模式。该体系覆盖了欧盟的 27 个成员国以及冰岛、列支敦士登和挪威的 1 万多家发电厂和工厂，约占欧盟温室气体排放总量的 40%。〔3〕因此，下文将分别对 EU ETS 的法律框架、优势，以及局限进行分析。

（一）欧盟碳排放交易体系的法律框架

欧盟碳排放交易体系（EU ETS）是欧盟环境立法的重要组成部分，其法律渊源可以追溯到 1986 年的《单一欧洲法案》（The Single European Act, SEA）。该法案扩大了原欧洲共同体的权力，包括在环境问题上的权力，允许原欧洲共同体制定法律以维护、保护和改善环境质量，促进保护人类健康，并确保谨慎合理地利用自然资源。〔4〕也就是说，有关 EU ETS 的决策是在欧

---

〔1〕 该类排放义务主体需要在碳排放配额的限度之内进行合规生产，超出的部分可以通过碳配额的交易进行补充，否则将面临处罚后果。

〔2〕 希望抵消温室气体排放的主体可以在自愿市场上购买两种不同类型的碳抵消额度，即（1）通过避免或减少碳排放的外部项目（如建设风力发电厂），所产生的碳抵消额度，和（2）通过降低现有排放的清除项目（如植树造林和可再生能源发电），所产生的碳抵消额度。实践中，自愿性碳市场近年来发展迅速。据统计，2021 年，自愿碳市场以创记录的速度增长，市场价值达到了 20 亿美元，是 2020 年的四倍，预计 2030 年将达到 100 亿至 400 亿美元。Anders Porsborg-Smith, et al. , "The Voluntary Carbon Market Is Thriving", BCG, 19 January 2023, available at: https://www.bcg.com/publications/2023/why-the-voluntary-carbon-market-is-thriving, last visited: 23 June 2023. 目前，自愿性碳市场主要由三大部分构成，一是清洁发展机制（CDM）、国际航空碳抵消和减排计划（CORSIA）等构成的国际碳减排机制，二是第三方独立自愿减排机制，三是各国国内的自愿减排机制。

〔3〕 See Kerstine Appunn & Julian Wettengel, "Understanding the European Union's Emissions Trading Systems (EU ETS)", Clean Energy Wire, available at: https://www.cleanenergywire.org/factsheets/understanding-european-unions-emissions-trading-system, last visited: 23 June 2023.

〔4〕 See SINGLE EUROPEAN ACT, OJ L 169, 29.6.1987, pp.1-28.

盟层面作出，而不是成员国层面作出的。因此，欧盟采取了对碳交易专门、统一立法的方式，自 2005 年 EU ETS 成立到目前，欧盟形成了以《碳排放交易指令》（Directive 2003/87/EC of the European Parliament and of the Council）[1]及其后续一系列的修正案为主线，"减排 55%" 一揽子计划（Fit for 55 package）为最新规范指导的制度框架。为欧盟在减少温室气体排放的进程中起到了强有力的保障和驱动作用。

具体来讲，2003 年 12 月生效的《碳排放交易指令》建立了以"总量控制和交易"碳交易制度模式为核心的欧盟碳排放交易体系（EU ETS）。这是欧盟通过具有成本效益和经济效率的方式减少温室气体排放以应对气候变化的政策基石。在该指令的统一规制下，各成员国主要负责如下工作：对碳配额进行发放；确保运营商、飞机运营商、航运公司及受监管实体每年监测和报告其排放量，并上缴与其上一年排放总量相等的配额；拍卖所有未免费分配或置于市场稳定储备中的配额；决定如何将配额拍卖的收入用于气候、能源和社会目的；向欧盟委员会提交关于法律执行情况的年度报告；确保配额可以在欧盟境内转让，也可以转让到配额得到承认的非欧盟国家，以及对任何违法行为制定有效的处罚措施。[2]随着该体系的不断发展，目前，最初的法律文本已经经过了 5 次修订，以适应不同阶段全球气候治理的特点，以及欧盟碳交易体系的发展需求。根据有关修正案的不断更新，EU ETS 截至目前，总共经历了四个阶段（目前正处于第四阶段），即 2005 年–2007 年"边学习边实践"（learning by doing）的第一阶段、2008 年–2012 年实现《议定书》下承诺而调整的第二阶段、2013 年–2020 年制度重大改革的第三阶段，以及 2021 年–2030 年"减排 55%" 一揽子计划的第四阶段。

而作为欧盟碳交易体系最新引领规范的"减排 55%" 一揽子计划（Fit for 55 package），其制定是为了能够实现到 2030 年，温室气体的净排放量至少减

---

〔1〕 See DIRECTIVE 2003/87/EC OF THE EUROPEAN PARLIAMENT AND OF THE COUNCIL of 13 October 2003, establishing a scheme for greenhouse gas emission allowance trading within the Community and amending Council Directive 96/61/EC, OJ L 275, 25. 10. 2003, pp. 32–46.

〔2〕 See "Greenhouse gas emission allowance trading system", Publications Office of the European Union, 1 September 2023, available at: https://eur-lex. europa. eu/legal-content/EN/LSU/? uri＝CELEX: 32003L0087, last visited: 23 June 2023.

少较 1990 年净排放量的 55%。[1]从而，保证最终能够实现 2050 年碳中和的长期目标。除此之外，该一揽子计划还给实现欧盟的气候目标提供了一个指引性框架，包括能确保社会公平；保持和加强欧盟工业的创新和竞争力，同时确保与第三国企业的公平竞争环境，以及巩固欧盟在全球应对气候变化斗争中的领导地位。在 EU ETS 方面，为了能够实现"减排 55%"一揽子计划所制定的减排目标，其进行了制度性的革新，主要包括：（1）减排覆盖行业扩展至海运；（2）加快减少系统中的排放配额，并逐步取消某些行业的免费配额；（3）通过 EU ETS 来实施国际航空全球碳抵消和减少计划（Carbon Offsetting and Reduction Scheme for International Aviation，CORSIA）；（4）加大对现代化基金和创新基金的资助；（5）修订市场稳定准备金，以及（6）为建筑、道路运输和其他部门的燃料建立了一个新的独立的碳排放交易系统。[2]

（二）欧盟碳排放交易体系的制度优势解析

欧盟碳排放交易体系（EU ETS）之所以成为全球最大、最成功的碳排放交易体系，有赖于其完善健全的法律框架、在欧盟集中统筹下各个成员国分权治理的模式，以及其分阶段循序渐进的推进方式等。欧盟碳排放交易体系（EU ETS）在推动欧盟减排及全球气候治理进程方面都起到了不可忽视的、强劲推动的重要作用。

第一，完善健全的法律框架。如前文所述，欧盟由于其自身具有不同成员国需要集中治理的共同体制度需求，因此对碳排放交易体系进行了专门统一的立法。《碳排放交易指令》中包含了对欧盟总体减排目标的规定、碳配额上限的限定及分配方法，以及后续的履约机制（包括碳排放的监测、报告及监测制度）。从而能够使得各成员国在欧盟的集中且具有强制力的领导之下，为了共同体的减排目标而进行各自的努力。

第二，"集中-分权"相结合的治理模式。虽然欧盟在碳配额的分配数量

---

〔1〕 See "What is the EU ETS?", European Commission, available at: https://climate. ec. europa. eu/eu-action/eu-emissions-trading-system-eu-ets/what-eu-ets_ en#a-cap-and-trade-system, last visited: 23 June 2023.

〔2〕 See Directive (EU) 2023/959 of the European Parliament and of the Council of 10 May 2023 amending Directive 2003/87/EC establishing a system for greenhouse gas emission allowance trading within the Union and Decision (EU) 2015/1814 concerning the establishment and operation of a market stability reserve for the Union greenhouse gas emission trading system, PE/9/2023/REV/1, OJ L 130, 16. 5. 2023, pp. 134-202.

的上限、碳配额的分配方式等方面做出了统一部署，但是实际上确定碳配额的分配比例，以及在交易等流程的监督规则制定，都是由各成员国自行规定的。也就是说，EU ETS 充分尊重考量了不同成员国的不同特点，并给予了足够的自主权。以碳配额的分配为例，在 EU ETS 的运行初期，也就是第一和第二阶段开始之前，每个成员国有权通过国家分配计划（National Allocation Plans, NAPs）决定其排放配额的分配。欧盟委员会对各成员国的 NAPs 进行评估，确保它们符合 EU ETS 指令附件中规定的标准以及欧盟关于国家援助和竞争的规则。可以看出，该阶段的碳排放量配额的分配数量，是通过各成员国"自下而上"的国家分配计划来确定的。在 2012 年之后的第三阶段，欧盟一改各成员国自行上报国家分配计划的规则设定，改为由欧盟制定专门统一的碳配额上限。但是，仍然保留成员国在其他方面相应的自主治理权。

第三，循序渐进的分阶段推进方式。从 2005 年建立到目前的"减排55%"一揽子计划阶段，欧盟碳排放交易体系（EU ETS）总共经历了四阶段。根据全球气候变化和减排目标进度，结合欧盟整体发展水平和各成员国的特点，逐步推行更加严格、范围更广的碳交易制度。各阶段的减排目标、碳排放量的上限设定、配额的拍卖比例、覆盖的行业范围等都有所不同（详见下表）。

EU ETS 四阶段主要指标变化表

阶段	减排目标	配额总量确定方式	配额总量/MtCO2e	覆盖行业及温室气体种类	碳配额分配方式和比例
第一阶段（2005-2007）	实现《议定书》承诺目标的45%	成员国采取"祖父法"制定 NAPs 提交欧盟。	2096	能源、石化、钢铁、水泥、玻璃、陶瓷、造纸，以及部分其他具有高耗能生产设备的行业/CO2。	免费分配（95%）+ 拍卖（5%）
第二阶段（2008-2012）	在 2005 年的基础上减排 6.5%	同第一阶段。	2049	较第一阶段增加航空业。	免费分配（90%）+ 拍卖（10%）

续表

阶段	减排目标	配额总量确定方式	配额总量/MtCO2e	覆盖行业及温室气体种类	碳配额分配方式和比例
第三阶段（2013-2020）	在1990年的基础上减排20%	欧盟委员会根据"基准法"计算欧盟碳配额总量和分配各成员国的额度，各成员国根据配额编制国家实施措施（National Implementation Measures，NIMs）交欧委会审批。	2013年为2084，以线性方式每年减少3800万tCO2。航空业设定单独的总量：2.21亿个配额（2004-2006年排放量的95%）。	较前一阶段增加氧化亚氮（N2O）、全氟碳化物（PFCS）；行业增加石化、合成氨、有色金属、电解铝、硝酸等。	免费分配（43%）+拍卖（57%）
第四阶段（2021-2030）	在1990年的基础上减排55%	同第三阶段。	2021年为1572，此后每年以2.2%的线性方式减排（2008-2012年基线排放量）。航空行业2021年为2830万tCO2，在英国脱离欧盟后进行了调整。自第四阶段起，航空业的总量为每年按2.2%的线性递减系数计算。	较前一阶段行业增加海运行业；并设立新的碳排放交易体系覆盖道路运输和建筑燃料。	延续前一阶段，至2034年前全面取消免费分配配额。

来源：整理自欧盟委员会公开资源

（三）欧盟碳排放交易体系存在的局限

虽然，欧盟碳排放交易体系（EU ETS）作为强制性碳市场的先行者，为相关制度的构建和完善提供了丰富的可借鉴的经验。尤其是，该体系实现了不同国家之间碳交易的链接，有效地形成了跨国界的碳交易制度的协调与合作。但是遗憾的是，在不同阶段的实施过程中，不乏存在一些不足之处有待改进。主要的局限有以下两点：

一方面，第一阶段和第二阶段中的碳配额分配制度的相关规则不尽合理。成员国自主制定国家分配计划（NAPs）确定碳配额再提交欧盟的方式，不利于成员国减排义务的公平承担，激化欧盟内部的矛盾。诚然，成员国自主制定 NAPs 来确定配额的方式，能够照顾到不同成员国的不同国情，避免"一刀切"的不公平的减排义务负担的后果。但实际上，如此一来将会产生两方面的问题。一是，各成员国往往为了追求自身利益，而尽可能地设定更多的碳配额。由此产生的问题是，欧盟总体的碳配额数量将会过多，而不利于减排目标的实现。事实上，在第一阶段这个问题尤为突出，由于 EU ETS 刚开始运行，欧盟对各个成员国的具体排放数据都不甚了解，因此，依赖各国制定的 NAPs 来实施碳交易，造成了碳配额的过量分配。[1]在第二阶段，欧盟加大了对成员国上报的 NAPs 的审核，在评估之后也拒绝了很多 NAPs，例如，波兰和爱沙尼亚的 NAPs 在被拒绝后，分别于 2010 年和 2011 年获得批准。[2]但是，这不仅增加了欧盟委员会的行政管理成本，同时也会引发欧盟与成员国之间的矛盾。很多成员国对于欧盟委员会所作出的决定发起了诉讼。如，在波兰诉欧盟委员会一案中，法院就判决废止欧盟委员会对波兰 NAPs 所作出的拒绝的决定，此后欧盟委员的上诉也被驳回。[3]二是，减排义务主体在第一阶段和第二阶段的碳配额几乎都是通过免费分配的方式获取的。在这段时间碳配额总量设定不尽合理的情况下，容易导致相关企业获得过多的免费配额而降低减排合规的动力。

另一方面，EU ETS 在第一和第二阶段中的碳价格的波动剧烈。导致碳价不

---

〔1〕　See Ibrahim Abdel-Ati, "The EU Emissions Trading System Seeking to Improve", Climate Score-card, 11 March 2020, available at: https://www.climatescorecard.org/2020/03/the-evolving-eu-emissions-trading-system/#: ~: text = Prices% 20of% 20carbon% 20allowance% 20were% 20unstable% 20during% 20the, the%20system%20and%20net%20emissions%20increased%20by%201.9%25, last visited: 29 June 2023.

〔2〕　See "National allocation plans", European Commission, available at: https://climate.ec.europa.eu/eu-action/eu-emissions-trading-system-eu-ets/development-eu-ets-2005-2020/national-allocation-plans_ en#documentation, last visited: 29 June 2023.

〔3〕　See Case T-183/07, Poland v Commission, Judgment of the Court of First Instance (Second Chamber) of 23 September 2009 & Case T-183/07 R, Poland v Commission, Order of the President of the Court of First Instance of 9 November 2007.

稳定的主要原因有：第一，如前文所述，在这一期间碳配额的分配是过量的，从而导致碳交易市场中配额的"供大于求"，碳价格大幅降低，无法反映真实的碳排放成本；第二，欧盟在《议定书》中规定的清洁发展机制和联合履约机制方面，设定了较为宽松的抵消机制。也就是说，允许欧盟内的相关企业在碳配额不能满足合规义务的时候，通过购买基于清洁发展机制和联合履约机制所产生的国际碳信用来抵消其多余排放的温室气体。而这些允许被购买的国际碳信用占到了欧盟碳配额总量的 13.7%。[1] 不难发现，如此一来，减排企业将得到更多的配额来实现合规义务，碳配额过量分配的后果进一步被放大。

综上，欧盟在推动全球减排进程方面的贡献是巨大的，其通过完善健全的法律体系，对欧盟总体的减排目标和措施进行了规范，同时对各成员国的减排权利义务进行了明确的规定。虽然，在欧盟碳排放交易体系（EU ETS）的运行初期产生了诸如碳配额分配不当及碳价格波动等问题，但是，欧盟碳排放交易体系（EU ETS）作为全球碳交易市场的先驱，加之不断地自我革新，至今仍然是其他国家建立碳交易市场及开展碳交易制度协调合作的重要参考。

二、美国碳交易市场：碳交易制度的开拓者

诚然，欧盟碳排放交易体系（EU ETS）目前是全球范围内最大的碳交易市场，但是，实际上，美国才是最早进行碳排放权交易的国家，并有着丰富的制度和实践经验。[2] 美国早在 1976 年就创造性地制定了碳排放权交易制度，[3] 在此后 1990 年的《清洁空气法案》修正案中，率先将二氧化硫（SO_2）和氮氧化物（NO_x）的排放权交易进行了法律层面的规范，来减少酸雨对公众健康和环境带来的危害。[4] 可以说，美国无疑是碳交易制度的开拓者。虽然在国际多边合作层面，美国在 2001 年宣布退出《议定书》，对全球气候治

---

〔1〕 参见何少琛：《欧盟碳排放交易体系发展现状、改革方法及前景》，吉林大学 2016 年博士学位论文。

〔2〕 参见门丹、龙飞：《美国排放权交易对我国碳交易的启示与借鉴》，载《经济导刊》2011 年第 12 期。

〔3〕 参见林云华：《国际气候合作与排放权交易制度研究》，中国经济出版社 2007 年版，第 136 页。

〔4〕 参见《〈清洁空气法案〉摘要》，EPA，2007 年 4 月，载 https://www.epa.gov/sites/default/files/2020-05/documents/050820_simplified_pdf_peg_chs.pdf#:~:text=1970%，最后访问时间：2023 年 7 月 19 日。

理合作也一直持消极态度。但是，这并没有影响美国国内的减排进度。不论是联邦、区域还是州政府层面，美国都在进行碳交易的制度探索，也已经取得了卓著成效，同时也暴露出了一些问题。研究美国各层次碳排放交易制度的法律框架，分析其发展特点、优势，以及辨析存在的不足，有重要的理论和实践的借鉴意义。

（一）美国碳排放交易的各层次制度框架

美国的碳排放交易呈现出联邦、各州，以及区域多层次的制度框架。各层次主要法律规则及碳市场分析如下：

1. 联邦层面的法律引领

美国作为碳排放大国，对于气候治理和减排所作出的贡献也是不可忽视的。虽然没有像欧盟碳排放交易体系（EU ETS）一样，形成统一的碳交易市场，但是，实际上美国联邦政府早已通过立法规定了碳交易制度，为碳交易市场的建立和发展提供了宏观制度环境。其中，涉及碳交易的主要立法包括：1990 年修订的《清洁空气法案》（The Clean Air Act）和 2007 年的《美国气候安全法》（America's Climate Security Act of 2007）。

《清洁空气法案》方面，其作为美国应对气候变化最重要的法律之一，规定了美国环保局保护和改善国家空气质量和平流层臭氧层的责任。值得一提的是，在 1990 年《清洁空气法案》的修正案中，为了有效地应对酸雨对公众健康和环境保护所带来的威胁，该法案规定了"总量控制与交易"的二氧化硫和氮氧化物的配额交易模式，在全国范围内市场化的温室气体排放权的交易。[1]同时，对于如何分配温室气体的排放权、排放权的追踪系统、排放权的性质，以及禁止事项等都作出了具体的规定。

《美国气候安全法》方面，由参议员乔·利伯曼（I-CT）和约翰·华纳（R-VA）共同发起的两党"2007 年美国气候安全法案"（即《美国气候安全法》）于 2007 年被参议院通过。该法案要求，环境保护局（EPA）将分别对大部分的温室气体和氢氟碳化合物设定两个独立的、"总量控制与交易"下的碳排放权交易制度。并且规定，在此后的 40 年将不断通过下调排放权的分配

---

[1] See Clean Air Act, Title 42, Chapter 85, Subchapter A: Acid Deposition Control, Sec. 7651b-Sulfur dioxide allowance program for existing and new units, United States Code, 2011 Edition.

数量来加大气候治理的力度。[1]

2. 州层面对碳市场的探索——以加州碳排放交易市场为例

比起美国在联邦层面的克制，各州政府纷纷积极探索构建碳排放权交易体系，形成地区内统一的碳交易市场。其中，最具代表性的就是加州碳排放交易市场，即加州总量控制与交易体系（California's Carbon Cap-and-Trade Program）。"加州总量控制与交易体系" 2013 年正式启动，该体系作为世界第四大排放交易体系，是仅次于中国、欧盟和韩国的采用 "总量控制与交易" 模式的碳市场。[2]

该体系涵盖的实体包括：大型发电厂、大型工业厂和燃料分销商（如天然气和石油）等约 450 家企业，这些企业的温室气体排放量约占加州温室气体排放总量的 85%，[3]覆盖面相当可观。2017 年，"加州总量控制与交易体系" 被授权延长至 2030 年，也是该体系的第八个履约期。[4]到 2030 年，温室气体的排放总量将比 1990 年的水平下降 40%，以满足该州到 2045 年实现净零排放和至少减排 85% 的长期立法目标。[5]

3. 区域层面的碳市场构建

除了各州政府的碳交易体系，各州之间还建立了区域层面的碳排放交易市场来实现各州、区域的减排目标，从而推动美国全国范围的气候治理发展。主要的区域性碳交易体系安排包括：（1）西部地区气候行动倡议，和（2）区域温室气体减排行动。

"西部地区气候行动倡议"（Western Climate Initiative，WCI）始于 2007 年

---

〔1〕 See S. 2191, America's Climate Security Act of 2007, As ordered reported by the Senate Committee on Environment and Public Works on December 5, 2007, CONGRESSIONAL BUDGET OFFICE COST ESTI-MATE, 10 April 2008.

〔2〕 See "Coverage of largest emissions trading systems（ETS）worldwide as of 2022", Statista, April 2022, available at: https://www.statista.com/statistics/1315109/largest-ets-markets-by-coverage/, last visited: 29 June 2023.

〔3〕 See "California Cap and Trade", C2ES, available at: https://www.c2es.org/content/california-cap-and-trade/#:~: text=California's%20carbon%20cap-and-trade%20program%20is%20one%20of%20the, 2030%2C%20and%2080%20percent%20below1990%20levels%20by%202050（last visited: 30 June 2023）.

〔4〕 Barclays Official California Code of Regulations, 17 CA ADC § 95840.

〔5〕 See "4 ways California should strengthen its cap-and-trade program", Environmental Defense Fund, 3 August 2023, available at: https://blogs.edf.org/climate411/2023/08/03/4-ways-california-should-strengthen-its-cap-and-trade-program/, last visited: 3 July 2023.

2月，由美国亚利桑那州、加州、新墨西哥州、俄勒冈州和华盛顿州等五个州的州政府共同发起并参与，之后又加入了加拿大的安大略省、魁北克省、卑诗省，以及曼尼托省。该倡议下，各州应制定各自减少温室气体排放的区域目标，参与洲际登记（multi-state registry），来跟踪和管理该地区的温室气体排放。同时，各州应制定基于市场的碳排放交易体系来实现设定的减排目标。[1]截至2022年底，WCI碳市场覆盖了近5700万人口，以及约为4万亿美元/5万亿加元的国内生产总值。同时，各参与方在2022年底通过WCI设定的3.74亿吨二氧化碳当量的温室气体排放量上限，约占其各自区域排放量的75%。[2]

"区域温室气体减排行动"（The Regional Greenhouse Gas Initiative，RGGI）建立于2009年，是美国首个基于市场导向的、采取"总量控制与交易"模式的减排计划。RGGI旨在减少美国东北部和大西洋中部11个州，包括康涅狄格州、特拉华州、缅因州、马里兰州、马萨诸塞州、新罕布什尔州、新泽西州、纽约州、罗德岛州、佛蒙特州和弗吉尼亚州的发电厂造成的大气污染。[3]十几年以来，RGGI创造了数千个新的就业机会、改善公众健康，同时帮助将参与地区的发电厂碳污染减少了一半。RGGI的各参与州已同意，至少在2030年前继续通过该计划推进减少碳污染。[4]

（二）美国碳排放交易的特点及优势

美国国内的碳排放交易，总体呈现出"百花齐放"的多元化特点，不仅包括了联邦层面上的立法规定，还在各州内和州际层面都制定了碳排放交易规则，形成了多个在全国范围内举足轻重的碳市场。不同层面的碳交易市场

〔1〕　See "Design for the WCI Regional Program", WCI, July 2010, available at: https://wcitestbucket. s3. us-east-2. amazonaws. com/amazon-s3-bucket/documents/en/wci-program-design-archive/WCI-ProgramDesign-20100727-EN. pdf, last visited: 3 July 2023.

〔2〕　See WCI, Inc., "2022 Annual Report", 12 May 2023, available at: https://wcitestbucket. s3. us-east-2. amazonaws. com/amazon-s3-bucket/documents/annualreport2022-20230512-en. pdf, last visited: 3 July 2023.

〔3〕　See "Elements of RGGI", RGGI, Inc, available at: https://www. rggi. org/program-overview-and-design/elements, last visited: 3 July 2023.

〔4〕　See "The Regional Greenhouse Gas Initiative Is a Model for the Nation", NRDC, 14 July 2021, available at: https://www. nrdc. org/resources/regional-greenhouse-gas-initiative-model-nation, last visited: 3 July 2023.

能够互相补充、互相推动，共同形成推动全国气候治理的合力。这种分散式的碳排放交易体系的优势主要包括：（1）灵活度高、易于推行；（2）更加契合各州特点，以及（3）能够为其他地区甚至全国建立碳市场提供不同的经验参考。

第一，美国各州及区域性碳交易市场的制度灵活度更高，阻力较小。美国联邦层面的碳市场建立较为困难，主要原因有二：一方面，对于《议定书》等国际碳交易合作，美国由于对中国、印度等国家不履行碳减排的义务存有不满，而一直持消极甚至反对的态度。不仅如此，对于美国而言，碳减排更多的是道德层面的义务[1]，而非强制性义务。因此，其并没有动力和意愿来构建国家层面的强制性碳交易市场，从而实现相应的减排承诺。另一方面，美国国内的政治结构属于"三权分立"，各利益主体的协调较为困难，在对于新的制度的制定方面的周期较长。在这种背景之下，为了能够降低气候变化对本国及各州的环境等方面带来不可挽救的损害，各州政府内部和之间建立碳市场就更为灵活，只需要通过各州的立法程序就可以达成。

第二，各州和区域的碳交易市场更加契合各州的特点，制度效果更理想。美国各州在经济发展、产业分布，以及节能减排等方面的情况是参差不齐的。建立全国统一的碳市场可能不利于部分发展较为落后的地区的产业竞争等。而各州自行建立碳市场则完全可以根据自身特点来制定规则。同样地，区域间的碳市场也能够很好地兼顾各参与州的特殊情况。具体来讲，不论是 WCI，还是 RGGI，实际上都是各参与州在统一的规则框架之下，结合自身的减排目标和产业特点进行减排义务的确认。例如，RGGI 中，各参与州首先达成彼此认可的制度框架协议，也就是签署"谅解备忘录"（Memorandum of Understanding）和"标准规则"（Model Rules）。之后，再根据"谅解备忘录"中赋予各参与州自主决策权的条款，对"标准规则"中的相应规则进行各自的安排和确认。[2]

第三，各州和区域的碳交易市场，能够为其他地区甚至全国建立碳市场

---

〔1〕 参见冯静茹：《论欧美碳交易立法路径的选择及其对我国的启示》，载《河北法学》2013 年第 5 期。

〔2〕 参见冯静茹：《论欧美碳交易立法路径的选择及其对我国的启示》，载《河北法学》2013 年第 5 期。

提供丰富的经验参考。加州总量与控制项目、WCI 和 RGGI 等减排计划，产生了经验溢出效应，为其他州与城市起到了良好的示范作用。目前，诸如新墨西哥州、缅因州等，都将自身减少温室气体排放量的目标逐年降低。并且纷纷积极参与低碳项目，及颁布相关减排规则标准[1]，来为将来可能建立的新的碳排放市场进行制度铺垫。

（三）美国碳排放交易的不足与局限

美国碳排放交易的分散式特点，导致其存在着制度性的不足与局限。主要包括以下两点：一方面，缺乏全国性的碳交易市场，很难形成足够大的规模来应对日益严重的气候变化。面对日益严峻的气候变化，各国都在努力实现碳中和的目标，希望能够减少对经济社会等方面的严重打击。然而，美国各州政府单独行动的发展现状将难以满足其全国总体的减排目标。全国性立法的缺失，也将会导致减排义务行业和温室气体的覆盖不全面等问题。

另一方面，美国碳市场的发展也面临着碳泄漏的问题。由于各州对于碳交易市场安排的不同，减排义务合规的难度不同，相关企业就会转移到合规环境较松的地区进行温室气体的排放，从而阻碍美国全国总体的减排进程。[2]

综上所述，美国作为碳交易的开拓者，为全球提供了重要的理论和实践范例。然而作为碳排放大国，美国国内缺少统一的碳市场安排，同时也面临着碳泄漏等问题。但是，不可否认，其在各州和区域层面建立的有一定规模的碳市场，不论是对于美国自身的减排发展，还是对于全球的气候治理，在事实上都起到了积极的推动作用。

第二节　同质碳交易制度协调模式下的碳市场联动

同质碳交易制度协调模式下，参与协调各方的碳交易制度，在本质上是统一的、一致的。换句话说，这种协调模式下，往往是还未建立本国碳交易

---

〔1〕 参见刘晓凤：《美国区域性碳市场：发展、运行与启示》，载《江苏师范大学学报（哲学社会科学版）》2017 年第 3 期。

〔2〕 参见刘晓凤：《美国区域性碳市场：发展、运行与启示》，载《江苏师范大学学报（哲学社会科学版）》2017 年第 3 期。

市场的国家根据现有碳市场规则，进行自身规则的制定或完善。该类协调模式中，典型的代表有：欧盟与列支敦士登的碳交易协调合作、欧盟与挪威的碳交易协调合作，以及欧盟与冰岛的碳交易协调合作。上述三个国家，虽然不属于欧盟成员国，但是依据《欧洲经济区协议》（Agreement on the European Economic Area，AEEA）于 2008 年加入了 EU ETS。为了达成碳交易合作，列支敦士登、挪威和冰岛积极制定并修改本国的碳交易制度，以达到 EU ETS 的规则标准。本节将分别对三国与欧盟如何建立碳交易协调、合作的特点和成效进行具体分析。

一、欧盟与列支敦士登的碳交易协调：国内减排有限寻求国际合作

列支敦士登虽然国土面积小、人口数量非常少，但是，这并没有影响其积极参与国际气候治理。该国于 1995 年批准了《联合国气候变化框架公约》（UNFCCC），并于 2004 年批准了《议定书》。为了更有效地履行这些公约所规定的义务，列支敦士登 2003 年在其国内制定了《清洁空气法》（Clean Air Act）[1]。该法律旨在减少温室气体的排放，并在很大程度上借鉴了欧洲经济区（EEA）的相关立法。列支敦士登已将其气候政策纳入其多个部门政策，其中重点部门包括能源、环境和运输以及林业和农业等部门。

根据《议定书》的初次报告，列支敦士登 1990 年基准年的总排放量为 230 000 吨二氧化碳当量，到 2004 年增加到了 271 000 吨二氧化碳当量。此前，列支敦士登在签署《议定书》时承诺将其二氧化碳排放量比 1990 年减少 8%，因此也就出现了约 60 000 吨二氧化碳当量的缺口。为了能够弥补这一合规缺口，列支敦士登必须将目前的温室气体排放量减少 20% 以上。[2] 但是，这对于该国而言，短期内不可能实现如此大幅度的减排，因此列支敦士登积极探索与其他国家或地区的合作，加入 EU ETS 便是其中之一。为了能够更好地对标 EU

---

[1] See Luftreinhaltegesetz（LRG），vom 18. Dezember 2003, Liechtensteinisches Landesgesetzblatt Jahrgang 2004 Nr. 53 ausgegeben am 6. Februar 2004, available at: https://cdn. climatepolicyradar. org/navigator/LIE/2003/clean-air-act_0eeef6917ad65aeeb762960bfc600ddf. pdf, last visited: 3 July 2023.

[2] See "Liechtenstein: Liechtenstein Creates Comprehensive Climate Protection Act Implementation Of Obligations Arising From The Kyoto Protocol", mondaq, 23 April 2007, available at: https://www. mondaq. com/eu-regulatory-law/47848/liechtenstein-creates-comprehensive-climate-protection-act-implementation-of-obligations-arising-from-the-kyoto-protocol, last visited: 3 July 2023.

ETS，遵守其规则，列支敦士登 2012 年颁布了《排放交易法》（Emission Trading Act）[1]，该法的目的是通过碳市场的方式，推动减少列支敦士登境内外的温室气体排放。同时，将 2003 年 10 月 13 日欧洲议会和欧洲理事会关于建立共同体内部温室气体排放限额交易计划的第 2003/87/EC 号指令（以下简称"第 2003/87/EC 号指令"）[2]进行国内转换。该法对排放的批准和监测、减排核证、项目活动、组织和实施、法律补救、惩罚，以及过渡条款等方面进行了具体规定。

不难看出，促成列支敦士登与欧盟碳排放交易体系（EU ETS）进行碳交易制度的衔接和协调，最关键的原因在于，前者自身减排能力有限，无法实现国际碳减排的承诺，因此借助更大的碳市场拓展本国的减排范围，提高减排能力。

二、欧盟与挪威的碳交易联动：双方具有极大的相似性

挪威在 2008 年加入了 EU ETS，实现了双方的碳交易制度的协调。[3]通过《欧洲经济区协定》，相关的欧盟环境和气候法将适用于挪威。双方能够顺利对接碳市场的根本原因，在于挪威和欧盟对可持续发展，以及促进绿色经济的必要性方面，有着共同的价值追求和认知。[4]

自 20 世纪 80 年代以来，挪威一直致力于应对气候变化，其目前的气候政策和立法框架均植根于《联合国气候变化框架公约》（UNFCCC）和《议定书》下所承诺的减排的目标。挪威在《议定书》中的承诺是要在 2008-2012 年将其温室气体排放量减少到不超过 1990 年水平的 1%。[5]挪威排放交易的

---

〔1〕　See Emissions handelsgesetz（EHG），vom 19. September 2012, Liechtensteinisches Landesgesetzblatt Jahrgang 2012 Nr. 346 ausgegeben am 15. November 2012, available at：https://climate-laws. org/documents/emissions-trading-act_ 1911？ id＝emissions-trading-act_8a34, last visited：3 July 2023.

〔2〕　See Directive 2003/87/EC of the European Parliament and of the Council of 13 October 2003 establishing a scheme for greenhouse gas emission allowance trading within the Community and amending Council Directive 96/61/EC, OJ L 275, 25. 10. 2003, pp. 32-46.

〔3〕　See The European Union, "Iceland and Norway agree to deepen their cooperation in climate action", European Commission, 25 October 2019, available at：https://climate. ec. europa. eu/news-your-voice/news/european-union-iceland-and-norway-agree-deepen-their-cooperation-climate-action-2019-10-25_ en, last visited：10 July 2023.

〔4〕　See "The European Union and Norway", EEAS, 28 July 2021, available at：https://www. eeas. europa. eu/norway/european-union-and-norway_ en？ s＝174, last visited：10 July 2023.

〔5〕　See "Norway's Fifth National Communication under the Framework Convention on Climate Change", Norwegian Ministry of the Environment, December 2009, available at http://www. regjeringen. no/upload/MD/Vedlegg/Rapporter/T-1482E. pdf, last visited：10 July 2023.

发展，可以追溯到 2000-2001 年，当时挪威政府的第 54 号白皮书《挪威气候政策》（Norway's Kyoto Protocol commitment）指出，温室气体排放交易体系将是实现挪威《议定书》中减排承诺的核心措施。[1]挪威关于碳交易制度的主要法律是《温室气体排放交易法》（Greenhouse Gas Emissions Trading Act, GGETA）。GGETA 规定了挪威国内的排放交易体系（Norwegian Emission Trading System, Norwegian ETS），该体系于 2005 年 1 月 1 日正式开始运行，覆盖了挪威国内 70% 以上的温室气体排放量。[2]不难看出，也许是以期后续与欧盟碳排放交易体系（EU ETS）能够衔接，于是在制度方面，挪威排放交易体系的设计与欧盟碳排放交易体系（EU ETS）有着极高的相似度。与欧盟碳排放交易体系（EU ETS）分阶段的实施方案相同，挪威碳排放交易体系也分为三个阶段：第一阶段（2005-2007 年）、第二阶段（2008-2012 年）和第三阶段（2013-2020 年）。为了适应不同阶段的治理目标的变化，挪威碳排放交易体系分别于 2007 年 6 月和 2009 年 2 月进行了修订，以使其相关规则能够与欧盟的第 2003/87/EC 指令保持一致，从而便于在第二阶段（2008-2012 年）的履约期内与 EU ETS 相协调。基于二者极高的同质性，以及双方的积极碳排，两个碳交易市场于挪威碳排放交易体系的第二阶段开始时正式挂钩，并在第三阶段开始时实现了完全统一。[3]但是，二者也不是完全相同，仍然存在着部分的区别。例如，挪威碳排放交易体系中配额的分配方式是以拍卖为主，而在 EU ETS 前两个阶段的碳排额分配中是以免费分配方式为主的。

因此，欧盟与挪威在碳交易制度方面的协调与合作，主要是基于双方在本质上有着共同的可持续发展的价值追求，以及同质化的制度基础。挪威在建立本国的碳市场时大量参考借鉴 EU ETS 的做法，使得双方更容易达成合意，并且在之后的链接方面更加地高效顺畅。

---

〔1〕 Norwegian Climate Policy, "Summary in English: Report No. 54 to the Storting（2000-2001）", Royal Ministry of the Environment, June 2001, available at: https://www. regjeringen. no/contentassets/91b54 f03dc224f3397c95b04be350f49/en-gb/pdfs/stm200020010054000engpdfs. pdf, last visited: 3 March 2025.

〔2〕 See "Norway's Fifth National Communication under the Framework Convention on Climate Change", Norwegian Ministry of the Environment, December 2009, available at http://www. regjeringen. no/upload/MD/ Vedlegg/Rapporter/T-1482E. pdf, last visited: 10 July 2023.

〔3〕 Norway, "The World's Carbon Markets: A Case Study Guide to Emissions Trading", EDF&IETA, May 2013, available at: https://www. edf. org/sites/default/files/EDF_IETA_Norway_Case_Study_May_ 2013. pdf, last visited: 3 March 2025.

三、欧盟与冰岛的碳交易协调：为重点控排行业提供更大的平台

在治理温室气体排放方面，冰岛在许多方面都有着其不同于其他发达国家的独特之处。在大部分国家，化石燃料生产是温室气体排放的主要来源；而在冰岛，其国内几乎所有的电力和供暖都由可再生能源、水力和地热来提供，石油、煤炭等能源燃烧产生的温室气体排放可以忽略不计。如今，冰岛享受着几乎无碳的电力和供暖，化石燃料则主要用于运输和渔业。温室气体排放的主要来源（不包括土地使用）是汽车和船舶、工业过程和农业的化石燃料。道路运输约占20%，渔业占11%，重工业和化学品占42%，农业占13%，废物管理占5%。因此，冰岛的目标是迅速使这些部门脱碳，并为此分配更多的政府资源。[1]

自2008年以来，冰岛在《议定书》中做出了减排承诺，但是其本国对于降低温室气体排放主要行业的碳排放量能力有限。于是冰岛也在2008年与欧盟碳排放交易体系（EU ETS）挂钩，成为了欧盟碳排放交易体系（EU ETS）的一部分。欧盟碳排放交易体系（EU ETS）主要适用于重工业和航空业，恰好可以为冰岛实现减排目标提供更加广泛的资源和更加有利的制度平台。

经过了十几年的碳交易协调合作，欧盟、挪威和冰岛表示将继续加强气候合作，同时调整相关规则，减少欧盟排放交易系统以外部门的排放，即农业、运输、废物管理和建筑；以及提高土地利用和林业的碳清除效益。值得一提的是，上述各方于2019年，就《巴黎协定》和欧盟2030年气候和能源框架气候部分下的政治承诺和实际履行达成了重要协议。协议中，冰岛和挪威承诺为那些不在欧盟排放交易体系范围内的经济部门，即农业、运输、废物和建筑部门，制定2021-2030年具有约束力的年度温室气体排放目标。它们将具有与欧盟成员国相同的义务和灵活性，以实现公平和成本效益的目标。此外，冰岛和挪威将确保在2021-2030年期间，土地利用、土地利用变化和林业产生的温室气体排放量，至少与二氧化碳核算等量清除量相平衡，即所

---

〔1〕　See "Iceland's Climate Action Plan for 2018-2030-Summary", Ministry for the Environment and Natural Resources, September 2018, available at：https://www.government.is/library/Files/Icelands%20new%20Climate%20Action%20Plan%20for%202018%202030.pdf, last visited：14 July 2023.

谓的"无负债"规则，同时适用与欧盟成员国相同的义务和核算规则。[1]

综上所述，列支敦士登、挪威和冰岛为了能够实现《议定书》下的减排承诺，纷纷根据自身的碳减排的需求和本国碳交易制度的特点，通过《欧洲经济区协议》的规定，与欧盟碳排放交易体系（EU ETS）进行了联动，实现了碳市场的协调合作。无论是像列支敦士登和冰岛之类，为了实现气候治理目标而修改自身制度，使其与欧盟碳排放交易体系（EU ETS）的制度基本无二，还是如挪威在构建本国碳市场之时，就早已预见此后的合作，而大范围地借鉴欧盟碳排放交易体系（EU ETS）的制度规则。上述协调合作能够形成的主要原因，在于各方有着高度同质化的制度内涵。

第三节　可兼容碳交易制度协调模式下的碳市场联动

同质碳交易制度协调模式下，一方的碳交易制度或碳市场往往还未形成或不够完善，需要寻求更为发达的域外碳市场进行联动，完成本国碳交易制度的制定和发展；可兼容的碳交易制度协调模式，则是两个已经有一定规模或已趋成熟的两个碳市场之间进行的碳交易制度挂钩与合作。这种合作往往也被称为"链接"（linkage）。双方的合作目的，是利用不同碳市场的减排成本不同来推动资源的优化配置、降低减排成本，进而推动减排目标的实现。这种模式下，双方的制度规则一般就会存在一定的差别，因此，在碳配额的分配、监测、核证、价格控制，以及抵消等方面都需要达成协议，实现彼此可兼容。这种模式下的典型实践有：作为首个现存碳市场协调合作范例的、美国加州与加拿大魁北克之间的碳市场联动，以及欧盟与澳大利亚之间跨州的碳市场联动。

一、美国加州与加拿大魁北克：首个现存碳交易市场的联动

美国加州与加拿大魁北克之间的碳市场链接，开拓性地实现了国际现存

---

〔1〕 See The European Union, "Iceland and Norway agree to deepen their cooperation in climate action", European Commission, 25 October 2019, available at：https://climate. ec. europa. eu/news-your-voice/news/european-union-iceland-and-norway-agree-deepen-their-cooperation-climate-action-2019-10-25_en, last visited：14 July 2023.

碳市场的协调合作，具有里程碑式的意义。2012 年 5 月，加州空气资源委员会（California Air Resources Board，CARB）发布了《总量控制与交易条例》（Cap-and-Trade Regulation）的拟议修正案，其中批准了加州与魁北克省的"总量控制与交易体系"建立联系。[1]此后，CARB 为双方碳市场联动采取一系列准备措施，包括撰写联动报告。最终在 2013 年 10 月，《总量控制与交易条例》的拟议修正案获得加州政府批准，自 2014 年 1 月 1 日起与魁北克的碳市场合作正式开启。虽然，修正案本身已经标志着双方合作的实现，但是，为了能够在具体规则方面实现兼容，加州和魁北克省政府还达成了一份不具约束力的协议。协议对双方磋商的开展、监管协调、抵消制度、碳配额或碳信用的互认及交易，以及监管执行等各个方面均进行了框架式的规定。为双方将来顺利开展碳市场链接打下了良好的制度性基础。

　　加州与魁北克碳市场之所以能够达成链接，其主要原因在于彼此之间极大的兼容性。而这种兼容性，是源自"西部地区气候行动倡议"（WCI）历时数年制定的详细政策架构所产生的。具体来讲，"西部地区气候行动倡议"于 2007 年启动，由美国各州和加拿大各省自愿结成联盟，制定了促进合作以减少温室气体排放的指导方针，特别是，在制定和实施北美总量控制与交易制度方面起到了重要作用。可以说自 WCI 建立以来，包括魁北克和加州在内的 WCI 合作伙伴一直在共同努力，以建立一个覆盖各成员辖区的、相互关联的总量控制与交易系统。2008 年 9 月，WCI 发布了《WCI 地区总量控制与交易体系设计建议》（Design Recommendations for the WCI Regional Cap-and-Trade Program，以下简称《建议》）[2]，《建议》提出，WCI 成员方辖区将寻求与其他政府批准的"总量控制与交易体系"建立双边和多边联系，使 WCI 成员方辖区内分配的碳排放配额可以完全进行互换。同时，《建议》考虑了不同成员方辖区的"总量控制与交易体系"的联系，在具体规则上给出了指引和建议。两年后，WCI 紧接着又发布了《WCI 区域计划设计》（Design for the WCI Regional Program，以下简称《设计》），为 WCI 的合作伙伴在其辖区内实施

〔1〕　See Cap-and-Trade Regulation, California Air Resources Board, 1 April 2019.

〔2〕　See "Design Recommendations for the WCI Regional Cap-and-Trade Program", WCI, 23 September 2008, corrected 13 March 2009, available at: https://wcitestbucket. s3. us-east-2. amazonaws. com/amazon-s3-bucket/documents/en/wci-program-design-archive/WCI-DesignRecommendations-20090313-EN. pdf, last visited: 14 July 2023.

总量控制与交易的碳交易制度提供了全面的路线图。与《建议》一样,《设计》非常重视不同成员方辖区之间监管计划的一致和联系。

因此,在 WCI 总体制度设计的背景之下,作为成员方的美国加州和加拿大魁北克省之间逐渐形成了能够互相兼容的碳交易制度。不仅如此,在 WCI 的推动之下,双方的合作态度也更加积极、合作渠道更加顺畅,从而助推双方碳市场的成功链接。

二、欧盟与澳大利亚:跨州碳交易协调的尝试

欧盟碳排放交易体系(EU ETS)与澳大利亚碳排放交易体系进行的挂钩,是国际层面将两个具有实质性差异的碳交易制度进行协调合作的首次尝试,也可以称之为一次对"异质性"碳交易制度协调的大胆尝试,提供了极其有价值的实践启示。[1]该项碳交易制度的合作的突出特点之一,是其采取了分阶段式的加深链接。在双方达成链接协议之前,欧盟碳排放交易体系(EU ETS)与澳大利亚碳排放交易体系,在规则上的差别是较大的,包括碳定价工具、覆盖的排放部门、温室气体种类、碳配额总量的设定、分配等各个方面。2012 年,欧盟委员会与澳大利亚政府达成了双方碳排放交易体系联动的意向。为了能够循序渐进地对不同规则进行协调和兼容,双方碳市场的链接并没有在一开始就全面打通,而是采取了分阶段的逐步推进。具体来讲,双方第一阶段的合作是"单向"的,也就是说,自 2015 年起到 2018 年的三年时间,只有澳大利亚的企业可以购买欧盟的碳配额。[2]同时,澳大利亚政府保证将不会设定碳价格的下限,并设定一个新的次级碳配额的上限,限定国内公司只能够使用 12.5%的符合条件的《议定书》下的交易单位。[3]而在

---

〔1〕 See Stuart Evans & Aaron Z. Wu, "What drives cooperation in carbon markets? Lessons from decision-makers in the Australia-EU ETS linking negotiations", *Climate Policy*, Vol. 21, No. 8., 2021, pp. 1086-1098.

〔2〕 See Stefano F. Verde & Simone Borghesi, "The International Dimension of the EU Emissions Trading System: Bringing the Pieces Together", *Environmental and Resource Economics*, Vol. 83, No. 3., 2022, p. 907.

〔3〕 See European Commission, "Australia and European Commission agree on pathway towards fully linking Emissions Trading systems", 28 August 2012, available at: https://climate. ec. europa. eu/news-your-voice/news/australia-and-european-comission-agree-pathway-towards-fully-linking-emissions-trading-systems-2012-08-28_ en, last visited: 20 July 2023.

2018 年之后，该链接进入了第二阶段，也就是真正的双向连通的阶段，欧盟的有关义务主体能够使用在澳大利亚碳排放交易体系中购买的配额来完成履约义务。这种分阶段的优势在于，在第一阶段澳大利亚企业的合规成本较低，并且能够降低 EU ETS 中碳配额分配过度所带来的负面影响。

　　探究欧盟和澳大利亚碳市场的链接原因，涉及经济、政治、地理联系，以及文化因素等。第一，碳市场的链接毫无疑问会带来经济优势，可以使得企业能够通过更低的价格购买所需要的碳排放配额来实现减排或控排义务。同时，也能够降低碳泄漏所带来的价格扭曲，真实地反映减排成本。不仅如此，欧盟碳排放交易体系（EU ETS）所覆盖的行业部门和温室气体种类都大于澳大利亚，二者的链接将给澳大利亚带来巨大的减排效率的提高。[1]第二，双方碳市场的链接基于大量的政治考量。一方面，可以缓解澳大利亚政府当时的国内政治压力；另一方面，也可以塑造欧盟气候治理国际领导的形象。[2]第三，虽然澳大利亚和欧盟地处两大洲，相距甚远，但是，这种远距离的合作往往可以因为不具有贸易摩擦和竞争而开展的更加顺利。第四，文化的趋同。欧盟国家和澳大利亚在气候治理和可持续发展方面的价值追求是相似的，因此，在协议的谈判过程中就更加容易克服彼此在制度上的不同之处，从而达成可兼容的规则安排。[3]

　　总之，在兼容碳排放交易制度的协调合作模式之下，各合作方一般是基于经济、政治、文化趋同等考量，积极展开协商谈判，将差别较大的碳交易规则进行彼此妥协，最终达成合意。在这种协调合作模式下，更加需要合作双方的共同努力，而不是同质协调模式下的一方主动"依靠"另一方的制度体系。虽然该协调合作模式的推进更加困难，涉及的因素更为复杂，但是所带来的减排成效也将是巨大的，对全球的碳交易制度合作更有启发意义。

---

〔1〕　See Australian Government, "Interim Partial (One-Way) Link between the Australian Carbon Pricing Mechanism and the EU Emissions Trading System – Regulation Impact Statement – Department of Climate Change and Energy Efficiency", 3 September 2012, available at: https://oia. pmc. gov. au/published-impact-analyses-and-reports/interim-partial-one-way-link-between-australian-carbon, last visited: 20 July 2023.

〔2〕　See Kate Crowley, "Up and down with climate politics 2013-2016: the repeal of carbon pricing in Australia", *Wires Climate Change*, Vol. 8, No. 8. , 2021, pp. 1086-1098.

〔3〕　See Stuart Evans & Aaron Z. Wu, "What drives cooperation in carbon markets? Lessons from decision-makers in the Australia-EU ETS linking negotiations", *Climate Policy*, Vol. 21, No. 8. , 2021, pp. 1086-1098.

第四节　本章小结

经历了近几十年的气候治理探索，全球范围内已经形成了多个大规模的碳交易市场。既包括全球迄今最成功、最大的欧盟碳排放交易体系（EU ETS）；也包括虽然在国际合作方面参与度不足，但国内各层面纷纷建立完善碳交易机制的美国各碳排放交易体系。

然而，在国际统一碳市场还在缓慢推进的阶段，仅仅通过各国国内的碳交易来实现本国气候治理目标、完成《巴黎协定》中的国家自主贡献承诺是不够的。因此，各国纷纷尝试与其他国家或地区达成碳交易制度的合作。实现协调合作的模式主要有两种：一是，合作的一方出于自身减排能力受限等考量，通过对标其他国家或地区的规则来建立或修订本国相关规则，从而形成同质性碳交易制度的协调模式。表现形式往往是一方加入另一方的碳交易排放体系；二是，合作双方的国内碳交易制度已经相对完善，且碳市场运转较为成熟。考虑到想要进一步降低减排成本、扩大减排的范围、获得更优的资源，以及掌握国际减排话语权等，彼此需要进行难度更高的协调合作，因为合作方的规则差异相对较大，所以需要经过不断的谈判协商进行妥协。但是，最终能够达成彼此兼容的碳交易制度，会给全球建立统一碳市场产生重要的启示性作用。

综上所述，可以得出以下结论：一方面，不同国家碳交易制度的协调合作并不只有单一的模式，可以根据自身的特点选取不同的协调模式；另一方面，各国积极推动本国碳交易制度的构建和完善，同时尝试与域外碳市场进行链接，已成全球气候治理的一大重要趋势。把握上述已有实践的重要经验，不仅有助于理解《巴黎协定》背景下碳交易的发展现状，也有利于推动碳交易国际协调合作的顺利展开和深入。

第四章

《巴黎协定》下碳交易国际协调合作的
挑战与原因探究

《巴黎协定》第 6 条制定了两种国际碳市场机制，即国家间可转让减缓成果交易机制（Internationally Transferred Mitigation Outcomes，下文简称"ITMOs交易机制"）和可持续发展机制（SDM），来为成员国完成各自的国家自主贡献（NDCs）提供帮助。前者允许各国通过双边或多边协议相互交易减排量和清除量，而后者将建立一个由联合国实体（第 6 条第 4 款监管机构）监督的全球碳市场。项目开发商将向该监管机构申请注册项目，以获得碳信用额度（A6.4ERs）。自 2015 年缔结《巴黎协定》之后，各缔约方多年来一直致力于就上述两种国际碳市场机制如何运作的详细规则达成一致。在格拉斯哥举行的缔约方大会第二十六届会议（COP 26）上，就第 6 条的初步运作规则各方达成了一致，取得了《巴黎协定》实施之后的一次重大突破，形成了《第六条规则手册》（Article 6 Rulebook）。《第六条规则手册》特别针对第 6 条下全球碳信用市场运作的程序框架；减排项目开展的资格要求；国际转让碳信用时适用于国家发展目标的核算规则；清洁发展机制的继承问题；对全球适应基金的捐款，以及如何保护受碳信用项目负面影响的人民和社区等问题作出了专门规定。[1]

---

〔1〕 See Christina Hood, "Completing the Paris 'Rulebook': Key Article 6 Issues", C2ES, April 2019, available at: https://www.c2es.org/wp-content/uploads/2019/04/completing-the-paris-rulebook.pdf, last visited: 29 July 2023.

但需要注意的是，相关的实施细则仍存在争议而无法推行。于是 2022 年举办的缔约方大会第二十七届会议（COP 27）上，各缔约方进一步展开了激烈的谈判。虽然取得了一定程度的进展，但遗憾的是，各缔约方对于诸如 ITMOs 交易机制的转让规则，以及 SDM 机制下的活动能否避免碳排放等实质性问题仍无法达成一致。不仅如此，在 2023 年的 COP 28 上，相关规则仍未定论。

《巴黎协定》第 6 条下建立的两种国际碳市场机制的实施为什么如此艰难？各成员方是基于什么原因无法对关键问题达成一致？这些都是急需分析解决的问题，只有这样，才能够为国际碳交易协调发展提供更好的思路，并且有利于我国更好地参与其中。

因此，本章将从两部分展开论述：一方面，梳理阐述《巴黎协定》第 6 条第 2 款和第 4 款，关于 ITMOs 交易机制和 SDM 机制的争议焦点和最新进展；另一方面，基于前文对《巴黎协定》规则的阐释、目前各国碳市场发展及合作实践，结合争议焦点，探究《巴黎协定》下国际碳交易机制的实施困境。

第一节　《巴黎协定》下碳交易机制谈判的争议焦点

气候变化波及全球各国及相关主体，为了能够发挥《巴黎协定》作为国际气候治理法律规范的重要作用，各缔约方积极参与 COP 27，希望能够进一步细化在 COP 26 中形成的《第六条规则手册》中的相关规则。然而，不论是关于 ITMOs 交易机制的议题，还是关于 SDM 机制的议题，均没有取得任何实质性的进展。[1]相关问题还有待 COP 28 进行协商。下文将梳理分析各缔约方谈判过程中，对 ITMOs 交易机制和 SDM 机制不同规则的争议焦点。

一、国家间可转让减缓成果交易机制的争议焦点

ITMOs 交易机制鼓励各缔约方彼此之间进行碳交易合作，使得各方能够通过 ITMOs 的交易来实现各自的国家自主承诺。该机制要求，成员国之间的

---

〔1〕 虽然 COP27 没有对国际碳市场相关问题达成关键性共识，但是在其他方面取得了一定的成果。有关于 COP27 所达成的谈判成果参见 United Nations Climate Change，"Summary of Global Climate Action at COP 27"，Global Climate Action，available at：https://unfccc.int/sites/default/files/resource/GCA_COP27_Summary_of_Global_Climate_Action_at_COP_27_1711.pdf，last visited：29 July 2023.

该类合作应当促进可持续发展，确保环境正义和透明度。并且，参与合作的各缔约方应当采取相应的核算调整来避免双重计算。[1]简单来讲，ITMOs 交易机制为各缔约方的国际碳交易协调合作提供了一个制度框架，在此之下，不同的碳市场合作都将根据一套统一的核算标准，来管理不同项目产生的 IT-MOs 的交易活动。ITMOs 交易机制看起来是简单明了的，但是正因为其框架性的特征，部分规则还存在模糊不清之处，引发争议。主要的争议包括：（1）IT-MOs 交易机制如何实现不同国家自主承诺的履行；（2）稳健的核算标准具体应当如何实施；（3）是否应当保证交易信息的完全公开透明，以及（4）IT-MOs 交易机制的管理模式应当如何。具体分析如下：

（一）ITMOs 交易机制用于实现不同国家自主贡献的路径之争

既然 ITMOs 交易机制可以用来实现各缔约方提交的国家自主贡献，那么此时产生的问题是，是否任何种类的国家自主贡献都可以不加区分地用 IT-MOs 交易机制来实现呢？具体来讲，《巴黎协定》下的国家自主贡献都是出于各缔约国"自愿"的，也就是说，不同国家根据自身减排意愿和能力的不同，所提交的 NDCs 在内容和强度水平上都截然不同。例如，在 2022 年各缔约方提交的 NDCs 中可以看出，各国提出的缓解目标的内容不仅包括整个经济体的绝对减排目标，还涉及低排放发展的战略、政策、计划和行动。在 NDCs 所涵盖的内容方面，有约 90% 的缔约方提供了量化的缓解目标，且越来越多的缔约方转向绝对减排目标。就温室气体的种类而言，所有 NDCs 都涵盖了减少或控制二氧化碳的排放，大多数涵盖甲烷（CH4），但只有约 36% 的缔约方承诺减少或控制六氟化硫（SF6）的排放。[2]在 NDCs 的承诺实现时间方面，几乎所有的缔约方（92%）都承诺了到 2030 年实现 NDCs 的缓解目标，只有少数缔约方（8%）提出到 2025 年、2035 年、2040 年或 2050 年完成 NDCs 承诺。履约期开始的时间有着较大的区别。55% 的缔约方将 2021 年 1 月 1 日确定为 NDCs 实施的开始日期；而有近 31% 的缔约方表示从 2020 年或之前开始实施

---

〔1〕　See UNFCCC, "Guidance on cooperative approaches referred to in Article 6, paragraph 2, of the Paris Agreement", Decision -/CMA. 3, 14 November 2021, available at：https://unfccc.int/sites/default/files/resource/cma3_auv_12a_PA_6.2.pdf, last visited：29 July 2023.

〔2〕　See UNFCCC Secretariat, "2022 NDC Synthesis Report", FCCC/PA/CMA/2022/4, 26 October 2022, available at：https://unfccc.int/sites/default/files/resource/cma2022_04.pdf, last visited：29 July 2023.

NDCs；极少数的缔约方（3%）将于 2022 年开始实施。[1]不仅如此，在缓解目标的实现周期方面，有的国家制定了用数年实现 NDCs 的安排；有的国家则制定了年度 NDCs 目标，甚至还有部分国家则缺乏此类规定。

面对各缔约方有关 NDCs 存在如此大的承诺差异，无疑将会给如何利用 ITMOs 来实现 NDCs 的标准问题带来挑战。也就是说，如果将所有的 NDCs 都"一视同仁"，那么将会导致不公平的后果。以各缔约方制定的 NDCs 实现周期不同为例，单一年份（single-year）NDCs 目标与多年份（multi-year）NDCs 目标在最终核算是否实现承诺时的确定性是有很大差别的。对气候变化的测量而言，最重要的指标是累计排放量（cumulative emissions）。而这方面，多年份 NDCs 目标在核算时就能够展现较为全面的减排历程，数据更加完善，最后的核算也会更加可靠准确。相比较而言，单一年份的 NDCs 目标则存在核算结果偏差，甚至阻碍全球气候减排目标实现的重大风险。在该期间，缔约方的温室气体排放量可能在目标期内增加，甚至超过 NDCs 目标，然后在目标年即将到来之际才减少至目标减排量之下，这实际上将导致比多年份 NDCs 目标逐年限制的排放量更大的累积排放量。[2]而这种风险将会因可以进行交易的 ITMOs 机制而更加放大，因为超出的减排量将很容易通过购买 ITMOs 抵消，从而"掩饰"排放超标的现实。并且，根据 IPCC 此前发布的评估报告，与不连续的单一年份减排目标相比，连续的多年减排目标也更符合基于预算的气候变化缓解方法，更具有减排成本和时间上的灵活性。[3]虽然两种方式都可以为缔约方提供减排灵活性，但在多年份 NDCs 目标下，总的累积排放量必须保持在一定的目标量以下。因此，无论是前期排放量较高而后期排放量下降较快的路径，还是前期排放量减少较早而最后一年排放量较高的路径，都会

---

〔1〕 See UNFCCC Secretariat，"2022 NDC Synthesis Report"，FCCC/PA/CMA/2022/4，26 October 2022，available at：https://unfccc.int/sites/default/files/resource/cma2022_04.pdf，last visited：29 July 2023.

〔2〕 See Michael Lazarus，et al.，"ADDRESSING CONCERNS WITH UNIT USE FOR SINGLE-YEAR TARGETS"，Stockholm Environment Institute（2014），available at：https://www.jstor.org/stable/pdf/resrep00540.5.pdf？refreqid = fastly - default% 3A87986e837eed558a02554cd13cf21239&ab_segments = &origin = &initiator=&acceptTC=1，last visited：30 July 2023.

〔3〕 See IPCC，Stocker，T. F.，et al.（eds.），Climate Change 2013：The Physical Science Basis，Contribution of Working Group I to the Fifth Assessment Report of the Intergovernmental Panel on Climate Change（eds.），Cambridge University Press，p. 27.

导致相同的累计排放量，并实现最终的目标。而单一年份的 NDCs 目标安排就无法获得如此长时间范围内的减排工作的灵活安排。因此，如果对于单一年份和多年份 NDCs 目标的安排都采用同样的 ITMOs 的实现标准，那么显然会扩大单一年份 NDCs 目标实质超排放的风险，同时造成对实施多年份 NDCs 目标的缔约方所付出的长周期减排努力不公平的后果。

有基于此，缔约方和各相关主体提供了解决问题的几种思路，主要包括：（1）设定 ITMOs 交易机制的门槛，将未设定明确缓解目标的缔约方排除在外；（2）NDCs 的转换，要求实行单一年份 NDCs 目标的国家将其转换为明确的多年份的 NDCs 目标；（3）确保 ITMOs 交易机制产生的年份相同。这种路径下，对 ITMOs 交易机制的交易时间不做要求，但是要求买卖双方 NDCs 目标的实现年份是一致的。例如，交易双方都承诺了 2023 年的单一年份 NDCs 目标时，转移的 ITMOs 交易机制才能用于相应的调整以实现 NDCs 承诺；（4）将购买的 ITMOs 交易机制进行分类。该方案要求购买 ITMOs 的缔约方将不同年份或时间段内产生的 ITMOs 分门别类，以对应自身 NDCs 承诺期间来进行相应调整；（5）制定将单一年份 NDCs 目标转换为多年份 NDCs 目标的方法。该方案建议根据《公约》的相关规定制定统一的计算标准，能够进行两种 NDCs 的互通，从而推动各方减排的公平性和减排的真实准确。[1]

上述思路总体来讲可以分成两大类，即资格限制和技术调整。思路（1）和（3）是对于 ITMOs 交易主体、时间的限制，而思路（2）、（4）和（5）则是通过一定的换算，在技术层面上将单一年份和多年份的 NDCs 目标进行转换。无论是何种解决方案，都是对于调整 ITMOs 交易双方利益，使 NDCs 的实现更加客观准确的有益探索。部分解决思路有潜在的一致性，能够产生同样的效果。但是，也要注意其中的不够完善之处。具体来讲，资格限制类中，思路（1）将未设定明确缓解目标的缔约方排除在外，降低《巴黎协定》第 2 条第 2 款所提及的"公平原则"的风险；而思路（3）可能会给 ITMOs 交易机制的灵活性带来挑战。在技术调整类的思路中，不论是思路（4）中缔约方将购买的 ITMOs 交易机制进行分类，还是思路（2）中将 NDCs 目标进行自我

---

〔1〕　See Martin Cames, et al., "International market mechanisms after Paris", German Emissions Trading Authority, November 2016, available at: https://adelphi.de/en/system/files/mediathek/bilder/International_ market_ mech_ after_ pairs_ discussion_ paper. pdf, last visited: 30 July 2023.

转换，实际上都加大了不确定性。在缺乏一定标准的情况下，各缔约方的自主行为会放大两种 NDCs 目标实现减排目标的差异性。因此，思路（5），即事前制定一套单一年份和多年份 NDCs 目标转换的标准规则，是更加可取的。这种方式既能够不违反《巴黎协定》和《公约》的基本原则，也能够保证 IT-MOs 交易机制的灵活性。并且，事前的标准制定有利于保证规则的透明度。但是，其中的规则如何制定、具体的数值如何计算等都有待缔约方和相关机构进一步探讨研究。

（二）核算调整规则的对象之争

根据《巴黎协定》第 6 条第 2 款，各缔约方如果想要通过 ITMOs 交易机制来实现 NDCs，就需要具备稳健的核算机制（Robust Accounting）。稳健核算机制的目的很简单，即国际减排转让不应导致总排放量高于参与国或实体单独实现其目标的温室气体排放量。[1]为了实现该目的，缔约方需要通过"相应调整"（Corresponding Adjustment）这种复式记账形式来避免双重计算。相应调整与银行转账的原理一致，一个账户中货币金额的增加需要另一个账户与之相对应的货币金额减少。只是在《巴黎协定》下，相关的货币是减排单位（ERUs）。实施该规则需要解决的关键问题是：相应调整的对象是什么？

关于该问题主要有三种观点：（1）对清洁发展机制（CDM）所遗留的减排单位对应的 ITMOs 交易机制是否需要相应调整。部分发达国家认为，如果 ITMOs 交易机制是根据《巴黎协定》第 6 条第 4 款建立的 SDM 机制所产生的，则参与交易的发达国家不必进行"相应调整"。因为 SDM 机制对清洁发展机制进行了承接，也就是说其允许在《议定书》下做出减排承诺的发达国家获得发展中国家项目产生的减排信用额度，而无论是 SDM 机制，还是清洁发展机制，获得减排信用额度都经过了"额外性"的核准，所以不必再进行相应调整。但是，发展中国家在《议定书》下则并不涉及清洁发展机制的减排信用额度的获得，所以仍需进行相应调整。（2）ITMOs 交易机制下的卖方将无需进行"相应调整"。以巴西为主的国家认为，"额外性"的核准要求使卖方国家没有必要再做出相应调整，因为这一要求下已经证明了该项目产生

---

[1] See C. Hood, et al., GHG or not GHG: Accounting for Diverse Mitigation Contributions in the Post-2020 Climate Framework, OECD/IEA, 2014.

的减排量超出了该国为实现 NDCs 减排目标而采取行动的减排量。实际上，这一观点与《议定书》中相关的规则是同样的逻辑。在《议定书》中，只有发达国家有气候减缓目标，因此发展中国家没有必要对减排量的转让进行核算。[1]然而，这种逻辑是存在基本缺陷的，因为《巴黎协定》与《议定书》义务模式完全不同，卖方和买方都承诺了相应的气候缓解目标。所以，如果只在卖方进行预减排量的增加，而不相应地在买方处扣除同等的减排量，则会导致双重计算。因此，大多数国家支持减排量的出售国和购买国都进行相应的调整。（3）对国际民航组织航空计划（CORSIA）是否要求进行"相应调整"。在国际民航组织下，各国已正式同意应避免各国减排目标与 CORSIA 之间的重复计算[2]；加上国际民航组织（International Civil Aviation Organization，ICAO）和《巴黎协定》是相互独立的。所以，以沙特阿拉伯为代表的一些国家认为，ITMOs 交易机制应仅涉及为实现巴黎目标而进行的减排量转让，不应该包括向航空公司的 ITMOs 交易机制转让。然而，该观点的问题是，如果不要求各国对出售给航空业的 ITMOs 进行相应调整，就有可能导致双重计算：一次是出售国为实现其巴黎目标而进行的计算，一次是航空公司为履行其在 ICAO 下的义务而进行的计算。[3]实际上，不仅是 CORSIA 有关的 ITMOs 交易机制引发是否需要相应调整的争议，有观点认为自愿碳市场本身就不应当受到该规则的约束。世界上最大的自愿碳市场的碳信用发行商 Verra 的首席执行官 David Antonioli 就强调了将自愿碳市场从相应的调整义务中解放出来。由于自愿碳市场的交易主体主要是企业和个人，如果强制进行相应的调整，那么就会大大阻碍自愿碳市场的灵活性、资金的流动性，给企业和个人带来极大压力。[4]

---

〔1〕　UNFCCC, "VIEWS OF BRAZIL ON THE PROCESS RELATED TO THE RULES, MODALITES AND PROCEDURES FOR THE MECHANISM ESTABLISHED BY ARTICLE 6, PARAGRAPH 4, OF THE PARIS AGREEMENT", available at: https://www 4. unfccc. int/sites/SubmissionsStaging/Documents/525_318_131354420270499165-BRAZIL%20-%20Article%206. 4. %20SBSTA46%20May%202017. %20FINAL. pdf, last visited: 4 Feb 2025.

〔2〕　IATA, "CORSIA FACT Sheet", December 2024, available at: https://www. iata. org/en/iata-repository/pressroom/fact-sheets/fact-sheet-corsia/, last visited: 4 Feb. 2025.

〔3〕　See Susan Biniaz, ICAO's CORSIA and the Paris Agreement: Cross-Cutting Issues, C2ES, October 2017.

〔4〕　See Ivy Yin, "Corresponding adjustments should not be enforced in voluntary market: Verra", ICVCM, S&P Global, 8 June 2023, available at: https://www. spglobal. com/commodityinsights/en/market-insights/latest-news/energy-transition/060823-corresponding-adjustments-should-not-be-enforced-in-voluntary-market-verra-icvcm, last visited: 30 July 2023.

（三）信息公开透明度之争

这方面各缔约方面临的问题是，是否能够接受完全的透明度，也就是说，公开 ITMOs 交易机制的所有信息。《巴黎协定》的第 13 条建立了增强透明度的制度框架，与之配套的还有《〈巴黎协定〉第 13 条所述行动和支助透明度框架的模式、程序和指南》（以下简称《透明度框架指南》）。[1]然而，《透明度框架指南》只是根据《巴黎协定》第 13 条第 5 款中行动透明度框架的目的，针对包括明确和跟踪缔约方在实现第 4 条规定的国家自主贡献方面的进展情况，以及缔约方在第 7 条规定的适应行动所制定的规则，以便为《巴黎协定》第 14 条规定的全球评估提供信息。而并没有对 ITMOs 交易机制下各交易方如何保证透明度进行具体的指引。因此，这方面也就成为各缔约方的谈判焦点之一。

根据《第六条规则手册》，决定进行碳信用交易的国家必须报告有关交易的信息，然后由审查小组进行审查。除非一个国家认为某些信息是"机密"的，否则这些信息将被公开。[2]但是，关于"保密"的规则尚未达成一致，将在 COP 28 上继续进行讨论。许多国家赞成报告的完全透明，理由在于，交易方所提交的报告中的信息都是没有争议的，并且属于国家间高级别（high-level）的信息公开，不存在任何信息应当被视为是机密。然而，另外一些国家认为应当留有"保密"的信息，且应当"保密"的信息范围实际上是广泛的。甚至，观点相同的发展中国家谈判小组（Like-Minded Developing Countries，LMDC）还提出，缔约方提交给《公约》的所有信息都应被视为机密。[3]这种建议显然是不合理的，如果允许这种对透明度的全面豁免，就会导致碳市场参与者对交易的不信任和不确定，大大阻碍市场机制的运行。要使 ITMOs 交易机制具有足够的公信力，必须优先保证足够的透明度。

（四）ITMOs 交易机制是否可包含避免排放之争

避免排放（emission avoidance）顾名思义，指的是一个项目可以避免未来

---

〔1〕　See Decision 18/CMA.1, Modalities, procedures and guidelines for the transparency framework for action and support referred to in Article 13 of the Paris Agreement, FCCC/PA/CMA/2018/3/Add.2.

〔2〕　See UNFCCC, Guidance on cooperative approaches referred to in Article 6, paragraph 2, of the Paris Agreement, Decision -/CMA.3, 14 Nov.2021, C24.

〔3〕　See Jonathan Crook, "COP27 FAQ: Article 6 of the Paris Agreement explained", Carbon Market Watch, 2 November 2022, available at: https://carbonmarketwatch.org/2022/11/02/cop27-faq-article-6-of-the-paris-agreement-explained/, last visited: 8 August 2023.

的温室气体的排放。一直以来，因其不能符合"额外性"的标准，而不能够将此类项目产生的减排量核准为 ITMOs。但是近期，联合国的附属科学技术咨询机构（Subsidiary Body for Scientific and Technological Advice, SBSTA）负责评估避免排放是否可被视为未来产生碳信用额度的基础，大多数国家都坚决反对。反对的原因在于，如果从避免排放的项目中发放可交易的信用额度会存在巨大风险。例如，在避免排放项目中，化石燃料开采国或公司或项目开发商等主体可能会宣称减少石油和天然气的开采（或减少勘探），以出售碳信用额度。而这些信用额度可能在气候治理方面的价值微乎其微，如果被另一个国家或公司用来实现其气候目标，则对总体减排目标的实现并无益处。在清洁发展机制下，某些避免排放的方法将化石燃料的使用和基础设施计入其中[1]，这在当时已经备受质疑，在《巴黎协定》的背景下也不应再次出现。

　　面对大部分国家都反对避免排放纳入 ITMOs 交易机制的情况下，菲律宾却是唯一一个推动将避免排放纳入 ITMOs 交易机制的国家。例如，在其正式提交的文件以及在技术研讨会上的发言中，菲律宾的立场是明确的：ITMOs 交易机制应当扩大缓解方案的范围，将避免排放包括在内。否则，将限制发展中国家为缓解气候变化和实现可持续发展与增长作出贡献的选择和机会。不仅如此，正如《公约》序言部分和整个执行案文所规定的那样，拟订该公约的主要概念"避免或避免气候变化"是贯穿全球气候治理始终的。[2]尽管如此，菲律宾仍然没有直面回应避免排放与"额外性"规则的矛盾问题，也无法回应双重计算的风险问题。

二、可持续发展机制的争议焦点

　　不同于国际转让的减缓成果（ITMOs）已经可以在国家之间进行交易[3]，

---

　　〔1〕　See UNFCCC, CLEAN DEVELOPMENT MECHANISM CDM METHODOLOGY BOOKLET（5th ed., November 2013）.

　　〔2〕　See "PHILIPPINE SUBMISSION ON SBSTA 56 AGENDA ITEM 13: Guidance on Cooperative Approaches Referred to in Article 6, paragraph 4, of the Paris Agreement and Decision 3/CMA. 3（Emissions Avoidance Issue）", August 2022, available at: https://www4. unfccc. int/sites/SubmissionsStaging/Documents/202209071126－－－Philippine% 20Submission% 20on% 20SBSTA% 2056% 20Agenda% 20Item% 2013% 20re% 20Emissions% 20Avoidance% 20in% 20Article% 206. 4_ August% 202022. pdf, last visited: 30 July 2023.

　　〔3〕　日本和瑞士等国已经建立了具体的框架来购买此类信用额度，并将其计入所谓的国家自主贡献（NDCs）。

根据《巴黎协定》第 6 条第 4 款创建的信用额度（A6.4ERs），目前还没有足够的规则支撑其发行或交易。也就是说，SDM 机制所欲建立的全球统一的碳市场仍然没有正式运行，并且在很长一段时间内都无法正式启动。其原因在于，SDM 机制下的联合国监督机构和中央登记处都还未成立，相关规则的准备仍不够充分。包括，（1）减排量采取何种核算的方法学，（2）统一监管机构的治理模式如何，以及（3）SDM 机制是否能够实现全球减排总体减缓的目标，等等，都还有待各缔约方进一步协商谈判。具体论述如下：

（一）SDM 机制核证方法不够具体

目前，各缔约方对于 SDM 机制将采取何种方法学来进行碳信用（A6.4ERs）的认证没有达成共识。第 6 条第 4 款监管机构对于该方法学的评估和制定也不够明确。有意见认为，第 6 条第 4 款监管机构在制定和评估核证方法时，采用的核证方法学应基于两点原则，即采用核证方法学的活动应当仅限于（1）与实现全球 1.5℃ 减排目标直接相关的，且（2）最适合核证方法学的活动类型。例如，减少化石燃料运输中的泄漏与实现减排目标并不完全直接相关；或如土壤碳固存等难以测量活动，就不应采用核证方法。[1]将这些原则纳入核证方法的审查流程，不仅有助于实现《巴黎协定》的总体减排目标，还能节省大量的时间和资源。因为如果不符合上述两个原则，该核证方法就不需要再深入评估。

而对于具体的核证方法学的规则为何，有参与方建议，第 6 条第 4 款监管机构应开发新的核证方法学，而不是试图强迫旧的或有缺陷的清洁发展机制和自愿碳市场方法学适应新的第 6 条第 4 款框架。在许多情况下，旧方法的严谨性可能存在问题，并且不适合《巴黎协定》所要求的减排目标水平。当然，其他方法学中的一些有价值的内容可以为新方法学提供有用的依据。[2]

（二）统一监管机构的治理模式尚未确定

由于 SDM 机制是要构建一个统一的国际碳市场，所以建立配套、完善的

---

〔1〕 See "Carbon Market Watch inputs on grievances, methodologies, and removals prior to the Article 6.4 Supervisory Body's 2nd meeting", Carbon Market Watch, 9 September 2022, available at：https://unfccc.int/sites/default/files/resource/SB002_call_for_input_carbonmarketwatch_09092022.pdf, last visited：30 July 2023.

〔2〕 See "Carbon Market Watch inputs on grievances, methodologies, and removals prior to the Article 6.4 Supervisory Body's 2nd meeting", Carbon Market Watch, 9 September 2022, available at：https://unfccc.int/sites/default/files/resource/SB002_call_for_input_carbonmarketwatch_09092022.pdf, last visited：30 July 2023.

统一监管机构至关重要。然而目前，有关该监管机构的管理模式及其他规则都还没有确定。但基本可以确定的是，SDM 机制下监管机构的治理模式大体与清洁发展机制中的执行理事会（Executive Board, EB）的治理模式相同。例如，以巴西为代表的缔约方认为，清洁发展机制的 EB 的治理模式，可以直接移植到 SDM 机制下的监管机构。原因在于，该观点认为 SDM 机制是对于《议定书》下的清洁发展机制的继承，二者具有极高的类似性。具体来讲，二者的一般职能是一致的，包括建立机制运作所需的程序、支持机制的实施、并每年向各自机制的委员会报告。除此之外，还包括运营实体的认证、方法的制定和批准、活动的登记等。[1]

但是，有观点认为，如果与清洁发展机制的 EB 保持一致，那么目前界定的监督机构的职能范围就太过于广泛，可能会带来减损其监管职责的潜在风险。因此，应当尽量以监管机构的监督职能为核心，其他的职能建议限于提高公众认识，促进与项目东道方和其他利益相关方的对话合作，以及每年向《公约》缔约方会议提供关于各缔约方主办的所有第 6 条第 4 款活动的信息。[2]

（三）实现 OMGE 而扣除的碳信用是否需要"相应调整"存在争议

为了实现全球排放总体减缓（Overall Mitigation in Global Emissions, OMGE）的目标，避免产生《议定书》中的碳泄漏等问题导致全球减排受到影响，缔约方在 SDM 机制中产生的所有交易都将被扣除至少 2% 的 A6.4ERs，该部分不能被用来实现国家自主贡献的目标。不仅如此，在援助气候脆弱国家的气候治理方面，各缔约方将交易收益的 5% 投入到联合国适应气候变化基金（Adaptation Fund）。[3] 在这方面，一些国家认为，对于已经被扣除的那 2% 的 A6.4ERs，不需要进行"相应调整"。而反对方则认为，不进行相应调

---

〔1〕　See "VIEWS OF BRAZIL ON THE PROCESS RELATED TO THE RULES, MODALITIES AND PROCEDURES FOR THE MECHANISM ESTABLISHED BY ARTICLE 6, PARAGRAPH 4, OF THE PARIS AGREEMENT", available at: https://www4. unfccc. int/sites/SubmissionsStaging/Documents/73_345_13152 0606207054109-BRAZIL%20-%20Article%206. 4%20FINAL. pdf, last visited: 30 July 2023.

〔2〕　See Asian Development Bank, Decoding Article 6 of the Paris Agreement, Version II, December 2020.

〔3〕　See UNFCCC, Guidance on cooperative approaches referred to in Article 6, paragraph 4, of the Paris Agreement, Decision 7/CMA. 4, FCCC/PA/CMA/2022/10/Add. 2, 17 March 2023.

整将不利于 OMGE 的实现，是不合理的。为了说明为什么需要进行相应的调整，该观点提出以下假设：如果 100 份 A6.4ERs 产生自东道缔约方的一项减排活动，那么其中有 2 份 A6.4ERs 就会自动转入 OMGE 注销账户。但是，如果这 2 份 A6.4ERs 没有进行"相应调整"，那么相关的减少或清除的 2 吨 CO_2e 仍然会反映在东道缔约方的温室气体清单中，从而会被用于实现东道缔约方的 NDCs。这就意味着，实际上没有产生任何用于实现全球排放总体减缓的扣除。因此，必须要求对所有减排项目产生的 A6.4ERs 扣除最低 2%的部分进行相应调整。[1]

总之，不论是已经有所实践的 ITMOs 交易机制，还是尚未开始运行的 SDM 机制，在相关的细则规定上，各缔约方仍然存在争议。在 ITMOs 交易机制方面，由于其主要是依托各缔约方双边、多边协定的碳交易合作方式所进行的，所以争议基本聚焦于实施的细则，包括（1）ITMOs 交易机制如何实现不同国家自主承诺的履行，（2）稳健的核算标准具体应当如何实施，（3）是否应当保证交易信息的完全公开透明，以及（4）ITMOs 交易机制的管理模式应当如何等问题展开艰难的谈判。而在 SDM 机制方面，涉及联合国统筹建立的监管机构和统一的碳市场，因此目前焦点更多的是针对更加原则性的规定，为 SDM 机制打下基础。包括，（1）减排量采取何种核算的方法学，（2）统一监管机构的管理模式如何，以及（3）SDM 机制是否能够实现全球减排总体减缓的目标，等等。

第二节 《巴黎协定》下国际碳交易机制实施困境的原因探析

虽然《巴黎协定》第 6 条为国际碳交易市场构建了一个美好的制度框架，但是正如前文所述，《公约》缔约方大会对于《巴黎协定》第 6 条的谈判充满了争议。甚至于在 COP 27 中，未达成一致的问题清单比取得进展的问题清单还要长得多。如果在接下来的 COP 28 中，这些问题仍不能取得一定进展，那么极有可能导致对相关投资行为的负面影响，并在短期内影响国际碳市场的

---

〔1〕 See "Carbon Market Watch inputs on grievances, methodologies, and removals prior to the Article 6.4 Supervisory Body's 2nd meeting", Carbon Market Watch, 9 September 2022, available at：https://unfccc.int/sites/default/files/resource/SB002_call_for_input_carbonmarketwatch_09092022.pdf, last visited：30 July 2023.

发展。那么，各缔约方是基于何种原因无法对相关问题达成一致呢？对谈判争议问题背后的实质原因进行探究，有利于之后推动各缔约方谈判协商进而达成一致。

结合前文对于《巴黎协定》签订过程的回顾和梳理，以及目前主要碳市场及国际碳市场链接实践的分析，可以得出以下两个方面的原因：一方面，《巴黎协定》本身的义务模式和问责机制，不足以约束和形成规范的国际碳交易市场；另一方面，越来越多的国家之间的碳市场链接实际上形成了大大小小的"碳联盟"，造成利益分化及规则无法统一等问题。具体论述如下：

一、国家自主贡献的差异化和可比性难以降低合作意愿

可比性（comparability）是《巴黎协定》要求的，缔约方在核算国家自主贡献时，应当在缔约方会议的指导下，所要满足的原则性要求之一。[1]如果无法将不同缔约方的国家自主贡献有效地进行对比，或者不能够有效地将一国自身提交的 NDCs 进行前后的比对，那么就会大大影响减排评估真实性和客观性，从而导致各缔约方没有足够的意愿参与到国际碳交易制度的安排中来。不可否认，国家自主贡献是《巴黎协定》的一大突破性的制度设计，其成功地将发展中国家和发达国家带入到了同一个减排履约的义务平台之上。该制度充分尊重了缔约方的不同减排能力，允许各缔约方制定基于国情的差异化的减排计划，包括减排具体采取的行动、力度和达成目标的时间。开创性地将《议定书》下的"强制约束"转向了更加灵活的"自觉责任"。[2]但也正是因为这种对"自觉责任"的高度承认，使得各缔约方提交的 NDCs 差异性极大，产生了可比性困难的困境。这种可比性的困难在横向和纵向两个维度方面都有所体现。

（一）横向维度：各缔约方减排力度不具可比性

此维度是针对各缔约方不同 NDCs 之间的横向比较。不同缔约方由于减排能力、意愿等方面存在很大的差异性，所以在制定自身 NDCs 的时候就会有不

---

〔1〕　See United Nations Climate Change, The Paris Agreement, Article 4. 13.

〔2〕　参见曾文革、党庶枫：《〈巴黎协定〉国家自主贡献下的新市场机制探析》，载《中国人口·资源与环境》2017 年第 9 期。

同的考虑。最终提交的 NDCs 不论是在各缔约方所要采取的减排形势、所要达到的减排目标，以及完成目标需要的时间等方面都各不相同。举例来讲，在 NDCs 的信息提交和核算方式的形式方面，各缔约方差距较大。《NDCs 的进一步指导意见》虽然提供了一定程度上的规则释明。但是，对于首次提交 NDCs 与之后 NDCs 的更新，该意见只是鼓励（encourage）各缔约方可以选择（may elect）适用相关规定。[1]在这方面，欧盟提交的首次 NDCs 与《NDCs 的进一步指导意见》所提及的程序规范完全吻合，而实际上，大多数缔约方的 NDCs 在结构、篇幅、信息覆盖范围等方面都是有所欠缺的，与欧盟形成极大的反差。[2]再比如，在实体义务的层面，各缔约方的自主决定范围也是相当广泛的。除了应当规定一定时期内要采取的减缓措施和贡献目标之外，有关如何采取这类措施的资金、技术等问题，都属于各国自主决定的范畴。[3]所以，发展中国家往往会在提交的 NDCs 中规定有关于技术、资金支持援助等方面的内容，而发达国家则没有涉及。[4]这种差异就会影响信息的透明度、评估的准确度等方面，由此造成各缔约方的 NDCs 难以进行比较。

（二）纵向维度：单一缔约方提交的不同 NDCs 不具可比性

此维度是针对同一缔约方自身不同时期提交的 NDCs 之间的比较。由于灵活度较大，同样的 NDCs 差异化也会体现在同一国家先后提交的 NDCs 中。也就是说，没有任何规则规定一个国家所提交的所有 NDCs 都应当遵循同样的形式要求、核算标准、减排行动模式等方面的标准。所以，一国在不同年份作出的 NDCs 承诺的标准都可能是不同的，也就很难在各 NDCs 之间形成所谓的可比性。这种可比性的缺乏就会导致减排的有效性受到影响。换句话说，实际上，某一国可能在后续的 NDCs 中提高了贡献目标或者减排数量，但是实际上不能保证实质性的减排效果的提升。做出了 NDCs 的承诺并不代表该国就有

---

[1] See Decision 4-/CMA. 1, Further guidance in relation to the mitigation section of decision 1/CP. 21, FCCC/PA/CMA/2018/3/Add. 1, para. 7, 14.

[2] 参见陈贻健：《〈巴黎协定〉下国家自主贡献的双重义务模式》，载《法学研究》2023 年第 5 期。

[3] See United Nations Climate Change, The Paris Agreement, Article 4. 2.

[4] 参见陈贻健：《〈巴黎协定〉下国家自主贡献的双重义务模式》，载《法学研究》2023 年第 5 期。

能力实施减排行动，也不代表该国的减排能力能够得到不断的提高。[1]

二、遵约机制的"软弱性"削减合作信心

《巴黎协定》对于缔约方的强制约束力是严重不足的，这种遵约机制的"软弱性"会导致缔约方进行合作的意愿和信心大打折扣。分析相关条文即可发现，遵约机制的约束力不足主要体现为两个方面：一是，《巴黎协定》的约束力仅仅局限于程序规则，而对实体方面的义务毫无涉及；二是，《巴黎协定》并没有制定相应的惩罚机制来保障具备约束力的执行。

（一）遵约机制并不涉及对实体义务的规范

《巴黎协定》下对于各缔约国 NDCs 的义务规定仅体现在程序层面，即各缔约方应当每五年提交一次 NDCs 并进行通报。而对于实际上应当如何制定NDCs，以及制定何种 NDCs 等都不是强制性要求的。事实上，《巴黎协定》大部分的相关规则都是建议性、指导性的，而并没有产生约束力的效果。[2]不仅如此，在遵约机制的启动方面，也可以看出《巴黎协定》对实体义务并"不过问"。根据《巴黎协定》第 14 条第 1 款和第 2 款设立的《巴黎协定》履约和遵约委员会（以下简称为"遵约委员会"），其作用是促进《巴黎协定》条款的执行和遵守。但是，遵约委员会议事的启动仅基于以下事项：（1）缔约方没有根据《巴黎协定》第 3 条第 12 款所指公共登记册中的最新信息进行通报；（2）缔约方没有按照《巴黎协定》第 4 条通报或维持其 NDCs；（3）缔约方没有根据《巴黎协定》第 13 条第 7 款和第 9 款或第 9 条第 7 款提交强制性报告或信息通报，以及（4）缔约方没有根据秘书处提供的信息参与多边促进性审议等。[3]不难看出，上述启动遵约机制的事由也均是关于程序性的规则违反，并不涉及任何实质性内容。

---

〔1〕　参见杨博文：《〈巴黎协定〉后全球气候多边进程的国际规则变迁及中国策略》，载《上海对外经贸大学学报》2023 年第 5 期。

〔2〕　参见袁倩：《〈巴黎协定〉与全球气候治理机制的转型》，载《国外理论动态》2017 年第 2 期。

〔3〕　See Decision 20/CMA.1, Modalities and procedures for the effective operation of the committee to facilitate implementation and promote compliance referred to in Article 15, paragraph 2, of the Paris Agreement, FCCC/PA/CMA/2018/3/Add.2, pp. 61-62.

（二）遵约机制执行力不足

有学者将《巴黎协定》形象的定义为："硬的法律外壳+软的执行机制"。[1] 其根本原因在于，《巴黎协定》并没有制定任何争议解决机制或者惩罚机制，来应对缔约方的违规行为。即便是遵约委员会对违约缔约方的行为进行审议，但是其也不具备任何执行权力，而是要通过"透明、非对抗和非惩罚性的方式"[2] 来推动违约缔约方能够遵守相关规则。遵约委员会的权限内能够采取的措施具体包括：（1）与有关缔约方进行对话，以确定该缔约方面临的挑战、对其提出建议并分享信息，内容包括酌情获得资金、技术和能力建设支持；（2）协助有关缔约方获得适当的资金，技术和能力建设机构或安排，以确定可能的挑战和解决办法；（3）就挑战和上文（2）项提及的解决办法，并在征得有关缔约方同意的情况下酌情向有关机构传达此类建议；（4）建议制定一项行动计划，如有要求，协助有关缔约方制定该计划；（5）发布与执行和第22（a）段所述遵守事项有关的事实调查结果。[3]

在缺乏对实体义务进行规定，并且遵约机制不具备强制约束力的情况下，仅依靠各缔约方的履约自觉来实现 NDCs 显得非常不现实。"软弱"的遵约规则会大大削减缔约方之间的信任体系。[4]

三、已有"碳俱乐部"分割全球共同减排的利益格局

气候俱乐部，是由美国耶鲁大学的经济学教授诺德豪斯首次提出的气候治理合作形式。[5]目前有关"碳俱乐部"的定义还未形成统一标准。[6]但

---

〔1〕 袁倩：《〈巴黎协定〉与全球气候治理机制的转型》，载《国外理论动态》2017 年第 2 期。

〔2〕 See Decision 20/CMA. 1, Modalities and procedures for the effective operation of the committee to facilitate implementation and promote compliance referred to in Article 15, paragraph 2, of the Paris Agreement, FCCC/PA/CMA/2018/3/Add. 2, p. 60.

〔3〕 See Decision 20/CMA. 1, Modalities and procedures for the effective operation of the committee to facilitate implementation and promote compliance referred to in Article 15, paragraph 2, of the Paris Agreement, FCCC/PA/CMA/2018/3/Add. 2, p. 63.

〔4〕 参见杨博文：《〈巴黎协定〉后全球气候多边进程的国际规则变迁及中国策略》，载《上海对外经贸大学学报》2023 年第 5 期。

〔5〕 参见倪娟：《气候俱乐部：国际气候合作的新思路》，载《国外社会科学》2016 年第 3 期。

〔6〕 参见胡王云：《〈巴黎协定〉下全球气候治理的俱乐部模式及其功能和风险》，载《太平洋学报》2023 年第 2 期。

是，"碳俱乐部"可以根据其特点被定义为：由部分国家建立的，旨在实现一个或多个有关气候减缓、适应、气候赔偿或气候工程目标的国家团体。[1]"碳俱乐部"是一个自愿性的组织，参与国家之间有着共同利益，并且共同承担公共物品的有关成本。[2]"碳俱乐部"建立的初衷是对多边气候合作进行补充。也就是说，鉴于《议定书》和《巴黎协定》下的全球减排成效与目标之间存在较大的差距，无法避免部分国家"搭便车"、减排成本较大，及相关规则的"软法性"等问题，"碳俱乐部"利用其制度优势，在国际气候治理合作艰难推进的时候，将利益趋同的部分国家联合起来通过构建灵活的气候治理规则，来规避缔约方"搭便车"的行为。同时，"碳俱乐部"还具有成本低、兼顾平等与参与度、效率高等优势。[3]"碳俱乐部"的形式多样，包括多边合作机制、跨国气候行动、区域气候治理安排等。[4]碳市场链接就是诸多种类中的一种，属于经贸类的"碳俱乐部"。合理有效的"碳俱乐部"规则也会给国际气候合作治理起到良好的示范作用。[5]

在这方面，出于《议定书》时代相关规则的局限性、《巴黎协定》的艰难谈判，以及各国自身减排需求等原因，诸如欧盟、美国等国家很早便开始了碳市场的国际协调合作。通过碳市场链接的方式，形成了具有相同减排利益和目标的"碳俱乐部"，以弥补联合国下国际碳交易合作的不足。并且，《巴黎协定》第6条第2款ITMOs交易机制允许各缔约方采取双边、多边协议的方式进行碳交易合作，实际上也是对"碳俱乐部"的认可和接纳。这为更多国家寻求利益共通的国家结成联盟提供了制度保障和激励。但即便如此，"碳俱乐部"事实上造成了全球减排的利益分化，形成了"微多边"的治理格局，不利于全球气候治理共同目标的实现。不仅如此，"碳俱乐部""内部

〔1〕 See Jon Hovi, et al., "Climate change mitigation: a role for climate clubs?", *Palgrave Communications*, 2016, p. 1.

〔2〕 参见倪娟：《气候俱乐部：国际气候合作的新思路》，载《国外社会科学》2016年第3期。

〔3〕 参见胡王云：《〈巴黎协定〉下全球气候治理的俱乐部模式及其功能和风险》，载《太平洋学报》2023年第2期。

〔4〕 参见赵玉意：《气候变化"小多边主义"法治研究》，载《国际经济法学刊》2022年第2期。胡王云：《〈巴黎协定〉下全球气候治理的俱乐部模式及其功能和风险》，载《太平洋学报》2023年第2期。

〔5〕 参见胡王云：《〈巴黎协定〉下全球气候治理的俱乐部模式及其功能和风险》，载《太平洋学报》2023年第2期。

激励+外部惩罚"的机制运行模式可能会对全球减排能力的发展和提高构成威胁。

（一）"碳俱乐部"导致全球气候治理的"碎片化"

虽然"碳俱乐部"在制度安排上更加灵活，有关国家能够通过成本更低、效率更高的协调合作来实现本国或区域的气候治理目标。但是，一个个利益团体的形成，实际上减损了各缔约方通过多边平台达成共同利益的可能性。根据有关研究，目前的"碳俱乐部"呈现出以美欧日等发达国家为主导的显著特点，而其他较大的中等收入发展中国家或新兴经济体有一定的参与度。其中，美国的活跃度尤为突出。其主导建立了诸如第四代核能系统国际论坛（Generation IV International Forum，GIF）、碳收集领导人论坛（Carbon Sequestration Leadership Forum，CSLF），及国际氢能经济和燃料电池伙伴计划等"碳俱乐部"（the International Partnership for Hydrogen and Fuel Cells in the Economy，IPHE）。[1]不仅如此，如前文所述，美国还主导形成了WCI和RGGI等碳市场链接的制度安排。在这种情况下，"碳俱乐部"很大程度上都体现了美欧发达国家的意志和价值追求。发展中国家，尤其是最不发达国家的利益则没有被予以充分的关切。而不同发达国家主导的利益团体之间在气候治理方面的价值追求、目标等方面存在差异，所制定的具体规则有所不同，导致了气候变化的国际合作和治理呈现出"碎片化"的局面。[2]

（二）"内部激励+外部惩罚"不利于提高全球减排能力

现有的"碳俱乐部"大都采取"内部激励+外部惩罚"的机制运行模式，而外部惩罚的措施则基本是与国际贸易相挂钩。[3]其中最典型的例子，就是欧盟于2023年10月1日起正式实施的碳边境调节机制（Carbon Border Adjustment Mechanism，CBAM）。CBAM是欧盟委员会于2021年7月提出的"Fit for 55"一揽子计划的重要组成部分，旨在对冲碳泄漏的风险。[4]简而言之，

---

〔1〕 参见赵玉意：《气候变化"小多边主义"法治研究》，载《国际经济法学刊》2022年第2期。

〔2〕 参见蒋含颖等：《气候变化国际合作的进展与评价》，载《气候变化研究进展》2022年第5期。

〔3〕 参见孙永平、张欣宇：《气候俱乐部的理论内涵、运行逻辑和实践困境》，载《环境经济研究》2022年第1期。

〔4〕 参见边永民：《欧盟碳边境调节机制的合法性和应对》，载《中国电力企业管理》2022第6期。

CBAM下欧盟将针对相关进口商品所涉及的碳排放量进行征税,从而将该商品碳排放量的欧盟内外的价格差异调整持平。但是,该规则对已经与欧盟碳排放交易体系(EU ETS)进行链接的碳市场国家,即冰岛、挪威、列支敦士登和瑞士进行豁免。[1]可见,欧盟对其成员国及进行了碳市场链接的同盟国家采取了相关特定商品的进出口免于征税的"奖励",而对于其他国家采取了征收税费的"惩罚"。然而,这种做法实际上对发展中国家而言是有极大冲击的。限制贸易的手段不仅抬高了广大发展中国家的合规成本,同时,利润的减少也不利于其发展本国的绿色经济。这种为了保障俱乐部内部利益最大化而牺牲了其他国家减排利益的措施,极有可能导致发达国家与发展中国家减排能力差距的进一步拉大。[2]

综上所述,各缔约方对《巴黎协定》的具体实施规则的谈判协商之所以迟迟无法达成一致,与《巴黎协定》本身规则的设定有关,同时也与目前碳交易实践现状有关。一方面,《巴黎协定》"自下而上"的国家自主贡献的义务模式,在给予了缔约方极大的灵活性和自主性的同时,也会因不同国家承诺的差异性而缺乏可比性,从而降低了各缔约方参与气候治理合作的意愿。不仅如此,《巴黎协定》遵约机制缺乏强制力也导致了各缔约方对全球气候治理的信心不足;另一方面,已有"碳俱乐部"的不同规则造成了全球气候治理"碎片化",对俱乐部以外国家的减排能力发展造成威胁,实际上分割了全球共同减排的利益格局。

第三节 本章小结

本章通过梳理阐述《巴黎协定》关于ITMOs交易机制和SDM机制的争议焦点和最新进展。在ITMOs交易机制下,各缔约方目前主要的争议包括:(1)ITMOs交易机制如何实现不同国家自主承诺的履行,(2)稳健的核算标准具体应当如何实施,(3)是否应当保证交易信息的完全公开透明,以及

---

〔1〕 See European Union, Regulation(EU)2023/956 of the European Parliament and of the Council of 10 May 2023 establishing a carbon border adjustment mechanism, PE/7/2023/REV/1, OJ L 130, 16.5.2023, pp.52-104.

〔2〕 参见孙永平、张欣宇:《气候俱乐部的理论内涵、运行逻辑和实践困境》,载《环境经济研究》2022年第1期。

（4）ITMOs 交易机制的管理模式应当如何。而在 SDM 机制方面，存在的争议主要涉及：（1）减排量采取何种核算的方法学，（2）统一监管机构的管理模式如何，以及（3）SDM 机制是否能够实现全球减排总体减缓的目标等，都还有待各缔约方进一步协商谈判。

随后，为了解决上述争议，本章对其背后的原因进行分析。一方面，《巴黎协定》本身的义务模式和问责机制，不足以约束和形成规范的国际碳交易市场；另一方面，越来越多的国家之间的碳市场链接实际上形成了大大小小的"碳联盟"，造成利益分化及规则无法统一等问题。两者的共同作用导致目前《巴黎协定》下国际碳交易机制的艰难开展。

第五章

碳交易全球协调下中国有效参与的困境及纾困路径

　　气候治理关乎全人类的共同发展，而碳交易作为气候治理的措施之一，发挥着重要的积极推动作用。正因为如此，《巴黎协定》第6条第2款和第6条第4款建立的国际碳交易机制，虽然存在制度规范的不足和面临各缔约方对具体规则的争执不下的问题，但这无法改变全球碳交易协调合作已成为"后巴黎协定时代"不可避免和逆转的趋势的现实。面对错综复杂的国际碳交易环境，我国如何有效地参与碳交易国际合作，在推动自身减排目标实现的同时，为多边碳交易合作提供中国智慧，从而掌握国际气候治理话语权值得研究。

　　本章在总结回顾前述论述的基础之上，分析指出碳交易全球协调中中国有效参与的困境，其中既包括国内立法方面的问题，也包括外部阻力带来的挑战。并针对上述问题提出几点纾困思考：中国有效参与国际碳交易市场需要努力推动国际规则与国内规则的良性互动，从内外两方面同时推进。因此，本章提出，中国对外应以"人类命运共同体"为核心指引，积极寻求国际碳交易合作。双边层面积极开展与域外碳交易市场的互动，区域层面以"一带一路"为基点形成新区域碳交易市场，多边层面积极推动并引导全球碳市场的制度构建；对内以实现"双碳"目标为最终目的，建立完善碳交易立法与相关机制，国内碳排放权交易规则是国家有效参与当前国际碳排放权交易机制谈判的重要基础。如此，才能够更有效地融入国际碳交易合作这一历史潮流之中，实现全球减排的合作共赢。

第一节　中国参与碳交易国际协调合作的挑战

《巴黎协定》下 ITMOs 交易机制和 SDM 机制的建立，实现了将发展中国家和发达国家连接起来共同承担减排义务的目的，同时也形成了二者共同参与、竞争及合作的新型国际碳交易市场架构。然而，《巴黎协定》本身的实施细则仍有待进一步完善，加上"碳俱乐部"导致目前国际碳市场规则"碎片化"，国际碳市场的建立仍举步维艰。在这种背景之下，中国参与碳交易国际协调合作将面临巨大挑战。主要的挑战包括：一是，我国碳交易立法仍处于初级阶段，相关规则的缺乏将不利于我国在接下来的谈判中掌握话语权，主张自身利益；二是，目前发达国家主导的碳交易区域市场绿色壁垒较为严重，给我国带来极大的外部压力；三是，我国目前尚未形成与域外碳市场进行有效链接的相关规则，无法有效参与《巴黎协定》下的国际碳市场。

一、国内立法相对滞后，难以把握多边谈判话语权

在《巴黎协定》国际碳市场的大背景之下，碳交易相关的国内立法和国际立法之间是互相联动的。一方面，国内碳排放权交易规则构成国际碳交易规则的重要来源；另一方面，国际碳排放权交易规则也会促进国内碳交易规则的完善，二者形成良性互动。[1]但是，也正是在这种互动的过程中，各缔约方欲通过多边平台的谈判协商，将本国的国内立法尽可能地融入到国际法领域，从而保证自身利益、掌握话语权。例如，欧盟碳排放交易体系（EU ETS）的"总量控制与交易"模式，就对《议定书》的相关规则产生了深刻的影响。[2]然而，我国目前有关碳交易的制度体系仍然存在不足之处，难以支撑我国在《巴黎协定》下的国际碳市场谈判中掌握话语权。主要的不足体现为三个层面：（1）宏观层面，相关立法仍处于初级阶段，存在模糊之处，引领性不足，（2）中观层面，碳交易相关制度相互之间协调不足，以及（3）微

---

〔1〕 参见赵骏、孟令浩：《我国碳排放权交易规则体系的构建与完善——基于国际法治与国内法治互动的视野》，载《湖北大学学报（哲学社会科学版）》2021 年第 5 期。

〔2〕 参见赵骏、孟令浩：《我国碳排放权交易规则体系的构建与完善——基于国际法治与国内法治互动的视野》，载《湖北大学学报（哲学社会科学版）》2021 年第 5 期。

观层面，碳交易的监管与执行落实有待加强。

（一）宏观层面：高位阶立法仍存在模糊之处，引领性不足

目前，就现行法律来看，我国基本形成了以《碳排放权交易管理办法（试行）》（以下简称《碳排放权办法》）和《温室气体自愿减排交易管理办法（试行）》（以下简称《自愿减排交易办法》）为主导，其他部门规章和各地方规范性文件为辅助的碳交易法律体系框架。具体来讲，2021 年 2 月 1 日实施的《碳排放权办法》对建立全国统一的碳市场有着重要的制度意义。其明确了有关的定义，并对交易主体、配额设定与分配、核查方式、报告与信息披露，以及监管处罚等方面进行了规范。而 2023 年 10 月 19 日公布实施的《自愿减排交易办法》，则是专门针对核证自愿减排量（CCER）的交易市场的部门规章，其系统规范了自愿碳市场实施过程和具体内容。可以说，二者分别对强制碳市场和自愿碳市场进行了较为全面的规制。然而，不论是《碳排放权办法》还是《自愿减排交易办法》，都属于部门规章，效力层级较低。

但值得欣慰的是，我国也在不断提高立法水平，于 2024 年 1 月 25 日，国务院公布了《碳排放权交易管理暂行条例》，并自 2024 年 5 月 1 日起施行。这是我国第一部规范碳排放权交易市场的行政法规，具有里程碑式的重大意义。这将为相关的规则制定和实施提供高位阶的引领性的指导作用。然而，即便如此，仔细研究《碳排放权交易管理暂行条例》可知，目前该法律仍存在一定的模糊之处，引领性不够充分。换句话说，目前我国有关碳交易的立法，只是从"效用"的角度进行了规制，而并没有解决"应然"的问题。[1]该"应然"问题主要包括：一方面，碳排放权作为碳交易法律制度的核心，对其法律属性的定义十分重要。而目前我国立法并没有对相关的争议进行回答，《碳排放权交易管理暂行条例》也没有进行规范。虽然对碳排放权进行了定义，但是并不明确。这种定义和定性的模糊不利于相关立法的开展，也不利于实践中碳交易主体利益的保护。另一方面在法律主体方面的界定也不够明确，部分主体参与碳交易无据可依，不利于碳市场的活跃度的提升和减排范围的扩大。[2]

---

〔1〕　参见任洪涛：《"双碳目标"背景下我国碳交易市场制度的不足与完善》，载《环境法评论》2022 年第 2 期。

〔2〕　参见王海晶、王亚萍：《"双碳"目标愿景下我国碳排放交易市场的法律规制研究》，载《社会科学动态》2022 年第 8 期。

（二）中观层面：碳交易及其他相关制度不够完善

碳交易的顺利开展离不开其他配套制度体系的辅助作用，需要与财税体系、市场规制体系进行有效衔接。然而，目前我国在上述制度体系之间的衔接工作还不够顺畅，无法实现各制度体系的协同发展。一是，在碳交易与财税制度的协同方面，我国还没有制定相应的碳税规则和政策。[1]无法充分调动碳税制度在碳交易面临碳泄漏等困难时的有效补充作用。二是，在碳交易与市场规制体系的协同方面，有关碳配额分配的政策设计存在不合理之处，主要体现在碳配额总量设计和分配方式选择两个方面：一方面，目前我国有的碳市场试点城市中，配额分配的总量设计较为宽松，甚至允许减排义务主体在产量发生重大变化时，申请增加分配的碳配额。[2]这在削弱"总量控制与交易"制度模式机理的同时，无疑将造成碳配额的垄断，导致高排放企业获得更多碳配额的恶性循环，使得碳市场机制无法合理分配资源。另一方面，碳配额有偿分配的比例过低，造成了碳配额资源的闲置浪费，影响碳交易主体的交易信心和减排动力[3]。

（三）微观层面：碳交易监管及执行落实不够

碳交易监管与执行落实的不充分，主要体现在两个方面：一方面，存在监管不足的问题。目前，信息公开制度还不够完善。不论是国家层面的部门规章，还是各地试点的地方规范性文件，都或多或少存在信息公开主体单一、公开范围过小，指导性不强，以及责任分配不合理等问题。[4]导致行政机关在进行监督管理工作时，存在信息不对称，造成监管效果不佳[5]；另一方面，权力寻租问题会阻碍碳交易市场的正常运行。也就是说，由于目前已经建立了全国统一的碳交易市场，伴随着跨地区交易的不断扩大，在这种情况

---

[1] 参见赵佳、温立洲：《"双碳"背景下我国开征碳税的可行性探索》，载《上海企业》2023年第8期。

[2] 参见刘明明：《中国碳排放配额初始分配的法律思考》，载《江淮论坛》2019年第4期。

[3] 参见冯子航：《"双碳"目标下我国碳配额初始分配的法治进路》，载《西南金融》2023年第9期。

[4] 参见谭柏平、邢铱健：《碳市场建设信息披露制度的法律规制》，载《广西社会科学》2021年第9期。

[5] 参见王海晶、王亚萍：《"双碳"目标愿景下我国碳排放交易市场的法律规制研究》，载《社会科学动态》2022年第8期。

下，为了能够使得本地区的减排任务顺利完成，各地方政府会积极通过行政手段促使本地区碳配额出售到其他地区。这种行政干预将会影响碳市场机制发挥其应有的作用，造成市场失灵。[1]

二、难以突破发达国家"碳联盟"的"防火墙"

当前，由于气候治理话语权国际气候治理合作已经成为大国之间的博弈场，以美欧为主导的"碳联盟"通过"内部激励+外部惩罚"的运行模式，构筑起了碳交易合作的"防火墙"，以实现其自身的减排目标和政治经济方面的战略雄心。这种市场权力的集中，实际上将绿色结构性权力一定程度上转换成了绿色霸权。[2]这种情况无疑会对我国的碳交易国际协调造成严峻挑战和影响，主要包括三个方面：

（一）对中国施加减排压力

以美国为代表的发达国家，一直以来都强烈主张发展中国家，尤其是中国作为温室气体排放较大的发展中国家承担更多的减排义务。虽然《巴黎协定》已经将发展中国家同发达国家一道列为了国家自主贡献承诺的履约对象，但是部分发达国家仍然要求发展中国家加大减排力度，甚至量化减排义务。[3]这无疑给中国制定气候政策施加了更大的压力，而这种压力在美欧主导的碳交易国际合作的背景之下更加被放大了。也就是说，美欧等发达国家通过国际碳交易合作，将各国国内碳市场进行链接，实际上形成了市场权力的集中化。而较大的市场权力，往往就意味着拥有更多的话语权。这种情况下，中国将面临承担更多减排义务的国际舆论压力，为国内气候政策的制定增加困难。

（二）加剧中国国际贸易绿色合规成本

"碳联盟"的外部惩罚规则一般与经贸规则相挂钩。例如，欧盟的碳排放

〔1〕 参见王海晶、王亚萍：《"双碳"目标愿景下我国碳排放交易市场的法律规制研究》，载《社会科学动态》2022 年第 8 期。

〔2〕 参见周亚敏：《单边气候规制的国际政治经济学分析——以美欧为例论绿色霸权的构建》，载《世界经济与政治》2022 年第 12 期。

〔3〕 参见肖兰兰：《美欧跨大西洋气候合作对中国的影响及应对策略》，载《中国地质大学学报（社会科学版）》2022 年第 6 期。

交易体系在与挪威等国进行碳交易合作的同时，还制定了碳边境调节机制（CBAM），对合作国家采取税费豁免的措施。不仅如此，为了促进与美国的碳交易合作，欧盟还同意与美国共同建立碳关税合作机制，为美国降低了碳关税的征收门槛。[1]而对于联盟之外的国家实行相关产品税费的征收。如此一来，将导致中国出口欧盟国家产品的绿色合规成本剧增。有研究表明，欧盟 CBAM 的实施会导致中国、印度，及俄罗斯等碳排放量较大国家的高碳行业出口成本上升。具体来讲，我国的金属冶炼业、化工制品业等纳入 CBAM 规制范围的产业，除了面临自身行业转型的压力之外，还将会受到欧盟 CBAM 的强烈冲击。[2]这种经贸方面合规成本的剧增，在其减排成效尚未可知的情况之下，将给中国实现"双碳"目标增加巨大阻力。

（三）加大对中国绿色技术发展制衡

伴随着中国实现"双碳"目标的进程不断推进，中国在可持续发展方面的技术创新也在不断地取得可观的成绩。基于有利的政府政策、不断下降的太阳能组件价格以及减少日益增加的碳足迹的协议，目前太阳能成为我国增长速度最快的可再生能源之一，有可能成为中国电力消费的重要能源。2021年，中国市场新增光伏装机容量 54.9 千兆瓦，占同年全球新增光伏装机容量的 30% 以上。中国国家能源局（NEA）宣布，到 2022 年底，将有近 108 千兆瓦的新增太阳能发电能力并网发电，几乎是 2021 年新增发电能力的两倍。此外，2022 年 12 月，我国仅次于三峡工程的第二大水电工程——白鹤滩水电站竣工。白鹤滩水电站装有 16 台 1 千兆瓦水轮机，年发电量 624.4 亿千瓦时，每年可节约煤炭约 9045 万吨，减少二氧化碳排放量 2.484 亿吨。[3]毫无疑问，中国为全球减排行动付出了巨大的贡献。但也正因为中国的成就，引发了美欧国家的担忧。有西方专家指出：中国为实现碳中和可能投资 15 万亿美

---

〔1〕参见肖兰兰：《美欧跨大西洋气候合作对中国的影响及应对策略》，载《中国地质大学学报（社会科学版）》2022 年第 6 期。

〔2〕参见闫云凤等：《欧盟碳边境调节机制对中国经济与碳排放的影响研究》，载《上海立信会计金融学院学报》2023 年第 4 期。

〔3〕See "Chinese Renewable Energy Market Size & Share Analysis-Growth Trends & Forecasts（2025-2030）", Mordor Intelligence, available at：https://www.mordorintelligence.com/industry-reports/china-renewable-energy-market，last visited：5 Feb 2025.

元，也就意味着中国将拥有全球最多的知识产权。[1]此外，还有学者指出，欧洲决策者绝不能低估中国的高度竞争力，欧盟需要在其各机构之间以协调的方式积极应对这一问题。否则，就有可能重蹈 2010 年与贸易有关的气候政策争端的覆辙，如中欧在太阳能电池板问题上的贸易争端，以及国际社会对将航空业纳入欧盟排放交易体系的强烈反对。[2]为了绿色技术话语权的控制，以及降低本国市场对中国市场低碳产品和技术的日益剧增的依赖度，美欧将通过与利益相同的国家进行密切合作，共同对中国绿色技术的发展采取制衡措施。[3]

三、尚未形成碳市场链接的相关规则

目前，我国尚未与域外碳市场进行直接的链接。虽然近几年来，我国通过与英国、欧盟、美国以及巴西签署气候合作声明的方式，积极开展碳交易国际合作，但是气候合作声明更多的是政策引导，并不具备强制约束力。并且，随着《巴黎协定》下国际碳交易市场的不断发展，尤其是 ITMOs 交易机制下提倡各国通过双边协定的方式进行碳交易的国际合作，建立与其他国家碳市场的链接对我国参与全球气候治理和实现"双碳"目标有着极其重要的意义。将中国的国内碳排放交易体系与其他碳市场进行链接，可以为各方带来共同利益，如价格趋同和更大的市场流动性。但是，开展与其他国家碳市场链接，需要制定完备的规则，以应对不同的链接过程中的风险。制定碳市场链接需要从以下几个方面进行综合考虑以规避风险，包括：（1）链接对象减排严格性的差异，（2）链接方式的差异，以及（3）链接监管与透明度的把控。

（一）链接对象减排严格性的差异

碳市场链接的首要目的和最终目的，就是要实现各合作方在减排方面的

---

〔1〕 参见肖兰兰：《美欧跨大西洋气候合作对中国的影响及应对策略》，载《中国地质大学学报（社会科学版）》2022 年第 6 期。

〔2〕 Janka Oertel. et al. , "Climate Superpowers: How the EU and China can compete and cooperate for a green future", European Council on Foreign Relations, December 2020, available at: https://ecfr. eu/wp-content/uploads/Climate-swperpowers-How-the-EV-and-China-can-compete-and-cooperate-for-a-green-future. pdf, last visited: 1 September 2023.

〔3〕 参见肖兰兰：《美欧跨大西洋气候合作对中国的影响及应对策略》，载《中国地质大学学报（社会科学版）》2022 年第 6 期。

共赢。通过链接不同的碳排放交易体系，参与国家的企业可以利用更多市场资源，降低减排成本，提高减排效率。但是，需要注意的是，如果一国国内的排放交易计划中的减排目标在法律上或事实上不够严格，则会对相对严格的一方产生不利因素或风险，甚至可能反过来制约严格一方国内的减排目标实现。具体来讲，实践中有的碳市场采取的是"绝对总量控制"，而有的则采取的是"相对总量控制"。前者规定了减排的"红线"，而后者则给予了一定的弹性空间。这种情况下，较为严格的碳市场往往不愿意同相对宽松的碳市场进行链接。例如，欧盟就明确了其链接对象必须是"绝对总量控制"的碳市场。[1]因为，根本性质的差异将会导致不同碳市场的制度体系的极大差异性，大大提高链接成本的同时，还将导致其面临减排力度不可比较的风险。而对于"相对总量控制"的国家而言，这种链接也会大大提高制度转变等方面的成本，造成极大的减排压力。

(二) 链接方式的差异

目前的碳市场直接链接方式[2]包括单向链接、双向链接，以及多边双向链接。[3]简单来讲，单向链接可以理解为只有一方的碳信用可以流入到另一方，如欧盟和澳大利亚碳市场链接初期，就是只允许澳大利亚的企业购买欧盟碳市场的碳信用；双向链接是指，双方的碳信用可以互相流动交易；而多边双向链接则是双边链接的加成版本，即多个国家之间可以实现双向的碳信用流动。不同的链接方式各有优缺点。一般来讲，涉及的链接主体越多链接难度越大；而双向流动往往在资源流动性、降低减排成本和提高减排效率等方面，更具有优势。因此，单向链接一般被用于碳市场链接的初期，而之后则转变为更加灵活的双向链接抑或是多边双向链接。

(三) 链接监管与透明度的把控

开展国际碳市场链接时，除了选取链接对象和链接方式之外，还要特别

---

〔1〕 See European Union, Directive 2009/29/EC of the European Parliament and of the Council of 23 April 2009 amending Directive 2003/87/EC so as to improve and extend the greenhouse gas emission allowance trading scheme of the Community, OJ L 140, 5.6.2009, pp.63-87.

〔2〕 直接链接即不同碳市场直接通过协定达成链接合作。与之相对应的是间接链接，即两个或以上的碳市场链接到同一碳信用抵消机制（如清洁发展机制），来进行碳信用的抵消互认。

〔3〕 参见叶楠：《中日韩碳排放权交易体系链接的评估与路径探讨》，载《东北亚论坛》2018年第2期。

关注链接制度的设计。而其中能够保障碳市场链接顺利运行的重要制度性前提之一，就是确保对碳市场链接监管的有效性和足够的透明度。尤其是在涉及多个法域时，通常会伴随监管权限的交叉和冲突。此时，应当制定完善的制度规则，实现各方监管制度的协调统一。不仅如此，还要保证信息公开的及时和充分，确保碳市场监管的信息共享通畅。这就要求链接的各方主体制定科学的信息公开制度，从公开主体、公开范围、奖惩制度方面综合考虑并制定相关规则。同时，参与链接的国家还应注意监管惩罚力度的不同可能造成有关企业因合规成本的差异而转移生产，从而产生碳泄漏的不利后果。

综上所述，在面临《巴黎协定》碳交易国际协调合作困境的当前，我国欲参与其中存在较大的挑战和困难。这种挑战和困难，不仅源自外部发达国家的利益联盟施压，还来自我国国内本身的立法不足等缺陷。尤其是目前我国还没有有关碳市场直接链接的规则，这将对参与《巴黎协定》下的国际碳市场更为不利。针对上述挑战，应当尽快制定应对策略，以便更好地参与全球气候治理，实现我国的"双碳"目标。

第二节　以"人类命运共同体"为指引开展多层次的国际碳交易协调合作

在《巴黎协定》的谈判过程当中，中国始终以开放、负责任大国的姿态，积极参与相关议题的讨论协商，在维护自身利益的同时，也为全球气候治理作出巨大的贡献。但是，以往中国一般是以受援助方的角色出现在国际碳交易合作的舞台中，随着中国绿色经济的不断发展和积累的减排经验，中国应主动拓展更加广阔的碳交易合作。

而"人类命运共同体"这一理念，其思想内涵正与当前全球气候治理的新形势相贴合，即坚持绿色低碳、和平发展、践行多边主义，推动世界各国的互利共赢。[1]因此，中国在面对《巴黎协定》碳减排艰难推进、发达国家主导的"碳联盟"分化全球气候治理共同利益格局的挑战下，应坚定不移地

---

〔1〕参见国务院新闻办公室：《携手构建人类命运共同体：中国的倡议与行动》，载 https://www.gov.cn/zhengce/202309/content_6906335.htm，最后访问日期：2023年9月1日。

以"人类命运共同体"为最根本的价值指引，从双边、区域和多边层面，多层次地开展国际碳交易协调合作。因此，本节将从三个方面给出相应的对策建议：（1）双边层面，积极与域外碳市场进行互动链接，提高减排水平、增强国内碳市场流动性，同时避免碳泄漏；（2）区域层面，利用"一带一路"制度性平台，与相关国家开展谈判合作，形成新型区域碳交易市场，为全球气候治理合作提供新思路；（3）多边层面，积极推动并引导《巴黎协定》下全球碳市场的制度构建，掌握全球气候治理的话语权、促进气候公平，推动全球减排目标的最终实现。

一、双边层面：积极开展与域外碳交易市场的直接链接

与域外碳交易市场进行直接链接即是《巴黎协定》下 ITMOs 交易机制的应然路径，也是我国积极开展国际碳交易协调合作的重要路径之一。碳交易市场的链接不仅能够实现碳排放权、碳信用更广泛的流动，为相关主体提供更多成本差异化的减排选择；而且还能够降低碳价波动，起到稳固市场的作用。[1]然而，链接达成的重要前提是要进行不同碳市场规则的协调，只有在关键要素协商一致之后，才能够保证碳市场链接的顺利开展，避免"搭便车"及碳泄漏等问题的出现。主要的协调要素包括以下几点：（1）协调不同碳市场减排目标的性质及严格程度，（2）构建科学互认的温室气体监测报告核查标准，以及（3）建立合理的碳价干预机制。

（一）协调不同碳市场减排目标的性质及严格程度

如前文所述，不同碳市场"总量控制与交易"的碳交易模式中，减排目标的性质可能不同，即有的属于"绝对上限"的减排目标（例如欧盟碳排放交易体系），而有的则属于"相对总量"（也称"基于强度的上限"，例如我国碳排放交易体系）的减排目标。减排目标性质的不同，"不可比性"就会导致协调的难度更大，成本更高。甚至有的碳市场，如欧盟碳排放交易体系（EU ETS），完全不接受采取"相对总量"的碳市场进行链接。鉴于我国目前尚采用的是"相对总量"的减排目标，因此，我国应当在寻求碳市场链接对

---

[1] 参见邹彩霞：《国际碳排放权交易市场连接的现状及对中国的启示》，载《东岳论丛》2017年第5期。

象时，尽量选择属性相同的碳市场，从而降低合作风险及谈判的成本。

另外，即便是拥有相同性质，即都采用了"相对总量"的两个碳市场，减排目标的严格性不同也会存在一定的风险。减排目标较宽松的碳市场，极有可能在突破了一定的碳配额上限之后，监管机构便向市场释放额外的配额。这种做法往往会导致总排放量的增加。"总量控制与交易"的主要优势之一，就是能够精确定义环境结果，然而超过碳配额上限即额外释放的做法则抵消了这一优势。[1]基于此，我国应当在选取碳市场链接对象时，充分考虑并协调减排目标严格性的差异，避免影响总体减排进度的推进。

（二）构建可互认的温室气体监测报告核查标准

完整、一致、透明和准确的温室气体排放监测和报告是碳市场有效运行的基础，这在涉及不同碳市场时尤为重要。由于不同国家和地区对温室气体监测报告核查的标准不一，监管制度相对不健全的国家的企业会具备不公平的竞争优势。这就会扭曲碳市场的价格，从而影响减排效果。因此，我国在碳市场链接时应当提前做好制度安排，与境外碳市场的监测报告核查标准进行协调互认。而这种互认并不是需要链接双方拥有完全一致的规则标准，只要能够达到近似效果即可。这方面，欧盟和挪威的实践可以提供借鉴。欧盟与挪威在欧盟碳排放交易体系（EU ETS）下直接挂钩的成功经验表明，有关监测、报告和核查的制度标准不必完全相同。例如，挪威碳排放交易体系并不要求对实体的排放数据进行独立核查。相反，挪威监管机构可以根据具体情况，决定相关主体的排放报告在提交前应由独立的第三方进行核查。而这与 EU ETS 要求的相关监管机构进行独立核查完全不同。于是，欧盟的政策制定者在考察认定挪威的做法之后，发现二者会产生近似等同的效果，因而没有阻止链接的进展。所以，在标准互认的过程中，近似等效应当是认定的重要标准。

但是，需要承认的是，部分国家和地区的监测、报告和核查标准无法达到与中国近似等效的认定标准。那么，这种情况下，就需要慎重考虑是否有必要与其建立碳市场的链接。抑或是，可以考虑通过协定安排，建立或制定

---

〔1〕　See Wolfgang Sterk, Joseph Kruger, "Establishing a transatlantic carbon market", *Climate Policy*, Vol. 9, 2009, pp. 389-397.

统一的第三方核查机构，保证温室气体核准的公平性。

（三）建立合理的碳价干预机制

对碳价进行合理干预将起到"安全阀"的作用，有利于降低碳市场信息不对称导致的市场失灵的风险，可管理碳市场内碳配额交易价格与满足排放预算所需的价格不一致的风险。目前，有关碳价的干预措施主要包括两大类，即"限价调整机制"和"数量调整机制"。限价调整机制，顾名思义，是直接给定价格或价格区间来进行价格的调节，包括：固定碳价机制和上下限碳价机制。而数量调节机制，则是间接地通过影响碳排放配额的数量，改变市场的供需关系来进行碳价格的调整，包括配额存储与借贷和碳配额的回购与投放两种方式。价格调节机制方面，固定碳价机制由于过于强调政府干预，会使得市场失去活性；同时价格制定也非常困难，所以不宜采用。其他干预机制各有优势，我国在与其他国家或地区的碳市场进行链接时，应当考虑综合运用上述不同的干预机制。具体路径分析如下：

可以将上下限碳价机制与碳配额回购与投放机制相结合，这意味着：政府有关部门设定二级市场碳价的最高限和最低限，防止过分波动。同时，结合数量调节机制中的碳配额的回购与投放。即如果碳价降到最低限之下时，政府可以通过回购碳排放权的方式，减少市场中碳排放权的数量，刺激需求从而拉高碳价；相对应地，当碳价升高至最高限以上时，政府将投放一定数量的碳排放权来增加供给，降低价格。但是，由于增加碳排放权的供给会超出减排目标预算，因此，政府需要在国际层面购买相应的碳信用额度，或开展减排项目，从而抵消碳市场所投放的碳排放权额度。

这样做的好处在于，给定碳价的上、下限可以减少价格的过度波动。设定碳价下限能够在减排成本低于预期的情况下，更好地管理成本的不确定性，这反过来又提高了收益的可预测性，增加了低排放投资的预期收益；而价格上限限制了价格波动的另一端，在减排成本高于预期时，降低了低碳投资的积极性。实践当中，新西兰碳排放交易体系（New Zealand Emissions Trading Scheme，NZ ETS）就采取了将碳价上下限与碳配额的回购与投放相结合的做法。NZ ETS 规定了一个碳配额的拍卖价格下限和一个成本控制准备金（Cost Containment Reserve）。价格下限是碳配额在拍卖中的最低售价。这一价格下限并不妨碍市场参与者在二级市场上以更低的价格交易碳配额。这一做法只是发出一定的价格信号，即政府认为碳配额的长期价值应高于这一价格。而成本控制储备的作用实质上相当于设定了价格上限，当碳配额拍卖达到某一触发价格时，成本控制准备金将出售一定量的碳配额，缓解市场对碳配额的需求。同时，由于从成本控制储备中出售了碳配额，导致超出了排放预算，此时政府就需要购买等量的碳配额，例如购买国际碳配额单位或资助国内减排活动，来维持减排目标的实现。[1]

但是，碳限价的做法也存在风险，需要警惕并予以预防。一方面，如果价格上限过低，则有可能因过度投放碳配额而造成减排的低效率和不均衡。另一方面，价格下限过高，则会导致减排的负担加大，也不利于碳配额在国际市场上的流动。因此，我国应当合理考虑对链接后的碳市场进行干预，在充分分析合作双方的碳市场容量、碳配额分配方式、数量、覆盖行业范围等各种因素之后，制定合理的碳价限度与辅助的碳配额回购投放制度。[2]

综上所述，我国在与其他国家或地区的碳交易市场进行链接时，应当综合考虑各项制度安排，根据不同碳市场的特点，重点从以下几个方面进行相关规则的制定：首先，协调不同碳市场减排目标的性质及严格程度；其次，构建双方科学互认的温室气体监测报告核查标准；最后，建立价格限制与数量限制相结合的合理的碳价干预机制。

二、区域层面：以"一带一路"为基点形成新区域碳交易市场

在 2017 年，我国环境保护部就提出了《推进绿色"一带一路"建设的指导意见》。该文件提出，要促进绿色基础设施建设、绿色贸易发展，以及绿色金融体系等方面的发展，分享生态文明理念、实现可持续发展的内在要求。[3]近些年来，我国积极推动"一带一路"绿色发展的进程。先后与联合国环境规

---

〔1〕　See Ministry for the Environment, New Zealand Government, "The role of price controls in the NZ ETS", available at: https://environment.govt.nz/what-government-is-doing/areas-of-work/climate-change/ets/a-tool-for-climate-change/the-role-of-price-controls-in-the-nz-ets/, last visited: 10 September 2023.

〔2〕　碳价限度的确定思路可参见：Jianlei Mo, Lei zhu, "Using Floor Price Mechanisms to Promote Carbon Capture and Storage (CCS) Investment and CO 2 Abatement", Energy & Environment, Vol. 25, 2014, pp. 687-705.

〔3〕　参见环境保护部、外交部、发展改革委、商务部：《关于推进绿色"一带一路"建设的指导意见》，环国际〔2017〕58 号。

划署签署了《关于建设绿色"一带一路"的谅解备忘录（2017—2022）》，与 30 多个国家及国际组织签署了环保合作协议，并且与超过 40 个国家的 150 多个合作伙伴建立了"一带一路"绿色发展国际联盟。[1] 而碳交易作为绿色发展不可或缺的部分，理应被纳入绿色"一带一路"的进程之中。在这种背景之下，构建"一带一路"区域碳市场既是时代趋势，同时也具备良好的政策环境。作为"人类命运共同体"的重要实践平台，"一带一路"在区域碳市场方面的实践，将为全球气候治理注入新的活力，为《巴黎协定》下国际统一碳市场的建立提供新的思路和宝贵经验。更加重要的是，不同于发达国家主导的"碳联盟"，"一带一路"共建国家由于发展水平参差不齐，既有发达国家又有发展中国家，因此在利益构成方面具有多元化的特点，对国际碳市场的建立更加具有促进意义。

然而，也正是由于"一带一路"共建国家之间在减排目标、减排能力、国内碳市场建立等方面都存在着较大的差别，在制度设计方面需要更加谨慎。应当基于不同国家的不同特点进行相关规则的制定。本节在分析"一带一路"共建国家碳市场发展现状、构建区域碳市场的潜力与机遇，以及面临的挑战的基础之上，提出除与上文构建双边碳市场链接具有相同的制度考量因素之外，还应重点把握以下几点：（1）分批次分阶段逐步推进"一带一路"共建国家碳市场建立，（2）构建合适的纠纷解决机制保障"一带一路"共建国家碳市场运转，以及（3）设立"一带一路"碳基金为碳市场链接注入动力。

（一）"一带一路"共建国家碳市场发展现状

目前，"一带一路"共建国家已建有 7 个国家层级碳市场，包括亚洲 4 个、欧洲 2 个及大洋洲 1 个。另外，还有 10 个国家（主要是亚洲国家）的政府正在考虑或积极开发碳交易系统。[2]

1. 已建成的国家级碳市场

（1）中国全国碳排放交易体系

该 ETS 于 2021 年开始启动，是世界上覆盖排放量最大的交易计划，预计

---

〔1〕 参见左凤荣：《"一带一路"推动世界绿色发展》，载 http://finance.people.com.cn/n1/2023/1103/c1004-40109468.html#，最后访问日期：2023 年 11 月 4 日。

〔2〕 整理自世界银行 Carbon Pricing Dashboard 公开数据，载 https://carbonpricingdashboard.worldbank.org，数据收集截至 2024 年 6 月。

覆盖约 50 亿吨二氧化碳，占全国二氧化碳排放量的 40% 以上。被监管主体包括 2000 多家年排放量超过 26 000 吨二氧化碳的电力行业公司（包括热电联产）以及其他行业的自备电厂，上述主体必须上缴其所有受监管排放的配额，配额分配以强度为基础，使用基准并根据实际生产水平自由分配。全国碳排放交易计划借鉴了此前中国 8 个地区试点碳市场（包括重庆、湖北、广东、福建、北京、天津、上海、深圳）的成功经验。这些试点将继续与国家碳排放交易计划并行运作，覆盖未纳入国家体系的部门和实体。随着国家体系的扩大，预计区域体系所涵盖的实体也将被纳入其中。[1]

（2）哈萨克斯坦碳排放交易体系

哈萨克斯坦 ETS 于 2013 年开始实行，但过程较为波折。2016 年和 2017 年，因为经济不景气、工业行业反对和体系的问题，该国碳排放权交易制度暂停了两年。2018 年年初，该国碳交易制度经修订后重新开始实施，排放目标修订为 2020 年较 1990 年减少 5%，相关行业调整为建材、油气、冶金、电力和采矿等。哈萨克斯坦于 2021 年进入第四履约期。[2]

（3）印度尼西亚碳经济价值交易计划

该计划于 2023 年启动，是一项针对电力行业的强制性、基于强度的排放交易计划。在 2023 年至 2024 年的第一阶段，该计划专门针对与印尼国营能源公司（Perusahaan Listrik Negara，PLN）电网相连、发电量在 25 兆瓦或以上的燃煤发电厂。2023 年，排放交易计划覆盖 99 家燃煤发电厂，估计约占全国发电能力的 81.4%。印尼政府制定了强度目标，即 "技术排放上限批准"（Persetujuan Teknis Batas Atas Emisi，PTBAE）。配额分配方式包括免费分配和拍卖两种形式。[3]

（4）韩国碳排放交易体系

2015 年，韩国开始实施碳排放权交易制度，是东亚第一个全国性的碳交

---

〔1〕 See ICAP, "China National ETS", available at: https://icapcarbonaction.com/system/files/ets_pdfs/icap-etsmap-factsheet-55.pdf, last visited: 17 April 2024.

〔2〕 See ICAP, "Kazakhstan Emissions Trading System", available at: https://icapcarbonaction.com/en/ets/kazakhstan-emissions-trading-systemlast, last visited: 17 April 2024.

〔3〕 See ICAP, "Indonesian Economic Value of Carbon (Nilai Ekonomi Karbon) Trading Scheme", available at: https://icapcarbonaction.com/en/ets/indonesian-economic-value-carbon-nilai-ekonomi-karbon-trading-scheme, last visited: 17 April 2024.

易市场。韩国温室气体排放交易计划涵盖了该国电力、工业、建筑、废物处理、运输、国内航空和国内海运部门的 804 家最大排放者。受控实体必须为其所有受控排放物上缴配额，并通过拍卖或免费分配的方式进行分配。至少 10% 的配额必须拍卖。根据生产成本和贸易强度基准，为经济、技术和创新部门提供免费分配。自 2021 年起，国内金融中介机构和其他第三方也可以参与交换。[1]

（5）黑山共和国碳排放交易体系

黑山作为欧盟候选国，致力于提高减排水平，使其环境政策与欧盟 2030 年气候与能源框架保持一致。[2]2019 年 12 月，《应对气候变化不利影响保护法》[3]正式规定并实行了建立国家级碳市场的相关规则。碳市场建设的上位法案还包括《关于颁发温室气体排放许可证的法令（2020 年）》。[4]黑山共和国的国家级碳市场于 2020 年 2 月正式开始运行，2020、2021 年度配额均为免费发放，2023 年引入拍卖机制。黑山政府于 2022 年成立了一个工作组审查气候立法，修订后的《气候法》预计将更新排放交易计划法令，很可能涉及对排放交易计划上限的修订，以及引入 100% 的配额拍卖。[5]

（6）奥地利国家碳排放交易体系

奥地利于 2022 年 10 月针对欧盟排放交易计划尚未涵盖的化石燃料推出了国家排放证书交易系统（Nationales Emissionszertifikatehandelsgesetz，NEHG）。NEHG 的目标是覆盖欧盟排放交易体系之外的排放，主要包括建筑和运输部门的排放。在 2022 年至 2025 年期间，该系统将以每年递增的固定价格和灵活的上限运行，从而在需要时为实体提供更多配额。NEHG 分阶段实

---

〔1〕 See ICAP，"Korea Emissions Trading Scheme"，available at：https://icapcarbonaction.com/en/ets/korea-emissions-trading-scheme，last visited：17 April 2024.

〔2〕 See ICAP，"Montenegro approves regulation for future ETS"，available at：https://icapcarbonaction.com/en/news/montenegro-approves-regulation-future-ets，last visited：17 April 2024.

〔3〕 See LAW ON THE PROTECTION AGAINST ADVERSE IMPACTS OF CLIMATE CHANGE（OG MNE NO. 073/19），G/LIC/N/3/MNE/5.

〔4〕 See "UREDBA O AKTIVNOSTIMA ODNOSNO DJELATNOSTIMA KOJE EMITUJU GASOVE SA EFEKTOM STAKLENE BA TE ZA KOJE SE IZDAJE DOZVOLA ZA EMISIJUGASOVA SA EFEKTOM STAKLENE BA TE. "，Official Gazette of Montenegro 8/2020，available at：https://faolex. fao. org/docs/pdf/mne 207 974. pdf，last visited：April 17, 2024.

〔5〕 See ICAP，"Montenegro"，available at：https://icapcarbonaction. com/system/files/ets_pdfs/icap-etsmap-factsheet-113. pdf，last visited：17 April 2024.

施，最终可能转入欧盟排放交易计划。[1]

（7）新西兰碳排放交易体系

新西兰于 2008 年开始实施碳排放交易体系，是实施时间最长的碳市场之一。2020 年，其对立法进行全面改革，助推了 2021—2025 年气候政策的提出，为 2050 年之前实现净零排放的目标奠定了基础。改革的主要措施包括：逐渐减少有碳泄漏风险行业的免费分配、更新排放核算规则、设定排放总量和将农业纳入碳市场等。[2]

2. 正在建设及有意愿建立国家碳市场的主要国家

一方面，正在筹备建设国家级碳市场的主要国家包括乌克兰和"一带一路"沿线国家印度等。举例来讲，印度政府提出了《能源节约法案》（The Energy Conservation Act, 2001），为建立碳信用交易计划（Carbon Credit Trading Scheme, CCTS）和发放碳信用证书提供了法律依据。该法案于 2022 年 12 月在上议院（联邦院）获得通过。该修订法案为建立国内碳市场（ICM）提供了法律依据，并授权签发碳信用证书（CCC）以减少排放。2023 年 12 月，政府对 CCTS 进行了修订，引入了抵消机制的条款，包括以支持非义务实体，促进减排努力，以及温室气体减排的综合方法。政府正在积极运作履约和抵消机制。在国家以下，古吉拉特邦政府于 2022 年 5 月宣布打算实施限额交易计划。拟议的国家以下碳市场将涵盖该州大型工业和电力部门的排放源。目前，在芝加哥大学、耶鲁大学和阿卜杜勒·拉蒂夫·贾米尔贫困行动实验室研究人员的协助下，有关部门正在制定细节。[3]再如，乌克兰根据 2017 年生效的"乌克兰-欧盟结盟协定"规定的义务建立国家排放交易计划。该协定概述了实施国家排放交易计划的步骤，包括：通过国家立法并指定主管机构；建立一个确定相关设施和温室气体的系统；制定分配配额的国家分配计划；建立配额发放系统，以便在乌克兰国内各装置之间进行交易；建立一个监测、报告和核查（MRV）与执行系统，以及建立一个公众咨询程序。此后，乌克兰建

---

〔1〕See ICAP, "Austrian National Emissions Trading System", available at: https://icapcarbonaction. com/en/ets/austrian-national-emissions-trading-system, last visited: 17 April 2024.

〔2〕See ICAP, "New Zealand Emissions Trading Scheme", available at: https://icapcarbonaction. com/en/ets/new-zealand-emissions-trading-scheme, last visited: 17 April 2024.

〔3〕See ICAP, "Indian Carbon Credit Trading Scheme", available at: https://icapcarbonaction. com/en/ets/indian-carbon-credit-trading-scheme, last visited: 17 April 2024.

立了国家 MRV 系统，涵盖了与欧盟排放交易计划类似的活动，为即将实施的排放交易计划奠定了坚实的基础。自 2021 年起，受监管的设施开始采用规定的 MRV 程序。根据环境保护和自然资源部部长 2023 年 10 月的声明，排放交易计划可能于 2025 年以试点模式启动。[1]

另一方面，有意愿建立国家碳市场的国家包括阿根廷、智利、马来西亚等。这些国家无论是在国家层面，还是地方层面，都在不同程度上努力将国内的有关制度进行修订和更新，或者进行碳市场试点规划，为日后筹建国内碳市场打下良好的基础。[2]

（二）构建"一带一路"共建国家碳市场的潜力与机遇

1. "一带一路"倡议的政策支持与合作基础

共建"一带一路"倡议提出十年多来，中国与"一带一路"共建国家从制度政策、项目、平台等各方面，都陆陆续续开展了绿色低碳、节能减排方面的合作。政策支持方面，中国先后发布了《关于推进绿色"一带一路"建设的指导意见》和《关于推进共建"一带一路"绿色发展的意见》等文件，提出 2030 年共建"一带一路"绿色发展格局基本形成的宏伟目标。同时，与 31 个国家共同发起"一带一路"绿色发展伙伴关系倡议；与超过 40 个国家的 150 多个合作伙伴建立"一带一路"绿色发展国际联盟，为"一带一路"共建国家低碳减排提供宝贵的经验借鉴搭建了交流共享的平台。同时，为了给"一带一路"绿色减排政策注入更加强有力的推动力，2023 年 5 月，中国进出口银行联合国家开发银行、中国出口信用保险有限公司等 10 家金融机构在第三届"一带一路"能源合作伙伴关系论坛上发布《绿色金融支持"一带一路"能源转型倡议》，呼吁有关各方持续加大对共建国家能源绿色低碳转型领域的支持力度。亚洲基础设施投资银行提出，到 2025 年气候融资将占融资总额的 50%；[3]国家开发银行提供投融资服务，持续为"一带一路"清洁能

---

[1] See ICAP, "Ukraine", available at: https://icapcarbonaction.com/en/ets/ukraine, last visited: 17 April 2024.

[2] See ICAP, "ICAP ETS Map", available at: https://icapcarbonaction.com/en/ets, last visited: 17 April 2024.

[3] 参见《金立群：亚投行 2025 年气候融资将占"半壁江山"》，载 https://www.gov.cn/xin-wen/2021-01/13/content_ 5579619. htm，最后访问日期：2024 年 4 月 17 日。

源项目发放贷款[1]。

合作基础方面，中国与联合国环境规划署签署《关于建设绿色"一带一路"的谅解备忘录（2017—2022）》，与 30 多个发展中国家开展 70 余个减缓和适应气候变化项目。此外，中国积极推进"一带一路"生态环保大数据服务平台和"一带一路"环境技术交流与转移中心的建设，实施"绿色丝路使者计划"。中国还实施了"一带一路"应对气候变化南南合作计划。其中，与老挝、柬埔寨、塞舌尔合作建设低碳示范区；以及，培训了 120 多个国家3000 多人次的环境管理人员和专家学者。[2]

2. 经济效益潜力巨大

建立"一带一路"共建国家之间的统一碳市场，对促进"一带一路"共建国家以较低成本实现定量减排具有重要作用。目前，虽然各国的碳减排成本，因各国的减排雄心力度和技术水平发展不同而有所差别。但是，也正是由于各国减排成本差异较大，可以通过合作优化减排资源的配置，使减排发生在成本最低的地方，因而在经济性方面具有显著的碳减排合作潜力。[3]通过各国进行碳交易和合作，建立区域碳市场，将大大提升该区域各国的福利水平，并降低区域减排成本。关于可能产生的具体链接经济效益，有报告通过 C-GEM 模型研究表明，不同国家之间获得的福利和效益是不同的。例如，在中国、俄罗斯、韩国、南非、东南亚地区之间，由于区域均衡碳价与中国国内碳市场的碳价相近，故而对中国而言，与上述国家和地区的碳交易量会较小，并且收益也会较少。而俄罗斯与东南亚地区相对碳减排成本较低，韩国碳减排成本较高，这三个国家作为碳配额主要进出口国，可以通过"一带一路"共建国家碳市场获得较多的福利提升与增长。即便各国福利水平提高的幅度是有差别的。[4]但即便收益量不尽相同，世界 GDP 的总体水平还是会得到大幅

---

[1]　参见《国家开发银行：融通资金 服务共赢 助力共建"一带一路"高质量发展》，载 https://www.cdb.com.cn/xwzx/khdt/202310/t20231016_11173.html，最后访问日期：2024 年 4 月 17 日。

[2]　参见《共建"一带一路"：构建人类命运共同体的重大实践》，载 https://www.gov.cn/zhengce/202310/content_6907994.htm，最后访问日期：2024 年 4 月 17 日。

[3]　参见张希良等：《碳中和目标下的能源经济转型路径与政策研究》，载《管理世界》2022 年第 1 期。

[4]　参见"一带一路"绿色发展国际联盟：《"一带一路"碳市场机制研究》，载 http://www.brigc.net/zcyj/yjkt/202011/2020/201129766148480397.pdf，最后访问日期：2024 年 4 月 19 日。

度的增长，有助于降低全球总体减排成本。[1]

3. 链接将大大提高环境效益

如前所述，"一带一路"共建国家碳市场的建立将有助于降低相关国家完成减排目标的成本，因此，将使得共建国家更加有动力实现减排目标，并通过获得的经济效益来提高减排技术水平，在应对气候变化、提高环境效益等方面发挥重要的积极作用。不仅如此，碳市场的链接还可以促进相关国家各个种类应对气候变化政策工具的相互协同。也就是说，各国家或地区的碳市场链接前，在充分考虑各国家或地区碳交易体系的相关政策和减排目标的基础之上，通过合作，碳定价政策可以同其他气候政策以及环境政策进行协同，从而创造更大的环境效益。

（三）构建"一带一路"共建国家碳市场面临的挑战

1. 低碳发展水平参差不齐且普遍较低导致建立国内碳市场难度大

低碳发展水平较低的问题是"一带一路"共建国家建立统一碳市场最大的障碍之一，共建国家多为发展中国家，第一产业占比远高于全球平均水平。根据 IMF 对不同经济体种类的划分，"一带一路"152 个共建国家中仅有 20 个国家为发达经济体，其余均为发展中国家及最不发达国家。[2]产业结构方面，根据世界银行统计，2021 年"一带一路"共建国家第一产业 GDP 占比均值约为 11.67%，远高于世界平均水平的 4.30%。其中，第一产业占比超过 15% 和 20% 的分别有 41 及 28 个国家。然而，第三产业 GDP 占比均值仅约为 52.15%，低于世界平均水平。[3]因此，在能源消耗方面也是当之无愧的"大户"。根据美国能源信息署数据显示，"一带一路"共建国家（除中国）一次能源消费总量约占全球能源消费总量的 30%，能源消费以石油和天然气为主，其次为煤炭。[4]也正因为较低的低碳经济水平，虽然绝大多数"一带一路"

---

〔1〕 "一带一路"绿色发展国际联盟：《"一带一路"碳市场机制研究》，载 http://www.brigc. net/zcyj/yjkt/202011/P020201129766148480397. pdf，最后访问日期：2024 年 4 月 19 日。

〔2〕 See IMF, "Country Composition of WEO Groups", available at: https://www.imf.org/en/Publications/WEO/weo-database/2023/April/groups-and-aggregates#da, last visited: April 19, 2024.

〔3〕 See The World Bank, "World Bank Open Data", available at: https://data.worldbank.org/, last visited: April 19, 2024.

〔4〕 See U. S. Energy Information Administration, "Emissions by fuel", available at: https://www.eia. gov/international/data/world, last visited: 19 April 2024.

共建国家已制定或更新国家自主贡献目标，并通过具体政策落实减排目标，"一带一路"共建国家中采用碳定价推动碳减排的国家并不多见。采用碳税的"一带一路"共建国家主要有波兰、乌克兰、爱沙尼亚、新加坡、智利、南非、拉脱维亚、斯洛文尼亚、葡萄牙、卢森堡，碳税征收的对象主要为化石燃料。实施碳交易市场体系涉及技术、法律制度等多方面准备，而大部分"一带一路"共建国家缺乏对碳排放的监测、报告和核查（MRV）与执行体系，已经实施和准备实施碳排放交易体系（ETS）的"一带一路"共建国家仍是少数。

2. 不同碳市场发展水平差距大诱发市场协同问题

所谓市场协同问题，是指因个体的行为导致无法实现碳市场链接所预设的减排目标，降低环境效益。主要表现为：第一，如果碳市场链接中的一个碳交易体系偏弱，便存在整个碳市场的系统稳定性和可信度被破坏的可能性，也就是会导致该体系内部的机制难以应对外部环境的冲击，致使整个系统的稳定性难以持续，进而影响整体的环境调节功能。第二，碳市场链接机制可能会诱使某些碳交易体系趁机制定较低的碳减排目标，来出售更多配额，从而能够获得更多资金。如此一来，从整体上来看将会抵消碳市场链接所能够产生的减排效益。产生这种情况背后的主要原因在于，不同碳市场体系的目标、政策和优先级不同，减排目标相对较高的体系可能要降低其目标以迁就目标较低体系的需要，致使整个碳市场的链接体系的减排目标降低。第三，碳市场链接可能会对低碳创新技术的发展产生不利影响，尤其会阻碍成本较高的低碳技术的发展，不利于长期减排。尤其是在一些较不发达的国家，一些企业更倾向于购买其他体系发放的排放配额，而非投入资本研究开发新低碳技术。

3. 统一碳市场的构建可能带来政治风险

首先，由于不同碳市场链接后可能会引发分配不均的问题，导致企业不满，对碳市场功能的发挥产生负面影响，有可能引发社会性问题。在交易体系中，不论是否链接其他体系，投资都倾向于流向低碳密集型商品与服务，一些合作体系会受到影响。其次，当两个不同体系链接后，资金会流向碳价较低的体系，直至两个体系碳价相同，这也可能会在短期内激发社会矛盾。最后，如果链接双方市场的某些设计要素未能保持一致，例如抵消机制、拍卖、配额分配方法设计松紧不一等，可能会导致不同体系间减排激励程度不同，从而造成碳排放量从一个体系向另一个体系的单向传输，影响碳市场链接的有效性。

综上所述，虽然碳市场的链接能降低碳排放和监督管理等成本，但从其他角度来看，"一带一路"共建国家之间在减排目标、减排能力和国内碳市场建立等方面都存在着较大的差别，会使得链接管理难度和统筹难度大大增加。在分析将会面临的挑战之后，相关国家碳市场链接需要根据碳市场的相关设计来调整，有意向参与链接的碳市场需要在各方面设计上保持灵活性和兼容性。

（四）分批次分阶段逐步推进"一带一路"共建国家碳市场建立

如前文所述，"一带一路"共建国家的碳市场建设水平和进展是存在巨大差别的，在这种情况下，直接建立统一的"一带一路"共建国家碳市场是不现实的，可以借鉴欧盟碳排放交易体系（EU ETS）的经验，分批次、分阶段地循序渐进地推进"一带一路"碳市场的建立。

"分批次"是指，我国与已建成国内碳市场的国家，即韩国、新西兰和哈萨克斯坦等国家的碳市场先行进行链接，其他国家根据本国碳交易制度发展水平进展不断加入。具体来讲，一是，与韩国、新西兰和哈萨克斯坦等国的碳市场，采取兼容型碳市场链接模式。可以借鉴加州与魁北克碳市场链接的做法。通过"一带一路"绿色发展国际联盟这一平台，加强国家间的沟通和协商，制定推动碳市场链接的框架政策。二是，与俄罗斯等有意向建设国内碳市场，并已经有制度或基础建设成果的国家，进行密切沟通联系。关注其国内制定的碳交易制度和具体标准，为接下来的链接做好应对准备。三是，对其他尚无能力建设国内碳市场的国家，给予资金、制度设计，以及技术等方面的经验和帮助，助力其发展本国碳交易制度的同时，也可以保证其与我国碳市场的兼容性。

"分阶段"是指，由简到难地逐步推进"一带一路"共建国家碳市场建立。主要可以从三个方面进行"分阶段"的碳市场建立计划安排：一是，碳市场属性方面。可以借鉴美国区域碳市场的经验，先进行自愿碳市场的链接，之后逐步过渡到强制碳市场链接。这样做的好处是，对于企业和个人来讲，尤其是来自减排能力较弱的国家的相关主体，参与碳交易成本较低且更加灵活。[1]在其他制度准备充分之时，再转变为对推动减排目标实现更为有力的强制性减排市场。二是，碳市场级别方面。也就是说，我国可以先挑选部分已建立地区碳市场的省市作为试点，率先开展与"一带一路"共建国家的碳交易协调合作，进行碳市场的链接。通过先试先行发现困难、积累经验，再进一步地升级为国家层面统一碳市场的链接。三是，减排义务主体和行业覆盖范围方面。率先从有利于"一带一路"国家清洁能源发展的交通运输业和发电行业着手，再逐步扩展至其他行业部门。[2]

（五）构建具有约束力的监管和纠纷解决机制

通过上文对《巴黎协定》遵约机制的分析可知，没有强制约束力的规则将会导致缔约方履约动力不足，从而影响减排目标的实现。因此，在"一带一路"共建国家碳市场建立时，应当通过协定的方式，对各参与方的减排义务进行明确。同时，成立统一的"一带一路"共建国家碳市场监督管理委员会，并赋予其一定的监管权力，重点防范垄断市场等问题，保障"一带一路"共建国家碳市场的顺利运行。该委员会的权力也不宜过大，以至于影响各参与方的灵活性，降低参与意愿。此外，在纠纷解决方面，应当制定相应规则，鼓励当事方以协商为主要的解决方式。如果协商不成，则可以通过商事仲裁进行解决，从而能够保证案件解决的专业性和高效率。[3]

（六）设立"一带一路"碳基金为碳市场链接注入动力

碳市场能够顺利运转的要素之一，就是有充足的资金来对减排项目进行投资、开发减排技术，为参与主体提供更多的融资渠道。而碳基金就可以通过募集投资者资金，运用信托原理，将资金投资到减排项目之中。[4]鉴于"一带一路"共建国家大部分为发展中国家，减排水平相对较低，有必要通过建立统一的碳基金来为各国的减排提供支持。实际上，目前我国虽然在碳基

---

〔1〕参见胡炜：《碳排放交易的再审视：全球、区域和自愿的兼容模式——以美国退出〈巴黎协定〉为切入点》，载《国际法研究》2018年第1期。

〔2〕参见史学瀛、孙成龙：《"一带一路"碳市场法律制度初构》，载《理论与现代化》2020年第2期。

〔3〕参见史学瀛、孙成龙：《"一带一路"碳市场法律制度初构》，载《理论与现代化》2020年第2期。

〔4〕参见黄润源：《碳基金的法律解读》，载《学术论坛》2013年第6期。

金方面取得了一定的成果。有数据统计，截至 2021 年，规模 885 亿人民币的国家绿色发展基金正式进入投资期。但是，相比于国际基金而言，我国碳基金还是存在资金来源单一、市场不活跃，及交易规模较小等问题。[1]因此，在"一带一路"层面上建立碳基金同时也会带动我国碳基金的进一步发展。

在制定碳基金的相关规则时，可以借鉴欧洲投资银行和欧洲复兴开发银行合作建立的多边碳信用基金（EBRD－EIB Multilateral Carbon Credit Fund, MCCF）。MCCF 是由六个国家（包括芬兰、比利时、爱尔兰、卢森堡、西班牙和瑞典）和五家公司提供了 2.085 亿欧元的初始基金额度。这与"一带一路"碳基金的设立组成具有极高的相似度。MCCF 结合了私营部门在技术和商业化方面的优势，以及欧洲投资银行和欧洲复兴开发银行在投资评估和风险缓解方面提供专业知识的优势。运营方面，MCCF 通过三家独立的私营部门公司（碳管理者）来管理不同的减排项目。这些碳管理者各自覆盖特定地区，制定、谈判、签署和监控碳信用交易，并在 MCCF 秘书处的监督下工作。当碳管理者与销售项目公司谈判减排购买协议时，实际合同将由 Stichting CPI（碳信用采购中介机构）与销售项目企业根据与 MCCF 参与者的背靠背承购协议进行签订。参与者将有权利批准并决定是否参与 MCCF 秘书处提交给他们的每一笔碳信用交易。基于项目的碳信用按参与者贡献的比例分配。[2]所以，"一带一路"碳基金也可以初步选定具有国内碳市场的国家（即中国、韩国、新西兰和哈萨克斯坦）与部分私人企业作为初始基金投资方，基于相关权威性金融机构的合作，开展碳基金的业务运营。

综上所述，"一带一路"共建国家碳市场将是拉动我国碳市场发展、带动"一带一路"共建国家减排目标实现，推动《巴黎协定》下国际统一碳市场形成的重要举措。应当分批次、分阶段地循序渐进推进建设，并在各相关规则的制定上兼顾不同国家的减排能力差异，以促进该重要举措的实现。

---

〔1〕 参见顾岚茜等：《"双碳"目标下我国碳基金发展问题与对策研究》，载《产业创新研究》2023 年第 13 期。

〔2〕 See Multilateral Carbon Credit Fund, "A joint EBRD and EIB climate change initiative", available at: https://www.ebrd.com/downloads/research/factsheets/mccfe.pdf, last visited: 10 October 2023.

三、多边层面：积极推动并引导全球碳市场的制度构建

气候治理关于全人类的生存和发展。因此，除了通过双边和"一带一路"共建国家碳市场的协调合作来应对当前的全球气候治理环境之外，我国应始终坚持联合国领导下的全球碳交易的多边合作治理。长久以来，由于发达国家具备更成熟的碳交易制度和国内碳市场，在《议定书》和《巴黎协定》的谈判过程中，一直占据主要的话语权，发展中国家的利益没有得到充分重视。同时，以美国为代表的西方国家还通过形成大大小小的"碳联盟"，将全球气候多边合作治理的格局和规则"碎片化""政治化"，将气候治理问题逐渐转变成了政治博弈问题[1]，进一步阻碍了多边碳交易合作的开展。面对这种复杂的碳交易协调合作局势，我国应当坚定不移地以"人类命运共同体"为基本价值遵循，积极推动、引导《巴黎协定》下国际统一碳市场的制度建构，为全球气候治理贡献中国智慧。

（一）加强南南合作，协调发展中国家的碳交易合作立场

发展中国家在全球碳交易协调合作中的参与，对于降低二氧化碳排放的减排成本至关重要。而这一效应将在发展中国家减少本国排放之后，被进一步放大。[2]发展中国家不仅是全球减排目标实现的不可或缺的推动力，而且是中国应对发达国家政治博弈压力的重要堡垒。作为发展中国家中的一员，我国应当团结广大发展中国家，加强南南合作，达成《巴黎协定》中相关议题的立场一致。一方面，可以通过已有平台加强同发展中国家关于碳交易规则的磋商。例如，中国可以利用上海合作组织、"基础四国"、印度—巴西—南非对话论坛、中非合作论坛，以及"立场相近发展中国家"等平台，对涉及发展中国家重要利益的、COP 27 未能解决的碳交易规则问题进行协商。最终以各国联合声明等方式，形成推动《巴黎协定》谈判的重要力量，对部分发达国家的单边行为予以回应。另一方面，中国还应对减排能力较弱的发展

---

〔1〕 参见杨卫东、陈怡宇：《国际碳政治的话语权博弈：基于批评话语的分析视角》，载《国际关系研究》2022 年第 5 期。

〔2〕 See Carlos Ludenā, et al. "Climate change and reduction of CO2 emissions: the role of developing countries in carbon trade markets", available at: https://sdgs. un. org/publications/climate-change-and-reduction-co2-emissions-role-developingcountries-carbon-trade, last visited: 4 November 2023.

中国家施以援助。将中国的碳交易市场的建设思路和经验、绿色技术，以及资金等资源传输到有相关需求的国家。不仅能够增强发展中国家在多边谈判中的实力，也能够促进我国在碳交易方面话语权的掌握。

（二）推进南北对话，发挥发展中国家和发达国家间的桥梁作用

虽然发展中国家在全球减排进程中的作用越来越突出，但是，发达国家（如美国和欧盟国家等）仍是碳排放的大国，同时也是减排的主要力量。减排大国在《巴黎协定》中的谈判实力不应忽视，否则不仅不利于协议的达成，更重要的是，会影响全球气候治理的总目标。中国作为世界第二大经济体，最大的发展中国家，还应积极开展与发达国家的碳交易合作，作为发达国家与发展中国家的链接枢纽。一方面，督促美欧等国履行减排义务，及其对发展中国家资金和技术援助的承诺。[1]在为发展中国家争取更大的利益的同时，提高各国减排水平，推动《巴黎协定》下国际碳市场的建立。另一方面，加强与欧盟和美国的对话和合作。欧盟拥有全球最大的碳排放交易体系，在碳交易制度方面发展成熟；而美国则是仅次于我国的全球第二大碳排放国家，且拥有先进的减排技术。与两者联系和建立合作，能够减少《巴黎协定》谈判中大国的分歧所带来的阻力，增加更多的稳定性因素，推动多边关系的良性发展。

（三）以"人类命运共同体"理念引领《公约》下的全球气候治理

虽然《巴黎协定》的"自下而上"的义务模式，给予了各缔约国充分的自主权，但是，这是一种基于现实的权宜之策，我们仍不能忽略气候变化对全人类造成的巨大影响，需要全球共同应对。而作为全球气候治理的重要抓手，碳交易的国际协调与合作更是需要各国的一致推进和努力才能够得以发展。2017年1月，习近平主席在日内瓦联合国总部发表演讲，指出"坚持绿色低碳，建设一个清洁美丽的世界"是积极应对国际挑战、共同构建人类命运共同体"中国方案"的重要内容。[2]理念与制度相结合才能够发挥其真正

---

〔1〕 参见张赓：《中国参与全球气候治理的角色演变与路径优化》，载《中南林业科技大学学报（社会科学版）》2023年第2期。

〔2〕 参见习近平：《共同构建人类命运共同体》，载 https://www.gov.cn/xinwen/2021-01/01/content_5576082.htm，最后访问日期：2023年11月4日。

的价值和作用。[1]于是，中国近年来在"人类命运共同体"的指引下，一方面，完善国内碳交易制度，推动全国碳市场的建立，促进绿色技术研发应用；另一方面，积极参与国际事务，为国际减排提供中国思路和中国贡献，获得了国际范围的认可。因此，中国应当继续在全球气候治理层面推广"人类命运共同体"的价值理念，强化各国形成"气候治理命运共同体"的意识，坚持维护联合国领导下、以《公约》为核心的全球气候治理多边规则。并且在《巴黎协定》接下来的缔约国大会中积极探索碳交易相关问题的解决方案，削弱部分国家单边主义和利益集团的阻碍。

综上所述，面对《巴黎协定》下碳交易国际协调的困境和挑战，我国应当在"人类命运共同体"的理念指导之下向外寻找应对路径。该路径主要分为三个层次：一是，双边层面。我国应积极与域外的碳市场进行直接链接。在链接过程中应当注意，协调不同碳市场减排目标的性质及严格程度；构建科学互认的温室气体监测报告核查标准，以及建立合理的碳价干预机制；二是，区域层面。我国可以利用"一带一路"这一制度性平台，与共建国家开展谈判合作，形成新型区域碳交易市场，为全球气候治理合作提供新思路。具体规则除了考虑与前述碳市场链接相同的要素之外，还应当重点关注："一带一路"共建国家碳市场建立的逐步推进，即分批次、分阶段地开展建设工作；构建以协商为主要措施的纠纷解决机制保障"一带一路"共建国家碳市场运转，以及设立"一带一路"碳基金为碳市场链接注入金融动力；三是，多边层面。通过南南合作、南北对话等方式，积极推动碳交易合作，达成相关国家的一致立场。从而有利于推动全球气候治理共同体理念的形成，促进《巴黎协定》下全球碳市场的制度构建的谈判顺利进行。

第三节　以"双碳"目标为导向完善国内碳交易立法及相关制度

中国一直以来积极应对气候变化，并且遵守《巴黎协定》中关于国家自主贡献的义务规则，于 2015 年提出在 2030 年前实现碳达峰的目标。并在此后更新国家自主贡献时，提出努力争取在 2060 年前实现碳中和。上述目标，

---

[1]　参见李彦文、李慧明：《全球气候治理的权力政治逻辑及其超越》，载《山东社会科学》2020 年第 12 期。

即"双碳"目标，不仅是中国作为负责任大国承担国际减排义务的担当体现，也是国内推动碳排放治理的重要指引。因此，在完善国内碳交易立法及相关制度方面，也应当以实现"双碳"目标为导向，在（1）制定高位阶碳交易法律；（2）完善碳交易市场规则，以及（3）加强碳交易监管履约等三个层面进行构建与完善，从而夯实国内碳交易制度基础以应对《巴黎协定》下碳交易的困境和挑战。

一、加快推进国家层面碳交易立法进程

目前，我国现行法律基本形成了以《碳排放权交易管理暂行条例》为主导，《碳排放权办法》和《自愿减排交易办法》为具体支撑，其他部门规章为辅助的碳交易法律体系框架。其中，2024 年 5 月 1 日实施的《碳排放权交易管理暂行条例》作为我国首部关于碳排放权交易的行政法规，部分规则仍存在模糊之处，在缺乏上位法的明确指引的情况下会面临下位法规制能力不足、地方规范性文件标准不一等问题，因此，有必要加快推进国家层面碳交易立法的进程，进一步修改完善，对相关概念进行澄清明确，从而协调统一国内碳交易规则。建议：（1）明确碳交易法律主体的范围，以及（2）以"双阶理论"为指导规范碳排放权的法律属性。

（一）明确碳交易的法律主体范围

统一的碳交易立法需要对参与交易的法律主体范围进行界定。《碳排放权交易管理暂行条例》的第 7 条第 1 款关于参与主体的规定，指向了"重点排放单位"以及其他符合国家有关规定的参与主体。[1]纵观我国目前有关于碳交易的主要部门规章，即《碳排放权办法》和《自愿减排交易办法》，是从碳排放权交易市场和自愿碳市场两个维度分别进行规范的。因此，在法律主体的界定上也存在着不同之处。根据《碳排放权办法》第 21 条，全国碳排放权交易主体为重点排放单位及其他符合国家有关交易规则的机构和个人。[2]而《自愿减排交易办法》第 4 条规定，温室气体自愿减排交易的法律主体应是：符合国家有关规定的法人、其他组织和自然人。[3]在统一碳交易立法中，

---

〔1〕 参见《碳排放权交易管理暂行条例》第 7 条第 1 款。
〔2〕 参见《碳排放权交易管理办法（试行）》第 21 条。
〔3〕 参见《温室气体自愿减排交易管理办法（试行）》第 4 条。

应当将二者进行整合加以明确。也就是说，规定我国碳交易的主体是指，根据国家有关交易规则，具有资格进行碳交易的自然人、法人及其他组织。由此，不论是碳排放权交易主体，还是自愿碳交易市场的法律主体，都可以被囊括在内。而具体的主体资格则交由有关部门制定详细的部门规章等规范性文件进一步明确。

（二）以"双阶理论"指导对碳交易客体的法律定性

碳交易的客体包括碳排放权和碳信用。如前文所述，我国目前尚未对碳排放权和碳信用的法律属性进行明确，这将不利于二者在碳市场中的流通，也不利于对交易主体相关利益进行保护。碳交易立法中需要对碳交易客体的法律属性予以一定的明确。考虑到碳排放权和碳信用都兼具公法和私法的特点，本书认为应当以"双阶理论"为指导对二者进行法律定性。"双阶理论"在应对如何处理复杂的、涉及公法私法相交融的法律关系时，具有极大的优越性。能够通过纵向划分相关行为的不同阶段，来识别具体的法律行为应当适用公法还是私法。从而打破了公法与私法相对立的局面，并且能够避免"一元论"在解释论上的"生搬硬套"。但需要说明的是，由于"双阶理论"是一种更加务实，面向实际应用层面的定性路径，无法通过简单定义的形式进行规定。因此，建议以对行政机关的权限规制为切入点，划定不同环节行政机关的权力边界，同时对相关主体的权利救济进行规定，来指明公法或私法的适用方向。

以碳排放权为例，其运行制度涉及多个环节，包括：碳排放权配额的申请与分配、买卖交易和履约清算等。多个环节因追求的利益目的不同，可以被划分为不同的权属阶段。第一，在碳排放权配额的申请与分配阶段，主要是由行政机关设定配额数量，并根据相关主体的申请依据分配规则，进行碳排放权的分配，具有明显的公法色彩。因此，应当明确赋予行政机关配额初次分配的行政权限。[1]一方面，能够体现碳排放权创设的公益性；另一方面，也有利于通过宏观调控推进减排的效率和水平。同时，规定重点排放单位可以依据行政法的相关规定寻求救济。第二，在碳排放权的买卖交易阶段，除

---

[1]　参见魏庆坡：《碳排放权法律属性定位的反思与制度完善——以双阶理论为视角》，载《法商研究》2023年第4期。

了行政部门必要的监管措施之外，大部分涉及的都是市场行为，交易主体之间的法律关系是这个环节的核心。且为了发挥碳市场机制的功能，应当以适用私法进行规范为主。所以，应当对行政机关的权力进行一定的限制。主要从三个方面进行限制：（1）应当要求行政机关因实现"双碳"目标所需时，才能够介入碳交易主体之间进行干预。也就是说，只有在私人利益与公共利益产生冲突矛盾时，行政机关才能介入碳交易；（2）行政机关仅能根据法律法规所规定的事由对碳交易进行干预，也就是需要依法行政；（3）行政机关在对碳交易主体进行监管时，应当严格遵守程序性规定，保障法律法规赋予相关主体的合法权利。[1]第三，在碳排放权的履约清算阶段，主要是行政机关根据法律法规的规定，针对重点排放单位的报告进行核查清缴以及抵消，因此同第一阶段，应当赋予行政机关相应权限并规定相应的纠纷解决方式。

总体来讲，《碳排放权交易管理暂行条例》的制定出台将从总体上对我国的碳交易法律体系起到整合统一的作用。其中对碳交易法律主体范围的界定，以及明确以"双阶理论"为指导规范碳排放权的法律属性的规范，将有利于激发碳市场的活跃度、增强减排力度，保护碳交易主体的利益。

二、构建和完善碳交易市场规则体系

成熟的碳交易市场法律制度体系，除了应当具有高位阶的总领性法律作为核心指导之外，还应当在具体的规则层面进行细化，起到支撑、辅助、以及协调其他制度的作用。根据上文分析的我国目前的立法现状和局限，建议重点从以下三个方面进行完善，即（1）提高碳配额初始分配的科学性；（2）协调碳交易涉及的各部门的监管职责，以及（3）完善碳排放公开制度。

（一）提高碳配额初始分配的科学性

碳配额的初始分配，作为碳交易的重要一环，其分配方式的选择和分配数量的确定，对相关主体参与碳交易有着决定性的重要意义。然而，如前文所述，我国目前的碳配额初始分配制度存在总量控制宽松、分配方法不合理等问题。需要制定公平的、合理科学的碳配额初始分配制度，对相关规则加

---

〔1〕 参见秦天宝：《双阶理论视域下碳排放权的法律属性及规制研究》，载《比较法研究》2023年第2期。

以明确和细化。具体可以从以下三个方面展开：

第一，制定"统一部署+区域特色"的碳配额数量分配规则。全国碳配额的初始分配总体来讲分为三步：（1）由生态环境部确定碳配额总量；（2）生态环境部在碳配额总量范围内向各省市分配碳配额；（3）各省市地方政府将获取的碳配额按照相关规则分配给控排企业。鉴于此，首先，生态环境部在《碳排放权交易管理暂行条例》出台后，应当制定并出台碳配额初始分配的实施细则。根据全国经济发展水平、减排规划目标、企业减排能力，以及行业碳排放现状等因素，确定全国范围的碳配额总量。其次，根据不同省市的行业结构、碳排放现状、经济发展水平、减排能力、人口总量及人均收入等因素的差异，通过加权计算来确定全国省级政府所应获取的碳配额数量。这一碳配额数量，就是各省所有碳排放行业能够获取到的碳配额总数。[1]需要指出的是，由于中西部地区相较东部沿海地区的减排能力较弱、行业碳排放量较高，以及经济发展水平较低。可以给予落后地区一定的缓冲期，在缓冲期间对其给予统一碳配额加权计算之外的倾斜支持。动态观察该地区的各项要素变化，在合适结束缓冲期时即与其他地区实行统一的碳配额分配计算规则。[2]最后，各省市也应尽快根据有关规定，配套制定碳配额初始分配细则。[3]结合本地区的具体特点，制定免费分配和有偿分配的比例安排，以及对不同行业的分配数量的细则，合理科学地向控排企业分配碳配额。

第二，采取"渐进式混合"的碳配额分配方法，逐步提高碳配额初始分配中有偿分配的比例。可借鉴 EU ETS，其在第一阶段允许各国拍卖的碳排放配额不能超过总量的5%；到第二期时，该比例增加到了10%；而到第三期，拍卖方式成了主要的碳排放配额分配方式。2013 年起电力行业将全面施行拍卖方式取得碳排放配额，取消免费分配方式。我国全国层面和地方层面，均可以每十年修订一次分配方式比例，随着实现"双碳"目标工作的不断推进，循序渐进地在碳配额初始分配中加大有偿分配的比例，不断激发碳市场活力。

---

〔1〕　参见张富利：《公平视域下我国碳排放配额的初始分配》，载《华侨大学学报（哲学社会科学版）》2020 年第 5 期。

〔2〕　参见张富利：《公平视域下我国碳排放配额的初始分配》，载《华侨大学学报（哲学社会科学版）》2020 年第 5 期。

〔3〕　参见冯子航：《"双碳"目标下我国碳配额初始分配的法治进路》，载《西南金融》2023 年第 9 期。

第三，采取"行业式混合"的碳配额分配方法，对不同排放行业制定不同的碳配额初始分配规则。可以参考新西兰碳排放权交易体系的做法，其出于保护本国相关企业的目的，对工业、渔业和林业采取免费分配碳排放配额的方法，降低其合规成本；而对于能源行业和交通行业的上游企业不发放免费配额，避免上游企业将成本转嫁给下游企业以逃避控排义务。[1]由于不同行业在减排技术、温室气体排放强度等方面均存在差异，因此不应采取"一刀切"的分配方式，应结合行业特点进行规则的制定。

(二) 构建协调内外双层碳市场监管机制

碳交易的监督管理涉及两个维度的跨越性，一是，由于碳交易涉及诸如碳配额制定与分配、抵押质押，及碳金融等多个环节，所以跨越不同监管部门；二是，伴随着全国统一碳市场的运行，出现越来越多碳交易跨越不同地区。这种跨越性就要求我国建立内外双层的碳市场监管机制。

具体来讲，内部层面应当对各行政部门形成有效监管。一方面，防止不同监管部门之间权责不清、互相推诿；另一方面，防止不同地区行政部门的寻租行为，即为了本地区的碳排放目标的实现，而采取干预碳市场的不合理激励措施。外部层面而言，要建立完善面向碳交易市场主体的监管机制。生态环境部应当同市场监督管理部门、金融监督管理部门、证监会等部门相配合，形成多元化的监管机制。针对碳交易的不同环节开展有序的监督管理活动，开展执法协调配合工作。当上述双层碳市场监督管理机制运转成熟稳定之后，在对碳市场交易主体的监管层面，可以考虑借鉴美国、澳大利亚等国家的经验，纳入第三方机构监管。例如，美国 RGGI 就通过委托第三方机构参与监管，来帮助政府解决专业相关难题，以及应对监管力量不足的困难。[2]

(三) 完善碳排放信息公开制度

公开透明的碳排放信息将有利于有关部门进行监管，同时，也将有利于碳价格信号的真实反映，指导控排企业合理安排减排计划，以及碳市场交易主体合理制定交易决策等。因此，有必要从两方面完善碳排放信息公开制度：

---

〔1〕 参见齐绍洲、王班班：《碳交易初始配额分配：模式与方法的比较分析》，载《武汉大学学报（哲学社会科学版）》2013 年第 5 期。

〔2〕 参见李挚萍：《碳交易市场的监管机制研究》，载《江苏大学学报（社会科学版）》2012年第 1 期。

一方面，《碳排放权交易管理暂行条例》应增加强制性信息公开条款。从公开主体、公开范围、违反公开义务的责任承担，以及信息公开的具体流程等方面进行统一规定。具体来讲，一是，应当扩大强制公开主体范围。目前信息公开义务主体主要是碳交易的监管部门以及碳交易所，而没有包含核查机构。但实际上，核查机构在对企业进行减排量的核证审查中，掌握了大量的碳排放数据和信息。如果不对其加以公开要求，则会减损对市场交易主体的知情权的保护。不仅如此，强制核查机构信息公开也能够有效防止其对碳排放数据的弄虚作假。根据相关统计，在收录的 2019－2021 三年的涉及 170 家核查服务机构里，其作出的 6884 家次碳排放报告核查评估结果中，有 148 家次结果不合格。其中，核算数据的问题最多。[1]将核查机构纳入强制性信息公开义务主体有利于提高透明度，保障交易主体利益和减排真实性。二是，扩展碳交易信息公开范围。根据《碳排放权交易管理暂行条例（征求意见稿）》，对于信息披露的规范只包含两类，即（1）碳排放权交易信息和（2）各年度重点排放单位的碳排放配额提交完成情况。[2]公开的信息范围较窄不利于交易主体权益的保障，同时也会给监管造成困难。因此，应当根据主体的不同，将不同信息进行分类，再进一步细化拓展具体的信息内容范围。可分为碳市场管理信息、碳交易信息，以及碳核查信息。需要特别指出的是，应当根据国家利益、公共利益、商业秘密保护、个人信息保护等要求，设定信息公开的豁免条款。[3]三是，应当制定配套的违反公开义务的责任追究条款。可以根据不同义务主体进行划分，对其不履行信息公开义务、公开虚假不真实信息等行为进行规制。四是，制定统一的信息公开流程。由于我国目前除了全国统一碳交易市场之外，还有部分省市的试点碳市场仍在持续运行。因此，有必要对各类碳交易信息公开义务主体的信息公开流程，进行规则上的统一，保障信息公开的质量。[4]

---

〔1〕参见绿创碳和：《170 家碳核查服务机构，35 家核查报告不合格，问题出在哪里?》，载 https://mp.weixin.qq.com/s/bSMZhfyoD3LwUhG9I_ECUg，最后访问日期：2023 年 11 月 4 日。

〔2〕参见《碳排放权交易管理暂行条例（征求意见稿）》第 15 条。

〔3〕参见王国飞：《中国国家碳市场信息公开：实践迷失与制度塑造》，载《江汉论坛》2020 年第 4 期。

〔4〕参见王国飞：《中国国家碳市场信息公开：实践迷失与制度塑造》，载《江汉论坛》2020 年第 4 期。

另一方面，建立统一的碳排放信息公开平台。[1]碳排放信息公开平台的建立，不仅能够保障信息公开的顺利开展，而且能够通过及时的信息披露，对突发事件等进行有效的预防和应急安排。可以分别建立国家层面和省级政府层面两级碳排放信息公开平台。国家碳排放信息公开平台需要协调省际的信息共享，而省级碳排放信息公开平台应当协调本地区各监管主体、交易主体，及核查主体等的电子数据共享，为信息公开提供技术层面的保障。技术层面，应当加大区块链、人工智能、云服务等技术的应用，在确保数据安全的基础之上，实现碳排放信息的自由流动，为相关主体及时公开信息，优化减排监管效果。

三、探索构建碳税与碳交易的规则"组合拳"

碳税和碳交易制度，同为通过调整碳排放权和碳信用的价格来实现减排目的的手段，各有优劣之处，在实践当中被不同国家结合其国情加以应用。前文已经针对二者在实现气候治理目标确定性、企业安排减排计划可预测性，及行政成本等方面进行了比较性研究，故此处不再赘述。对于我国应当采取何种制度，学者们展开了激烈的讨论。大体分为三个路径，即（1）"碳交易说"，支持该观点的学者认为，碳交易制度因其政治可接受度高、操作灵活等原因，更适合我国减排治理[2]；（2）"碳税说"，支持采取碳税的学者认为，碳税制度对经济利益的影响并没有想象中大。碳税更有利于我国的外贸政策，边境税收的调节机制比碳交易制度需要协调不同贸易制度的难度更小[3]。并且，适用碳税制度也更适配 WTO 下的贸易往来，可以利用 WTO 现有机制对其进行调整[4]；（3）"组合说"，支持该观点的学者们认为，两种制度并不是非此即彼的，而是可以协调综合适用。[5]本书认为"组合说"更加适合我

---

〔1〕 参见刘志仁：《论"双碳"背景下中国碳排放管理的法治化路径》，载《法律科学（西北政法大学学报）》2022 年第 3 期。

〔2〕 参见赵骏、吕成龙：《气候变化治理技术方案之中国路径》，载《现代法学》2013 年第 3 期。

〔3〕 参见王慧、曹明德：《气候变化的应对：排污权交易抑或碳税》，载《法学论坛》2011 年第 1 期。

〔4〕 参见魏圣香：《气候变化应对机制的选择：碳税抑或碳排放权交易——基于 WTO 视角的分析》，载《科技管理研究》2016 年第 22 期。

〔5〕 参见许光：《碳税与碳交易在中国环境规制中的比较及运用》，载《北方经济》2011 年第 3 期。

国目前的气候治理现状。虽然碳交易制度和碳税制度对于减排都有重要的制度意义和积极作用，但是，基于我国目前碳交易发展瓶颈，以及全球气候治理的复杂多样，单一的治理规则无法弥补自身的局限性来有效应对。碳税和碳交易制度，二者在不同层面发挥不同的作用、互为补充，能够更好地应对多元化气候治理的要求。下文将对二者联动的必要性和兼容性进行分析，同时给出如何进行联动的几点建议。

（一）我国碳税与碳交易制度联动的必要性分析

我国制定碳税与碳交易制度联动的必要性主要有以下两点：第一，碳税制度能够缓解我国碳交易制度的瓶颈。我国目前尚未采取碳税的治理模式，主要是通过碳交易制度来调整碳价实现减排。但是，碳配额的制定分配、温室气体排放监测，以及核查清算等，因客观条件的制约并不能保证完全的科学性和准确性。因此，碳交易制度自然存在一定局限与不足。所以，有必要通过多种制度的协调适用，来弥补不同规则的不足，从而实现减排的最佳效果。实际上，我国目前的碳市场正处于发展瓶颈阶段：一是，温室气体排放行业的覆盖面较窄，无法达到可观的交易规模，大量的行业及相关企业无法纳入到减排进程中来；二是，因碳金融发展不够、配额分配不合理等原因导致碳价格持续低迷，市场活跃度低；三是，我国目前没有设定"总量控制与交易"中的碳排放上限，也没有明确规定每年应下降的温室气体排放限额，[1]参与碳交易的主体缺乏可预见性。此时，通过引入对价格具有直接干预性、能够对重点控排企业之外的主体进行规范，且约束力更强的碳税制度，则能够有效刺激相关企业的减排动力。第二，我国在推进国内碳市场协调，以及开展国际碳市场链接的过程中，也将会面临碳泄漏的挑战，征收碳税也将起到一定的缓解作用。有学者通过建模研究表明，单一的碳税制度或者碳排放交易制度都不能发挥理想的减排作用。[2]所以，有必要制定科学的碳税制度[3]，协

〔1〕　参见叶甜甜：《中国碳交易与碳税协同的政策研究》，载《中国商论》2023 年第 18 期。
〔2〕　参见石敏俊等：《碳减排政策：碳税、碳交易还是两者兼之？》，载《管理科学学报》2013 年第 9 期。
〔3〕　参见王钦：《我国开征碳税的现实依据及政策应对》，载《时代金融》2023 年第 2 期；李书林等：《国际碳税政策实践发展与经验借鉴》，载《中国环境管理》2023 年第 4 期。

调运用碳税和碳交易制度，谨慎分析二者的兼容适用性问题[1]，形成规则"组合拳"。通过发挥两种制度各自的优势，推动我国"双碳目标"的实现。

实践当中，已经有部分国家采取了二者联动的治理模式。例如，卢森堡属于欧盟碳排放交易体系（EU ETS）中的一员，但是对于碳交易所不能覆盖的交易运输、建筑等行业，其采用了对该等行业征收碳税的方式。随着2021年碳税的引入，卢森堡额外的税收收入用于资助住宅建筑节能改造和电动汽车补贴，以及可再生能源开发或公共交通基础设施扩建的公共投资。[2]可以看出，碳税和碳交易制度的联动治理模式，能够相互补充，应对多元化的气候治理需求。

（二）我国碳税与碳交易制度的兼容性分析

碳税制度并不是与所有的碳交易制度都能够"完美适配"。也就是说，不同碳交易制度模式下，同时适用碳税制度可能无法达到预期的效果。以"总量控制与交易"的碳交易模式为例，该模式下分为"相对的总量控制与交易"的碳交易模式（以下简称为"相对碳交易模式"），及"绝对的总量控制与交易"模式（以下简称为"绝对碳交易模式"）。我国目前采取的是相对碳交易模式，不同于绝对碳交易模式，相对碳交易模式没有划定一个明确的碳排放上限额度，而是在一定基准范围内进行减排控制。虽然减排目标性显得不够明确，但相比较而言，相对碳交易模式更加灵活、具有弹性，往往被发展中国家所应用。上述两种模式与碳税的兼容性方面有较大的区别，即"相对碳交易模式"与碳税制度的兼容性更高，更适于二者的结合应用。[3]具体分析如下：

绝对碳交易模式方面，由于该种模式下，追求的是明确的温室气体减排数量，所以碳税和碳交易制度不论在短期还是长期来看，都不能够很好地协调兼容实现减排目标。短期来看，如果同时征收碳税，那么部分企业将会在这种压力之下提高自己的减排技术水平，或者降低生产的温室气体排放量。

---

〔1〕 参见魏庆坡：《碳交易与碳税兼容性分析——兼论中国减排路径选择》，载《中国人口·资源与环境》2015年第5期。

〔2〕 See "Greening the Luxembourg tax system", PAPERJAM, available at: https://paperjam. lu/article/greening-the-luxembourg-tax-sy, last visited: 9 November 2023.

〔3〕 参见魏庆坡：《碳交易与碳税兼容性分析——兼论中国减排路径选择》，载《中国人口·资源与环境》2015年第5期。

这种情况下，就会造成碳配额的增加，使得碳市场中对碳配额的供大于求，从而降低碳配额的价格。其他企业此时，可以通过购买这些碳配额来弥补自己生产所超出的温室气体排放量。因此总体来看，温室气体排放总量不一定会下降，可能无法实现所制定的明确的减排量。长期来看，碳税对于减排是有效果的，但是其能够在多大程度上克服碳交易市场的失灵[1]，同时促进减排技术的研发是不确定的[2]。也就是说，无法准确地计算出实施碳税后可以减少的温室气体排放量。所以，面对确定的温室气体排放限额，碳税和碳交易结合实施的不确定性就显得不够理想。

相对碳交易模式方面，由于其具有一定的制度弹性，即并没有设定明确的碳排放限额，因此，在与碳税结合适用时可以进行动态调整，不会出现超出排放总量的情况。然而，也正因为缺乏明确的碳排放限额，所以在实行碳税制度之后，当市场中出现了大量的碳配额，相关企业并没有足够的动力去购买。这就可能导致碳交易市场的活跃度不足，从而不利于减排的实际效果。此时，有关部门需要及时通过制度或政策的调整，来弥补这一不足。[3]因此，我国在目前实行相对碳交易模式的同时，引入碳税制度是现实可行的。

（三）中国构建碳税与碳交易联动机制的建议

有鉴于我国构建碳税和碳交易联动机制具有理论和现实上的可行性和必要性。因此，本书对如何协调适用二者提出以下三点建议：

第一，明确碳税与碳交易的分工范围。根据气候治理的不同需求，碳税和碳交易制度规制的对象可以完全分离，也可以有所重合。前者在实践中有，如前述卢森堡的例子。后者在实践中的案例有，例如，挪威在与 EU ETS 链接之后，将原本征收碳税的造纸业、航空业等行业也纳入到了碳排放交易的管制中。[4]再如，冰岛的碳税覆盖了所有的行业部门，但是对于工业、电力行

---

[1]　关于碳市场失灵的问题研究，参见刘明明：《论碳排放权交易市场失灵的国家干预机制》，载《法学论坛》2019 年第 4 期；吴凌云：《碳排放权交易市场中政府干预的法律边际》，载《海南金融》2023 年第 8 期。

[2]　参见魏庆坡：《碳交易与碳税兼容性分析——兼论中国减排路径选择》，载《中国人口·资源与环境》2015 年第 5 期。

[3]　参见魏庆坡：《碳交易与碳税兼容性分析——兼论中国减排路径选择》，载《中国人口·资源与环境》2015 年第 5 期。

[4]　参见叶甜甜：《中国碳交易与碳税协同的政策研究》，载《中国商论》2023 年第 18 期。

业和航空行业实行部分豁免。[1]但是，考虑到我国目前尚处于碳交易市场的初级阶段，碳价格不稳定且持续低迷，如果将碳税与碳交易的规制对象进行重叠，则会给相关行业带来极大的减排压力。不仅如此，部分企业在碳税的进一步压力下提高减排能力所产生的更多的碳信用，将会导致碳市场中的碳信用供大于求，价格进一步下跌，不利于碳交易市场的发展。因此，为了避免碳税和碳交易制度的规制不合理重叠，导致部分行业的减排压力过大、行政成本浪费，以及过度干预碳交易市场等问题的出现，应当将二者进行一定程度的分工。根据我国生态环境部印发的《关于做好 2023—2025 年部分重点行业企业温室气体排放报告与核查工作的通知》，目前，我国的碳交易市场覆盖行业范围包括石化、化工、建材、钢铁、有色、造纸、民航等重点行业。[2]所以，可以考虑对未参与碳排放权交易市场的企业进行碳税征收。

第二，明确以含碳化石燃料为征收对象。如前文所述，实践中存在对化石燃料直接征收碳税，以及对排放二氧化碳等温室气体的经济活动和设施进行间接征税两种路径。两种征收对象的划分模式各有利弊，考虑到我国在碳税征收方面还没有实践经验，为了提高行政效率，当前直接针对化石燃料的碳税制度能够更加简便，减少监测等行政成本。

第三，动态综合地调整税率。碳税税率制定过高或过低，都将产生对经济的负面影响。所以应当综合考虑如下因素：一是，碳税税率应当尽可能地反映减排的真实成本，只有如此，才能对相关主体释放正确的碳价信号，指引减排行动；二是，税率的制定应当考虑我国不同阶段的经济发展水平和行业竞争力进行适时调整。过高的碳税将降低本国的行业竞争力，不利于经济发展；而过低的碳税税率又对减排作用不大。同时，动态调整税率还能够尽可能提高碳税制度的可接受性；三是，税率的高低还应当结合不同行业的发展情况，进行区别税率的设置，而不是"一刀切"。区别税率还能够引导消费者购买对环境更加友好的产品，形成对低碳经济的良性引导。[3]

---

〔1〕 参见李书林等：《国际碳税政策实践发展与经验借鉴》，载《中国环境管理》2023 年第 4 期。

〔2〕《关于做好 2023—2025 年部分重点行业企业温室气体排放报告与核查工作的通知》，环办气候函〔2023〕332 号。

〔3〕 参见刘明明：《碳排放交易与碳税的比较分析——兼论中国气候变化立法的制度选择》，载《江西财经大学学报》2013 年第 1 期。

综上所述，我国应当从制定高位阶碳交易法律，完善碳交易市场规则，以及加强碳交易监管履约等三个层面进行完善，夯实国内碳交易制度基础以应对《巴黎协定》下碳交易的困境和挑战。

第四节　本章小结

在碳交易国际协调合作的大背景之下，我国有效参与其中仍然面临诸多困境，该等困境可分为内部和外部两方面。内部方面，我国碳交易立法仍处于初级阶段，且相关规则尚不完善，不利于助推我国碳交易市场的发展。不仅如此，我国目前尚未形成与域外碳市场进行有效链接的相关规则，无法有效参与《巴黎协定》下的国际碳市场进程。外部方面，目前发达国家主导的碳交易区域市场绿色壁垒较为严重，给我国带来极大的压力和阻挠。中国有效参与国际碳交易市场需要努力推动国际规则与国内规则的良性互动，这就要求我国应当从对外和对内两个角度来构建、完善相关制度规范，才能够有效应对当前全球气候治理的复杂多样和存在的困境。本书认为，对外方面，中国应以"人类命运共同体"为核心指引，积极寻求国际碳交易合作，贡献中国方案和中国智慧。一是，积极与域外碳市场进行双边合作、互动链接，提高减排水平，避免碳泄漏；二是，利用"一带一路"制度性平台，与共建国家开展谈判合作，形成新型区域碳交易市场。降低发达国家主导的"碳联盟"造成的冲击，为全球气候治理合作提供新思路；三是，坚持真正的多边主义，积极推动并引导《巴黎协定》下全球碳市场的制度构建，掌握全球气候治理的话语权、促进气候公平，推动全球减排目标的最终实现。对内方面，以实现"双碳"目标为最终目的，建立完善碳交易立法与相关机制，只有具备了完善的国内碳排放权交易规则，才能够更好地参与当前国际碳排放权交易机制谈判，更有效地开展国际碳交易合作。

结　论

　　全球气候治理一直以来都是国际社会所关注的重点，在气候变化面前，任何国家都不能独善其身。因此，如何通过国际合作实现温室气体排放的减少和控制，是各国长期研究探索的方向。1997 年通过的《议定书》作为世界上第一部具有法律约束力的气候治理法案[1]，创设性地制定了"京都三机制"，利用国际碳交易制度来解决环境问题。但是，《议定书》最终并没有实现理想的效果，相关规则的概念模糊性和规范的不完全性使其屡遭质疑。[2]同时，西方国家对包括我国在内的碳排量较大的发展中国家不承担强制减排责任一直持反对态度，美国甚至以退出《议定书》来表明态度，使得全球气候治理一度陷入僵局。2015 年 12 月，经过各国一直以来积极寻求新型气候治理合作模式的共同努力，200 多个缔约国终于在巴黎达成了《巴黎协定》。该协定有效地替代了《议定书》，为各国在 2020 年后的气候治理提供了一个新的框架。在该框架下，发展中国家与发达国家一同被列入减排义务主体的行列；各缔约国通过"自下而上"的履约方式实现各自承诺的国家自主贡献，以及构建了 ITMOs 交易机制和可持续发展交易机制在内的碳交易制度。

　　碳交易制度对减排的实现起到了至关重要的作用，也是目前各国国内减

　　〔1〕　See Christoph Böhringer, Carsten Vogt, "Economic and environmental impacts of the Kyoto Protocol", *The Canadian Journal of Economics / Revue canadienne d'économique*, Vol. 36, No. 2, 2003, pp. 475 – 496.

　　〔2〕　See Christoph Böhringer, "The Kyoto Protocol: A Review and Perspectives", *Oxford Review of Economic Policy*, Vol. 19, No. 3, 2003, pp. 451 – 466.

排和国际协调合作的重点方面。它既可以激励短期减排目标实现，又能够在支持向净零排放的长期目标过渡方面发挥核心作用。碳交易所产生的经济效益，在激励有关主体减排的同时，也能够有效缓解减排对最弱势群体产生的负面影响。然而，需要注意的是，目前碳交易的国际合作并不是一帆风顺的。一方面，《巴黎协定》有关规则的谈判协商仍面临很大的困难和分歧。另一方面，各国碳市场发展的实践也给全球碳交易协调合作带来挑战。当前，全球碳市场机制的协调合作呈现出了区域性分割独立的"意大利面碗"化的局面，[1]部分国家和地区间的"微多边"碳市场链接给全球性的碳交易协调带来阻碍。可见，虽然《巴黎协定》提供了国际碳交易制度的新框架，但是国际碳交易的协调合作，仍需要进一步探究该框架下，能够综合权衡各国多元化减排行动的具体实施规则。在这种背景之下，基于中国碳市场仍然处于发展初期，还存在覆盖行业较少、交易主体单一、金融工具匮乏，以及配套规则不完善、监管体制不够健全等局限。[2]我国应当积极探索破局之道，才能够在实现"双碳"目标的同时，为全球气候治理贡献中国智慧，赢得话语权。因此，本书以《巴黎协定》为背景，探讨碳交易国际协调有关的法律问题，以期全面展开碳交易国际合作的发展、现状和面临的困境，从而为我国更好地参与国际碳交易市场，开展碳市场国际协调合作提供有益建议。

本书基于"理论阐释——制度解析——实践分析——发现问题、分析原因——解决问题"的逻辑主线，对碳交易制度国际协调的法律问题展开了研究，得出以下结论：

第一，碳排放权的法律属性是碳交易中的核心问题，不应局限于传统赋权"非公即私"或"非私即公"的"公私对立"的固式思维。应当以能够解决实际问题为目的，借助"双阶理论"来指导对碳排放权属性的认定。本书认为，可以将碳排放权运行机制纵向划分为"碳配额分配"、"碳配额交易"，以及"履约清算"三个阶段，每个阶段对碳排放权的属性分别定性。由此，不仅能够在实践中解决适用法律混乱的问题；而且能够更好地实现公法与私

---

〔1〕　参见曾文革、江莉：《〈巴黎协定〉下我国碳市场机制的发展桎梏与纾困路径》，载《东岳论丛》2022年第2期。

〔2〕　参见李猛：《"双碳"目标背景下完善我国碳中和立法的理论基础与实现路径》，载《社会科学研究》2021年第6期。

法的平衡，在满足公共利益的基础上，充分保护私主体的经济利益，推动碳市场的积极运转，从而更好地实现减排目标。

第二，"总量控制与交易"和"基准与信用"，都是目前在碳排放交易实践中采用的有效的减排制度。两种制度通过碳排放配额或碳信用的交易，释放出碳价格信号，从而发挥碳交易市场的资源调配作用。二者各具特点，各有优劣。"总量控制与交易"制度方面，其在具备诸如降低减排成本等优势之外，同时面临着诸如难以激励减排技术创新和新能源的使用，及"上限"设定不合理阻碍减排进度等风险。除此之外，碳排放配额的初始分配也是事关"总量控制与交易"制度能够正常运行，实现减排目标的重要部分。分配方式包括免费分配、拍卖，以及混合分配。其中，混合分配又可以细分为"渐进混合"和"行业混合"，不同的分配路径既有优点也有其局限，应当结合各国具体国情进行选择。基准与信用制度方面，起到了激励碳排放主体减少温室气体排放的作用，同时推动了碳市场的运转。但也存在无法降低消费者对高能耗产品的需求、容易滋生舞弊行为引发道德风险，及行政成本较高等风险。对比来看，二者的主要区别体现在（1）控排主体所参照的减排"对标物"不同以及（2）可交易碳排放标的物的获取时间不同两个方面。

第三，减排目标的实现离不开合理完善的碳定价机制。有效的碳价信号，有利于充分调动社会资金的投入，优化资源配置，刺激清洁技术和市场创新，同时推动低碳经济增长，最终实现减排目标。目前，各国采取的碳定价制度主要有碳税、碳排放交易制度、基于结果的气候融资，以及内部碳定价和自愿交易市场中的碳抵消机制。不同制度的运行机理不尽相同，各有利弊。其中，碳税和碳交易制度是应用最为广泛的碳定价机制。除了碳定价机制对碳价形成具有重要作用之外，碳交易市场的供需关系、自然因素等都会影响碳价水平。所以，碳价的浮动主要是市场力量和国家干预互动的结果。碳价作为指导控排主体减排行动的风向标，只有正确地反映目前的减排成本，才能够有效优化资源的配置。因此，需要找到市场与国家干预机制的平衡点，防止政府的过度干预下的碳价扭曲。

第四，《议定书》为各缔约方提供了一个进行协商、共同参与全球气候治理的平台。并且，创造性地开拓了国际碳交易市场的发展，通过"京都三机制"实质性地联动了发达国家之间，以及南北国家之间的气候治理合作。然而，遗憾的是，《议定书》存在着制度上的"先天不足"，同时又面临着部分国家退出所带来的冲击。从而，导致其实施效果并不理想，并最终以第二阶段承诺期的到期而告终。此后，2007年的"巴厘路线图"、2009年的《哥本哈根协议》、2011年的"德班平台"，以及2013年的华沙气候会议通过的决议，都从不同程度上回应了各国的关切、对国际碳交易制度进行了调整和完善。谈判路径上，从为了将美国拉回全球气候治理合作舞台的"双轨制"，到明确转为"单轨制"。最终在2015年的《公约》缔约方大会第21次会议中通过了《巴黎协定》。《巴黎协定》将"自上而下"的强制性碳减排义务规则，转变为各国"自下而上"的自主减排义务的承担模式。在碳交易制度方面，《巴黎协定》第6条规定了两种交易机制，即ITMOs交易机制和可持续发展机制。开启了联动发展中国家和发达国家共同承担减排义务的新时代。

第五，碳交易市场在推动全球减排进程方面，具有灵活、兼顾减排成本和激励创新、引导资源优化配置，以及创造潜在的社会效益等优点。所以，多边气候治理的艰难推进并没有阻挡越来越多的国家在本国国内建立碳交易市场，同时加强与利益趋同的其他国家或地区协调合作，来实现各自的减排目标。目前全球范围内已经形成了诸如EU ETS、加州碳交易市场等多个大规模的碳交易市场。然而，在国际统一碳市场还在缓慢推进的阶段，仅仅通过国内碳交易来实现本国气候治理目标、完成《巴黎协定》中的国家自主贡献承诺是不够的。因此，各国纷纷尝试与其他国家或地区达成碳交易制度的合作。实现协调合作的模式主要有两种：一是，合作的一方出于自身减排能力受限等考量，通过对标其他国家或地区的规则来建立或修订本国相关规则，从而形成同质性碳交易制度的协调模式。表现形式往往是一方加入另一方的碳交易排放体系；二是，合作的双方本国的碳交易制度已经相对完善，且碳市场运转较为成熟。但是，考虑到想要进一步降低减排成本、扩大减排的范围、获得更优的资源，以及掌握国际减排话语权等，而彼此进行协调合作。这种协调合作往往难度更高，因为合作方的规则差异相对较大，需要经过不断的谈判协商进行妥协。但是，最终能够达成彼此兼容的碳交易制度，会给全球建立统一碳市场产生重要的启示性作用。

第六，各缔约方对于诸如ITMOs交易机制的转让规则，以及SDM机制下的活动能否避免碳排放等实质性问题直到目前仍无法达成一致。在ITMOs交易机制方面，由于其主要是依托各缔约方双边、多边协定的碳交易合作方式所进行的，所以争议基本聚焦于实施的细则，包括（1）ITMOs 交易机制如何实现不同国家自主承诺的履行；（2）稳健的核算标准具体应当如何实施；（3）是否应当保证交易信息的完全公开透明，以及（4）ITMOs 交易机制的管理模式应当如何等问题展开艰难的谈判。而在 SDM 机制方面，涉及联合国统筹建立的监管机构和统一的碳市场，因此目前焦点更多地是针对更加原则性的规定，为 SDM 机制打下基础。包括（1）减排量采取何种核算的方法学；（2）统一监管机构的管理模式如何，以及（3）SDM 机制是否能够实现全球减排总体减缓的目标等。

第七，各缔约方对《巴黎协定》的具体实施规则的谈判协商之所以迟迟无法达成一致，与《巴黎协定》本身规则的设定有关，同时也与目前碳交易实践现状有关。一方面，《巴黎协定》"自下而上"的国家自主贡献的义务模式，在给予了缔约方极大的灵活性和自主性的同时，也会因不同国家承诺的差异性而缺乏可比性，从而降低了各缔约方参与气候治理合作的意愿。不仅如此，《巴黎协定》遵约机制缺乏强制力也导致了各缔约方对全球气候治理的信心不足；另一方面，已有"碳俱乐部"的不同规则造成了全球气候治理"碎片化"，对俱乐部以外国家的减排能力发展造成威胁，实际上分割了全球共同减排的利益格局。

第八，《巴黎协定》下国际碳交易合作的挑战，也造成了我国参与碳交易国际协调的困难。一是，我国碳交易立法仍处于初级阶段，相关规则的缺乏将不利于我国在接下来的谈判中掌握话语权，主张自身利益；二是，目前发达国家主导的碳交易区域市场绿色壁垒较为严重，给我国带来极大的外部压力；三是，我国目前尚未形成与域外碳市场进行有效链接的相关规则，无法有效参与《巴黎协定》下的国际碳市场。

第九，中国在面对《巴黎协定》碳减排艰难推进、发达国家主导的"碳联盟"分化全球气候治理共通利益格局的挑战时，应坚定不移地以"人类命运共同体"为最根本的价值指引，从双边、区域和多边层面，多层次地开展国际碳交易协调合作。本书从三个方面给出相应对策建议：一是，双边层面。积极与域外碳市场进行互动链接，提高减排水平、增强国内碳市场流动性，同时避免碳泄漏。主要的考虑要素包括以下几点：（1）协调不同碳市场减排目标的性质及严格程度,(2)构建科学互认的温室气体监测报告核查标准,以及(3)建立合理的碳价干预机制。二是,区域层面。利用"一带一路"制度性平台,与相关国家开展谈判合作,形成新型区域碳交易市场,为全球气候治理合作提供新思路。应当基于不同国家的不同特点进行相关规则的制定,重点把握以下几点:(1)分批次分阶段逐步推进"一带一路"碳市场建立,(2)构建合适的纠纷解决机制保障"一带一路"碳市场运转,以及(3)设立"一带一路"碳基金为碳市场链接注入动力。三是,多边层面。以"人类命运共同体"理念为指导,积极推动并引导《巴黎协定》下全球碳市场的制度构建。一方面,加强南南合作,协调发展中国家的碳交易合作立场;另一方面,推进南北对话,发挥发展中国家和发达国家间的桥梁作用,从而掌握全球气候治理的话语权,促进气候公平,推动全球减排目标的最终实现。

全球气候治理的发展历程是充满艰难险阻的,也是复杂多变的。但肯定的是,减排净碳仍然是全人类的共同目标,兼顾各方利益,协调整合气候治理的不同进路,应是国际社会共同的理念和追求。

参考文献

一、国际条约、法律法规、官方报告

1. Asian Development Bank, Decoding Article 6 of the Paris Agreement-Version II, December 2020.

2. Barclays Official California Code of Regulations, 17 CA ADC § 95840.

3. Clean Air Act, Title 42, Chapter 85, Subchapter A: Acid Deposition Control, Sec. 7651b-Sulfur dioxide allowance program for existing and new units, United States Code, 2011 Edition.

4. Cap-and-Trade Regulation, California Air Resources Board, 1 April 2019.

5. Directive 2003/87/EC of the European Parliament and of the council of 13 October 2003 establishing a scheme for greenhouse gas emission allowance trading within the Community and amending Council Directive 96/61/EC, OJ L 275, 25. 10. 2003.

6. Directive (EU) 2023/959 of the European Parliament and of the Council of 10 May 2023 amending Directive 2003/87/EC establishing a system for greenhouse gas emission allowance trading within the Union and Decision (EU) 2015/1814 concerning the establishment and operation of a market stability reserve for the Union greenhouse gas emission trading system, PE/9/2023/REV/1, OJ L 130, 16. 5. 2023.

7. European Union, Regulation (EU) 2023/956 of the European Parliament and of the Council of 10 May 2023 establishing a carbon border adjustment mechanism, PE/7/2023/REV/1, OJ L 130, 16. 5. 2023.

8. European Union, Council Decision (EU) 2017/2240 of 10 November 2017 on the signing, on behalf of the Union, and provisional application of the Agreement between the European Union and the Swiss Confederation on the linking of their greenhouse gas emissions trading systems, Official Journal of the European Union, L 322, Vol. 60, 7 December 2017.

9. European Union, REGULATION (EU) 2023/956 OF THE EUROPEAN PARLIAMENT AND OF THE COUNCIL of 10 May 2023 establishing a carbon border adjustment mechanism, Official Journal of the European Union, L 130, Vol. 66, 16 May 2023.

10. European Commission, Joint press release: Australia and European Commission agree on pathway towards fully linking Emissions Trading system, IP/12/916, 28 August 2012.

11. Guidelines for the implementation of Article 6 of the Kyoto Protocol, Decision 9/CMP. 1, FCCC/KP/CMP/2005/8/Add. 2.

12. IPCC, Climate Change 2022: *Impacts, Adaptation and Vulnerability. Working Group II Contribution of to the Sixth Assessment Report of the Intergovernmental Panel on Climate Change*, Cambridge University Press, 2022.

13. IPCC, Climate Change 2023: Synthesis Report, Summary for Policymakers. Contribution of Working Groups I, II and III to the Sixth Assessment Report of the Intergovernmental Panel on Climate Change, 2023.

14. IPCC, Climate Change 2021: The Physical Science Basis. Working Group I Contribution to the Sixth Assessment Report of the Intergovernmental Panel on Climate Change, Cambridge University Press, 2021.

15. IPCC, Climate Change 2013: The Physical Science Basis, Working Group I Contribution to the Fifth Assessment Report of the Intergovernmental Panel on Climate Change, Cambridge University Press, 2013.

16. ICAP, Emissions Trading Worldwide: 2022 ICPA Status Report, Berlin (2022).

17. ICAO, Assembly Resolution A39-22/2: Consolidated statement of continuing ICAO policies and practices related to environmental protection—Global Market-based Measure (MBM) scheme, 2016.

18. Report of the Conference of the Parties on its twenty-first session, held in Paris from 30 November to 13 December 2015. Addendum. Part two: Action taken by the Conference of the Parties at its twenty-first session, FCCC/CP/2015/10/Add. 1, 29 Jan 2016.

19. Report of the Conference of the Parties serving as the meeting of the Parties to the Paris Agreement on the third part of its first session, held in Katowice from 2 to 15 December 2018, FCCC/PA/CMA/2018/3/Add. 2, 19 March 2019.

20. Sec. 7651b. (f), SUBCHAPTER IV, CHAPTER 85, Clean Air Act, 42 U. S. C.

21. THE SINGLE EUROPEAN ACT, OJ L 169, 29. 6. 1987.

22. S. 2191 America's Climate Security Act of 2007, As ordered reported by the Senate Committee on Environment and Public Works on December 5, 2007, CONGRESSIONAL BUDGET OFFICE

COST ESTIMATE, 10 April 2008.

23. Québec, Ministère de l'Environment, de la Lutte contre les changements climatiques, de la Faune et des Parcs.

24. The World Bank, RESULTS BASED CLIMATE FINANCE IN PRACTICE: DELIVERING CLIMATE FINANCE FOR LOW-CARBON DEVELOPMENT, May 2017.

25. UNFCCC, Nationally determined contributions under the Paris Agreement. Synthesis report by the secretariat. FCCC/PA/CMA/2022/4, 26 Oct 2022.

26. UNFCCC, Executive summary by the Standing Committee on Finance on the first report on the determination of the needs of developing country Parties related to implementing the Convention and the Paris Agreement, 14 Oct 2021.

27. UNFCCC, Guidance on cooperative approaches referred to in Article 6, paragraph 2, of the Paris Agreement, Decision-/CMA.3, 14 Nov. 2021.

28. UNFCCC, Guidance on the mechanism established by Article 6, paragraph 4, of the Paris Agreement, Decision 7/CMA.4, FCCC/PA/CMA/2022/10/Add.2, 17 March 2023.

29. UNFCCC, CLEAN DEVELOPMENT MECHANISM CDM METHODOLOGY BOOKLET (5th ed., November 2016).

30. United Nations, Paris Agreement, article 4.2 (2015).

31. UNFCCC, ACHIEVEMENTS OF THE CLEAN DEVELOPMENT MECHANISM: Harnessing Incentive for Climate Action (2001-2018).

32. UNFCCC, Ad Hoc Working Group on the Durban Platform for Enhanced Action (ADP).

33. UNFCCC, Adaptation, the UNFCCC and the Convention, 10 July 2014.

34. UNFCCC Secretariat, 2022 NDC under the Paris Agreement: Synthesis Report, FCCC/PA/CMA/2022/4, 26 October 2022.

35. WCI, Inc, 2022 Annual Report, p.3, 12 May 2023.

36. 《联合国气候变化框架公约》京都议定书，联合国 1998 年。

37. 《发展权利宣言》，联合国大会第 41/128 号决议。

38. 《中华人民共和国民法典》，中华人民共和国主席令第 45 号。

39. 《碳排放权交易管理暂行条例》，中华人民共和国国务院令第 775 号。

40. 《碳排放权交易管理办法（试行）》，生态环境部令第 19 号。

41. 《温室气体自愿减排交易管理办法（试行）》，生态环境部、市场监管总局令第 31 号。

42. 《关于做好 2021、2022 年度全国碳排放权交易配额分配相关工作的通知》，国环规气候〔2023〕1 号。

43. 生态环境部（原环境保护部）、外交部、发展改革委、商务部联合发布：《关于推进绿色"一带一路"建设的指导意见》,环国际〔2017〕58号,2017年4月24日。

44.《中国本世纪中叶长期温室气体低排放发展战略》,2021年10月28日。

45.《中国落实国家自主贡献目标进展报告(2022)》,2022年11月11日。

46.《国务院办公厅关于印发国务院2023年度立法工作计划的通知》,国办发〔2023〕18号。

47.《关于做好2023—2025年部分重点行业企业温室气体排放报告与核查工作的通知》,环办气候函〔2023〕332号。

48.《清洁空气法案》摘要,2007年4月。

二、案例

1. Case T-183/07, Poland v Commission, Judgment of the Court of First Instance (Second Chamber) of 23 September 2009.

2. Case T-183/07 R, Poland v Commission, Order of the President of the Court of First Instance of 9 November 2007.

三、中文著作、译作

1. 廖振良编著:《碳排放交易理论与实践》,同济大学出版社2016年版。

2. 孙永平主编:《碳排放权交易概论》,社会科学文献出版社2016年版。

3. 朱家贤:《环境金融法研究》,法律出版社2009年版。

4. 吴健:《排污权交易——环境容量管理制度创新》,中国人民大学出版社2005年版。

5. 郑玉波:《民法物权》,国家行政学院出版社1998年版。

6. 林云华:《国际气候合作与排放权交易制度研究》,中国经济出版社2007年版。

7. 习近平:《共同构建人类命运共同体》,载习近平:《论坚持推动构建人类命运共同体》,中央文献出版社2018年版。

8. 〔澳〕大卫·希尔曼、约瑟夫·韦恩·史密斯:《气候变化的挑战与民主的失灵》,武锡申、李楠译,社会科学文献出版社2009年版。

9. 〔英〕简·汉考克:《环境人权:权力、伦理与法律》,李隼译,重庆出版社2007年版。

四、中文期刊

1. 吕江:《〈巴黎协定〉:新的制度安排、不确定性及中国选择》,载《国际观察》2016年第3期。

2. 涂瑞和:《〈联合国气候变化框架公约〉与〈京都议定书〉及其谈判进程》,载《环境保护》2005年第3期。

3. 张晓华、祁悦：《"后巴黎"全球气候治理形势展望与中国的角色》，载《中国能源》2016 年第 7 期。

4. 张赓：《中国参与全球气候治理的角色演变与路径优化》，载《中南林业科技大学学报（社会科学版）》2023 年第 2 期。

5. 王云鹏：《论〈巴黎协定〉下碳交易的全球协同》，载《国际法研究》2022 年第 3 期。

6. 张海滨：《全球气候治理的历程与可持续发展的路径》，载《当代世界》2022 年第 6 期。

7. 高凛：《〈巴黎协定〉框架下全球气候治理机制及前景展望》，载《国际商务研究》2022 年第 6 期。

8. 朱炳成：《全球气候治理面临的挑战及其法制应对》，载《中州学刊》2020 年第 4 期。

9. 赵斌：《全球气候政治的现状与未来》，载《人民论坛》2022 年第 14 期。

10. 周亚敏：《单边气候规制的国际政治经济学分析——以美欧为例论绿色霸权的构建》，载《世界经济与政治》2022 年第 12 期。

11. 曾文革、江莉：《〈巴黎协定〉下我国碳市场机制的发展桎梏与纾困路径》，载《东岳论丛》2022 年第 2 期。

12. 北京理工大学能源与环境政策研究中心：《中国碳市场回顾与展望（2022）》，载《能源经济预测与展望研究报告》总第 62 期。

13. 李猛：《"双碳"目标背景下完善我国碳中和立法的理论基础与实现路径》，载《社会科学研究》2021 年第 6 期。

14. 曾刚、万志宏：《碳排放权交易：理论及应用研究综述》，载《金融评论》2010 年第 4 期。

15. 倪蕴帷：《排放权交易的正当性思辨——基于欧美实证经验分析》，载《交大法学》2020 年第 4 期。

16. 侯燕磊、魏巍：《借鉴欧盟碳交易市场衔接机制经验 力促我国碳交易市场有为有序发展》，载《中国经贸导刊》2023 年第 2 期。

17. 孙永平等：《全球气候治理的自愿合作机制及中国参与策略——以〈巴黎协定〉第六条为例》，载《天津社会科学》2022 年第 4 期。

18. 陈真亮、项如意：《碳排放权法律属性的公私法检视及立法建议》，载《武汉科技大学学报（社会科学版）》2022 年第 1 期。

19. 郭楠：《碳排放权的规范解构与实践反思》，载《中国地质大学学报（社会科学版）》2022 年第 6 期。

20. 王慧：《论碳排放权的特许权本质》，载《法制与社会发展》2017 年第 6 期。

21. 杜晨妍、李秀敏：《论碳排放权的物权属性》，载《东北师大学报（哲学社会科学版）》2013 年第 1 期。

22. 叶勇飞：《论碳排放权之用益物权属性》，载《浙江大学学报（人文社会科学版）》2013 年第 6 期。

23. 刘自俊、贾爱玲：《论碳排放权的法律性质——准用益物权》，载《环境污染与防治》2013 年第 10 期。

24. 李素荣：《碳排放权的法律属性分析——兼论碳排放权与碳排放配额的关系》，载《南方金融》2022 年第 3 期。

25. 王国飞、金明浩：《控排企业碳排放权：属性新释与保障制度构建》，载《理论月刊》2021 年第 12 期。

26. 杨博文：《碳达峰、碳中和目标下碳排放权的权利构造与应然理路》，载《河海大学学报（哲学社会科学版）》2022 年第 3 期。

27. 任洪涛：《民法典实施背景下碳排放权数据产权属性的法理证成及规范进路》，载《法学杂志》2022 年第 6 期。

28. 丁丁、潘方方：《论碳排放权的法律属性》，载《法学杂志》2012 年第 9 期。

29. 王明远：《论碳排放权的准物权和发展权属性》，载《中国法学》2010 年第 6 期。

30. 曹霞、郅宇杰：《基于"权额分立"理念的碳排放权性质与相关概念审视》，载《中国环境管理》2022 年第 5 期。

31. 季华：《〈巴黎协定〉国际碳市场法律机制的内涵、路径与应对》，载《江汉学术》2023 年第 4 期。

32. 曾文革、党庶枫：《〈巴黎协定〉国家自主贡献下的新市场机制探析》，载《中国人口·资源与环境》2017 年第 9 期。

33. 王际杰：《〈巴黎协定〉下国际碳排放权交易机制建设进展与挑战及对我国的启示》，载《环境保护》2021 年第 13 期。

34. 胡王云：《〈巴黎协定〉下全球气候治理的俱乐部模式及其功能和风险》，载《太平洋学报》2023 年第 2 期。

35. 魏庆坡：《我国在巴黎气候会议之后的减排路径思考》，载《太平洋学报》2015 年第 8 期。

36. 王利：《我国碳交易实践及其法律促导机制分析——以〈巴黎协定〉为背景》，载《太原师范学院学报（社会科学版）》2019 年第 1 期。

37. 龚伽萝：《国际碳排放权交易机制最新进展——〈巴黎协定〉第六条实施细则及其影响》，载《阅江学刊》2022 年第 6 期。

38. 张立锋：《欧盟碳市场法制建设若干特点及对中国的启示》，载《河北学刊》2018 年第 4 期。

39. 骆华等：《国际碳排放权交易机制比较研究与启示》，载《经济体制改革》2012 年第

2 期。

40. 朱梦羽:《美国碳排放权交易市场中的善意买方保护机制的特征与启示》,载《学术研究》2016 年第 12 期。

41. 陈婉玲、陈亦雨:《区际"碳公平"的责任分配与法治进路》,载《河北法学》2022 年第 12 期。

42. 易兰等:《碳市场建设路径研究:国际经验及对中国的启示》,载《气候变化研究进展》2019 年第 3 期。

43. 曹明德:《中国碳排放交易面临的法律问题和立法建议》,载《法商研究》2021 年第 5 期。

44. 江莉、曾文革:《碳市场链接的国际法律空洞化问题与中国对策》,载《中国人口·资源与环境》2022 第 6 期。

45. 王莉、闫媛媛:《碳排放权法律属性的二元界定》,载《山东科技大学学报(社会科学版)》2022 年第 3 期。

46. 沈宗灵:《权利、义务、权力》,载《法学研究》1998 年第 3 期。

47. 张红、陈敬林:《论碳交易市场中的碳排放权》,载《贵州师范大学学报(社会科学版)》2023 年第 3 期。

48. 杨本研、方堃:《碳排放权的法律属性研究》,载《环境保护》2021 年第 16 期。

49. 田丹宇:《我国碳排放权的法律属性及制度检视》,载《中国政法大学学报》2018 年第 3 期。

50. 魏庆坡:《碳排放权法律属性定位的反思与制度完善——以双阶理论为视角》,载《法商研究》2023 年第 4 期。

51. 胡田野:《准物权与用益物权的区别及其立法模式选择》,载《学术论坛》2005 年第 3 期。

52. 张璐:《气候资源国家所有之辩》,载《法学》2012 年第 7 期。

53. 郑少华、孟飞:《论排放权市场的时空维度:低碳经济的立法基础》,载《政治与法律》2010 年第 11 期。

54. 赖虹宇:《环境权入宪的规范模式:选择及其实现》,载《北京行政学院学报》2018 年第 6 期。

55. 邓海峰:《环境容量的准物权化及其权利构成》,载《中国法学》2005 年第 4 期。

56. 严益州:《德国行政法上的双阶理论》,载《环球法律评论》2015 年第 1 期。

57. 秦天宝:《双阶理论视域下碳排放权的法律属性及规制研究》,载《比较法研究》2023 年第 2 期。

58. 郑雅方、满艺姗:《行政法双阶理论的发展与适用》,载《苏州大学学报(哲学社会科学版）》2019 年第 2 期。

59. 高原、黄瑞：《碳排放权交易合同法律风险识别与预防》，载《北京仲裁》2021 年第
    1 辑。

60. 齐绍洲、王班班：《碳交易初始配额分配：模式与方法的比较分析》，载《武汉大学学
    报（哲学社会科学版）》2013 年第 5 期。

61. 谢来辉、陈迎：《碳泄漏问题评析》，载《气候变化研究进展》2007 年第 4 期。

62. 宣晓伟、张浩：《碳排放权配额分配的国际经验及启示》，载《中国人口·资源与环
    境》2013 年第 12 期。

63. 熊灵、齐绍洲：《欧盟碳排放交易体系的结构缺陷、制度变革及其影响》，载《欧洲研
    究》2012 年第 1 期。

64. 程叶青等：《中国能源消费碳排放强度及其影响因素的空间计量》，载《地理学报》
    2013 年第 10 期。

65. 边永民：《贸易措施在减排温室气体制度安排中的作用》，载《南京大学学报（哲学·
    人文科学·社会科学版）》2009 年第 1 期。

66. 杨晓妹：《应对气候变化：碳税与碳排放权交易的比较分析》，载《青海社会科学》
    2010 年第 6 期。

67. 李书林等：《国际碳税政策实践发展与经验借鉴》，载《中国环境管理》2023 年第
    4 期。

68. 吴巧生、成金华：《论全球气候变化政策》，载《中国软科学》2003 年第 9 期。

69. 王慧、曹明德：《气候变化的应对：排污权交易抑或碳税》，载《法学论坛》2011 年第
    1 期。

70. 陈秀梅：《碳税与许可证交易的对比分析》，载《番禺职业技术学院学报》2008 年第
    2 期。

71. 刘明明：《碳排放交易与碳税的比较分析——兼论中国气候变化立法的制度选择》，载
    《江西财经大学学报》2013 年第 1 期。

72. 朱帮助等：《内部碳定价机制是否实现了减排与增收双赢》，载《会计研究》2021 年第
    4 期。

73. 葛新锋：《碳抵消机制的实践及建议》，载《金融纵横》2021 年第 11 期。

74. 彭晓洁、钟永馨：《碳排放权交易价格的影响因素及策略研究》，载《价格月刊》2021
    年第 12 期。

75. 蒋志雄、王宇露：《我国强制碳排放权交易市场的价格形成机制优化》，载《价格理论
    与实践》2015 年第 4 期。

76. 王文治：《中国省域间碳排放的转移测度与责任分担》，载《环境经济研究》2018 年第

1 期。

77. 周洪钧:《〈京都议定书〉生效周年述论》,载《法学》2006 年第 3 期。

78. 边永民:《世界贸易组织法视域下欧盟碳边境调节措施的合法性》,载《经贸法律评论》2022 年第 2 期。

79. 吴卫星:《后京都时代(2012~2020 年)碳排放权分配的战略构想——兼及"共同但有区别的责任"原则》,载《南京工业大学学报(社会科学版)》2010 年第 2 期。

80. 谷德近:《巴厘岛路线图:共同但有区别责任的演进》,载《法学》2008 年第 2 期。

81. 高小升、石晨霞:《中美欧关于 2020 年后国际气候协议的设计——一种比较分析的视角》,载《教学与研究》2016 年第 4 期。

82. 姚莹:《德班平台气候谈判中我国面临的减排挑战》,载《法学》2014 年第 9 期。

83. 严双伍、肖兰兰:《中国与 G77 在国际气候谈判中的分歧》,载《现代国际关系》2010 年第 4 期。

84. 傅平:《华沙会议折射未来国际气候关系趋势》,载《中国财政》2014 年第 3 期。

85. 杨博文:《〈巴黎协定〉后全球气候多边进程的国际规则变迁及中国策略》,载《上海对外经贸大学学报》2023 年第 5 期。

86. 袁倩:《〈巴黎协定〉与全球气候治理机制的转型》,载《国外理论动态》2017 年第 2 期。

87. 曹莉、刘琰:《联合国框架下的国际碳交易协同与合作——从〈京都议定书〉到〈巴黎协定〉》,载《中国金融》2022 年第 23 期。

88. 门丹、龙飞:《美国排放权交易对我国碳交易的启示与借鉴》,载《经济导刊》2011 年第 12 期。

89. 冯静茹:《论欧美碳交易立法路径的选择及其对我国的启示》,载《河北法学》2013 年第 5 期。

90. 刘晓凤:《美国区域性碳市场:发展、运行与启示》,载《江苏师范大学学报(哲学社会科学版)》2017 年第 3 期。

91. 陈贻健:《〈巴黎协定〉下国家自主贡献的双重义务模式》,载《法学研究》2023 年第 5 期。

92. 倪娟:《气候俱乐部:国际气候合作的新思路》,载《国外社会科学》2016 年第 3 期。

93. 赵玉意:《气候变化"小多边主义"法治研究》,载《国际经济法学刊》2022 年第 2 期。

94. 蒋含颖等:《气候变化国际合作的进展与评价》,载《气候变化研究进展》2022 年第 5 期。

95. 孙永平、张欣宇:《气候俱乐部的理论内涵、运行逻辑和实践困境》,载《环境经济研究》2022 年第 1 期。

96. 边永民：《欧盟碳边境调节机制的合法性和应对》，载《中国电力企业管理》2022 年第
6 期。

97. 赵骏、孟令浩：《我国碳排放权交易规则体系的构建与完善——基于国际法治与国内法
治互动的视野》，载《湖北大学学报（哲学社会科学版）》2021 年第 5 期。

98. 任洪涛：《"双碳目标"背景下我国碳交易市场制度的不足与完善》，载《环境法评论》
第八辑。

99. 王海晶、王亚萍：《"双碳"目标愿景下我国碳排放交易市场的法律规制研究》，载
《社会科学动态》2022 年第 8 期。

100. 赵佳、温立洲：《"双碳"背景下我国开征碳税的可行性探索》，载《上海企业》2023
年第 8 期。

101. 刘明明：《中国碳排放配额初始分配的法律思考》，载《江淮论坛》2019 年第 4 期。

102. 冯子航：《"双碳"目标下我国碳配额初始分配的法治进路》，载《西南金融》2023 年
第 9 期。

103. 谭柏平、邢铈健：《碳市场建设信息披露制度的法律规制》，载《广西社会科学》2021
年第 9 期。

104. 肖兰兰：《美欧跨大西洋气候合作对中国的影响及应对策略》，载《中国地质大学学报
（社会科学版）》2022 年第 6 期。

105. 闫云凤等：《欧盟碳边境调节机制对中国经济与碳排放的影响研究》，载《上海立信会
计金融学院学报》2023 年第 4 期。

106. 叶楠：《中日韩碳排放权交易体系链接的评估与路径探讨》，载《东北亚论坛》2018
年第 2 期。

107. 邬彩霞：《国际碳排放权交易市场连接的现状及对中国的启示》，载《东岳论丛》2017
年第 5 期。

108. 杨大鹏等：《"一带一路"国家和地区开展碳市场链接的设想与展望》，载《中华环
境》2021 年第 12 期。

109. 胡炜：《碳排放交易的再审视：全球、区域和自愿的兼容模式——以美国退出〈巴黎
协定〉为切入点》，载《国际法研究》2018 年第 1 期。

110. 史学瀛、孙成龙：《"一带一路"碳市场法律制度初构》，载《理论与现代化》2020 年
第 2 期。

111. 黄润源：《碳基金的法律解读》，载《学术论坛》2013 年第 6 期。

112. 顾岚茜等：《"双碳"目标下我国碳基金发展问题与对策研究》，载《产业创新研究》
2023 年第 13 期。

113. 杨卫东、陈怡宇：《国际碳政治的话语权博弈：基于批评话语的分析视角》，载《国际关系研究》2023 年第 1 期。

114. 李彦文、李慧明：《全球气候治理的权力政治逻辑及其超越》，载《山东社会科学》2020 年第 12 期。

115. 张富利：《公平视域下我国碳排放配额的初始分配》，载《华侨大学学报（哲学社会科学版）》2020 年第 5 期。

116. 李挚萍：《碳交易市场的监管机制研究》，载《江苏大学学报（社会科学版）》2012 年第 1 期。

117. 王国飞：《中国国家碳市场信息公开：实践迷失与制度塑造》，载《江汉论坛》2020 年第 4 期。

118. 刘志仁：《论"双碳"背景下中国碳排放管理的法治化路径》，载《法律科学（西北政法大学学报）》2022 年第 3 期。

119. 赵骏、吕成龙：《气候变化治理技术方案之中国路径》，载《现代法学》2013 年第 3 期。

120. 魏圣香：《气候变化应对机制的选择：碳税抑或碳排放权交易——基于 WTO 视角的分析》，载《科技管理研究》2016 年第 22 期。

121. 许光：《碳税与碳交易在中国环境规制中的比较及运用》，载《北方经济》2011 年第 3 期。

122. 叶甜甜：《中国碳交易与碳税协同的政策研究》，载《中国商论》2023 年第 18 期。

123. 石敏俊等：《碳减排政策：碳税、碳交易还是两者兼之?》，载《管理科学学报》2013 年第 9 期。

124. 王钦：《我国开征碳税的现实依据及政策应对》，载《时代金融》2023 年第 2 期。

125. 刘明明：《论碳排放权交易市场失灵的国家干预机制》，载《法学论坛》2019 年第 4 期。

126. 吴凌云：《碳排放权交易市场中政府干预的法律边际》，载《海南金融》2023 年第 8 期。

五、中文学位论文

1. 党庶枫：《〈巴黎协定〉国际碳交易机制研究》，重庆大学 2018 年博士学位论文。
2. 冯楠：《国际碳金融市场运行机制研究》，吉林大学 2016 年博士学位论文。

六、英文著作

1. Chad Damro，Pilar Luaces Méndez，*Emissions trading at Kyoto：from EU resistance to Union in-*

novation, Environmental Politics, Vol. 12, No. 2. , 2003.

2. De Miguel, et al. , *Climate change and reduction of CO2 emissions: the role of developing countries in carbon trade markets*, United Nations publication, 2012.

3. Daniel H. Cole, "New Forms of Private Property: Property Rights in Environmental Goods", in Boudewijn Bouckaert, *Property Law and Economics*, *Edward Elgar Publishing*, 2010.

4. Daniel Nachtigall et al. , *Carbon pricing and COVID-19: Policy changes, challenges and design options in OECD and G20 countries*, OECD Environment Working Papers, No. 191. , 2022.

5. S. Deatherage, *Carbon trading law and practice*, Oxford University Press 2011.

6. Michael G. Faure, Roy A. Partain, *Environmental Law and Economics: Theory and Practice*, Cambridge University Press, 2019.

7. Joyeeta Gupta, *The History of Global Climate Governance*, Cambridge University Press, 2014.

8. Lash Scotf, et al. , Risk Envinnmend and Modernity: Towards a New Ecology, SAGE Publications Ltd, 1998.

9. John Stuart Mill, *On Liberty*, Dover Publications, 2001.

10. David Freestone, Charlotle Streck, *Legal Aspects of Carbon Trading: Kyoto, Copenhagen and beyond*, Oxford Academic, 2009.

11. Maxwell Boyoff, *The Politics of Climate Change: A Survey*, Routledge, 2010.

12. Richard G. Newell, *International Climate Technology Strategies*, *Forthcoming in Climate Change Policy Beyond Kyoto*, Cambridge University Press 2009.

13. Derik Broekhoff et al. , *Securing Climate Benefit: A Guide to Using Carbon Offsets*, Stockholm Environment Institute & Greenhouse Gas Management Institute, 2019.

14. Christina Hood, et al. , *GHG or not GHG: Accounting for Diverse Mitigation Contributions in the Post-2020 Climate Framework*, OECD/IEA, 2014.

15. Michael Grubb, et al. , *Routledge Revivals: Kyoto Protocol (1999): A Guide and Assessment*, Rartledge, 1999.

16. Sebastian Oberthür, Hermann E. Ott, *The Kyoto Protocol: International Climate Policy for the 21st Century*, Springer Berlin, 1999.

17. Susan Biniaz, *ICAO's CORSIA and the Paris Agreement: Cross-Cutting Issues*, C2ES, 2017.

七、英文期刊

1. Josê Alcalde, et al. , "Pigouvian Taxes: A Strategic Approach", *Journal of Public Economic Theory*, Vol. 1, 1999.

2. Anastasia Telesetsky, "The Kyoto Protocol", *Ecology Law Quarterly*, Vol. 26, No. 4. , 1999.

3. Anja Kollmuss, et al., "Has Joint Implementation reduced GHG emissions? Lessons learned for the design of carbon market mechanisms", *Stockholm Environment Institute*, 2015.

4. Karoliina Anttonen, et al., "Breathing Life into the Carbon Market: Legal Frameworks of Emissions Trading in Europe", *European Energy and Environmental Law Review*, Vol. 16, No. 4., 2007.

5. Amanda M. Rosen, "The Wrong Solution at the Right Time: The Failure of the Kyoto Protocol on Climate Change", *Politics&Policy*, Vol. 43, No. 1., 2015.

6. Andrei Marcu, Mandy Rambharos, "Rulebook for Article 6 in the Paris Agreement: Takeaway from the COP 24 outcome", *European Roundtable on Climate Change and Sustainable Transition*, 2019.

7. Christoph Böhringer, Carsten Vogt, "Economic and environmental impacts of the Kyoto Protocol", *The Canadian Journal of Economics/ Revue canadienne d'économique*, Vol. 36, No. 2., 2003.

8. Christoph Böhringer, "The Kyoto Protocol: A Review and Perspectives", *Oxford Review of Economic Policy*, Vol. 19, No. 3., 2003.

9. Basil Ugochukwu, "Challenges of Integrating SDGs in market−based climate mitigation projects under the Paris agreement", *McGill international Journal of Sustainable Development Law*, Vol. 16, No. 1., 2020.

10. Christopher Campbell−Durufle, "Enhancing Climate Adaptation through the Paris Agreement Market Approaches: Opportunities for COP 25 and Beyond", *Carbon & Climate Law Review*, Vol. 3, 2019.

11. Charlotte Streck, et al., "The Paris Agreement: A New Beginning", *Journal for European Environmental & Planning Law*, Vol. 13, No. 1., 2016.

12. Christopher Napoli, "Understanding Kyoto's Failure", *The SAIS Review of International Affairs*, Vol. 32, No. 2., 2012.

13. Brian Copeland & M. Scott Taylor, "Free trade and global warming: a trade theory view of the kyoto protocol", *Journal of Environmental Economics and Management*, Vol. 49, 2005.

14. Dallas Burtraw, et al., "Linking by Degrees: Incremental Alignment of Cap−and−Trade Markets", Resources for the Future *DP*, 2013.

15. Jessica F. Green, "Don't link carbon markets", *Nature*, Vol. 543, 2017.

16. Dave Huitema, et al., "The Evaluation of Climate Policy: Theory and Emerging Practice in Europe", *Policy Sciences*, Vol. 44, 2011.

17. Bjart J. Holtsmark, Dag Einar Sommervoll, "International Emissions Trading in a Non−cooperative Equilibrium", *Discussion Paper*, No. 542., 2008.

18. Robert W. Hahn, "Economic Prescriptions for Environmental problems: How the Patient Fol-

lowed the Doctor's orders", *Journal of Economic Perspectiv*, Vol. 3, No. 2. , 1989.

19. Ian Bailey, et al. , "Ecological Modernisation and the Governance of Carbon: A Critical Analysis", *Antipode*, Vol. 43, No. 3. , 2011.

20. Judson Jaffe, et al. , "Linking Tradable Permit Systems: A Key Element of Emerging International Climate Policy Architecture", *Ecology Law Quarterly*, Vol. 36, No. 4. , 2009.

21. Jonathan Aldred, "The Ethics of Emissions Trading", *New Political Economy*, Vol. 17, No. 3. , 2012.

22. Jon Hovi, et al. , "Climate change mitigation: a role for climate clubs?", *Palgrave Communications*, 2016.

23. Karin Bäckstrand, Eva Lövbrand, "The Road to Paris: Contending Climate Governance Discourses in the Post-Copenhagen Era", *Journal of Environmental Policy and Planning*, 2016.

24. Andrew Keeler, Alexander Thompson, "Industrialized-Country Mitigation Policy and Resource Transfers to Developing Countries: Improving and Expanding Greenhouse Gas Offsets", *The Harvard Project for International Climate Agreements*, 2008.

25. Kate Crowley, "Up and down with climate politics 2013-2016: the repeal of carbon pricing in Australia", *Wires Climate Change*, Vol. 8, No. 3. , 2017.

26. M. I. Mace, "The Legal Nature of Emission Reductions and EU Allowances: Issues Addressed in an International Workshop", *Journal for European Environmental and Planning Law*, Vol. 2, No. 2. , 2005.

27. William R. Moomaw, Patrick Verkooijen, "The Future of the Paris Climate Agreement: Carbon Pricing as a Pathway to Climate Sustainability", *The Fletcher Forum of World Affairs*, Vol. 41, No. 1. , 2017.

28. Mumma, Dr. Albert, "The Poverty of Africa's Position at the Climate Change Convention Negotiations", *UCLA Journal of Environmental Law and Policy*, Vol. 19, No. 1. , 2000.

29. Martin Cames, et al. , "International market mechanisms after Paris", German Emissions Trading Authority, 2016.

30. Fatemeh Bakhtiari, et al. , "Sustainability labelling as a tool for reporting the sustainable development impacts of climate actions relevant to Article 6 of the Paris Agreement", *International Environmental Agreements: Politics, Law and Economics*, Vol. 19, No. 2. , 2019.

31. Janka Oertel, et al. , "Climate Superpowers: How the EU and China can compete and cooperate for a green future", *European Council on Foreign Relations*, 2020.

32. R. H. Coase, "The Problem of Social Cost", *The Journal of Law and Economics*, Vol. 56, No. 4. , 2013.

33. Robert W. Hahn, Gordon L. Hester, "Where Did All the Markets Go? An Analysis of EPA's Emissions Trading Program", *Yale Journal on Regulation*, vol. 6, 1989.

34. Raymond Clémençon, "The Bali Road Map: A First Step on the Difficult Journey to a Post-Kyoto Protocol Agreement", *The Journal of Environment and Development*, Vol. 17, No. 1., 2008.

35. Wen-chen Shih, "Legal Nature of the Traded Units under the Emissions Trading Systems and Its Implication to the Relationship between Emissions Trading and the WTO", *Manchester Journal of International Economic Law*, Vol. 9, No. 2., 2012.

36. INC, "Summary of the Eleventh Session of the INC for a Framework Convention on Climate Change: 6-17 February 1995", *Earth Negotiations Bulletin*, Vol. 12, No. 11., 1995.

37. Sergey V. Paltsev, "The Kyoto Protocol: Regional and Sectoral Contributions to the Carbon Leakage", *The Energy Journal*, Vol. 22, No. 4., 2001, pp. 53-77.

38. Stuart Evans, Aaron Z. Wu, "What drives cooperation in carbon markets? Lessons from decision-makersin the Australia-EU ETS linking negotiations", *Climate Policy*, Vol. 21, No. 8., 2021, pp. 1086-1098.

39. Stefano F. Verde, Simone Borghesi, "The International Dimension of the EU Emissions Trading System: Bringing the Pieces Together", *Environmental and Resource Economics*, Vol. 83, 2022.

40. Nicole Lederer, "The European Emissions Trading Scheme and International Emissions Trading —— A Comparative Analysis", *New Zealand Journal of Environmental Law*, Vol. 12, No. 1., 2008.

41. Sean D Murphy U. S. Rejection of Kyoto Protocol Process, *The American Journal of International Law*, Vol. 95, No. 3., 2001.

42. W. P. Welch, "The Political Feasibility of Full Ownership Property Rights: The Cases of Pollution and Fisheries", *Policy Sciences*, Vol. 16, No. 2., 1983.

43. Wolfgang Sterk, Joseph Kruger, "Establishing a transatlantic carbon market", *Climate Policy*, Vol. 9, 2009.

44. Jian-Lei Mo, Lei Zhu, "Using Floor Price Mechanisms to Promote Carbon Capture and Storage (CCS) Investment and CO_2 Abatement", *Energy & Environment*, Vol. 25, 2014.

八、网络文章

1. Climate Watch, Historical GHG Emissions (1990-2020), available at: https://www. climate-watchdata. org/ghg-emissions, last visited on 29 July 2023.

2. Center for Climate and Energy Solutions, California Cap and Trade, available at: https://www.

c2es. org/content/california-cap-and-trade/#, last visited on 19 June 2023.

3. Linking of Switzerland to the EU emissions trading system-entry into force on 1 January 2020, European Council, 9 December 2019, available at: https://www. consilium. europa. eu/en/press/ press-releases/2019/12/09/linking-of-switzerland-to-the-eu-emissions-trading-system-entry-into-force-on-1-january-2020/, last visited on 18 July 2023.

4. IPCC, The evidence is clear: the time for action is now. We can halve emissions by 2030, IPCC PRESS RELEASE, 4 April 2022, available at: https://www. ipcc. ch/report/ar6/wg3/resources/ press/press-release/, last visited on 12 June 2023.

5. Taryn Fransen, Making Sense of Countries' Paris Agreement Climate Pledges, 22 October 2021, World Resource Institute, available at: https://www. wri. org/insights/understanding-ndcs-paris-agreement-climate-pledges, last visited on 12 June 2023.

6. United Nations Climate Change, The Paris Agreement, available at: https://unfccc. int/process-and-meetings/the-paris-agreement, last visited on 10 June 2023.

7. 《习近平在第七十五届联合国大会一般性辩论上的讲话》, 载 http://www. mofcom. gov. cn/article/i/jyjl/m/202009/20200903003397. shtml, 最后访问日期: 2023 年 5 月 1 日。

8. 《积极稳妥推进碳达峰碳中和》, 载 https://www. gov. cn/yaowen/2023-04-06/content_5750183. htm, 最后访问日期: 2023 年 5 月 1 日。

9. 《我国碳市场发展经历三个阶段》, 载 http://www. china-cer. com. cn/shuangtan/2022022 516881. html#, 最后访问日期: 2023 年 5 月 1 日。

10. Anushree A, Economic Externalities: Meaning, Types and Effects | Economics, available at: https://www. economicsdiscussion. net/economics-2/economic-externalities/economic-externalities-meaning-types-and-effects-economics/27067, last visited on 14 April 2023.

11. Pigouvian tax, Energy Education, available at: https://energyeducation. ca/encyclopedia/Pigouvian_ tax, last visited on 14 April 2023.

12. Public Funding, Grants And Subsidies in Germany, WHINHELLER, available at: https:// www. winheller. com/en/business-law/public-commercial-law/public-funding-grants-subsidies. html, last visited on 28 July 2023.

13. 苏南: 《我国台湾地区采购合同要项下当事人权利义务剖析》, 载 http://www. pfccl. org/ uploads/20201116/9297e62bdb56c669c6bad 2985110a33a. pdf, 最后访问日期: 2023 年 8 月 1 日。

14. Barbara Grady, Why 'cap and trade' is still the main way to price emissions, GreenBiz, available at: https://www. greenbiz. com/article/why-cap-and-trade-still-main-way-price-emissions, last visited on 29 July 2023.

15. Lisa Song, Cap and Trade Is Supposed to Solve Climate Change, but Oil and Gas Company E-missions Are Up, PROPUBLICA, Nov. 15, 2019, available at: https://www. propublica. org/article/cap-and-trade-is-supposed-to-solve-climate-change-but-oil-and-gas-company-e-missions-are-up, last visited on 29 July 2023.

16. Development of EU ETS (2005-2020), European Commission, available at: https://climate. ec. europa. eu/eu-action/eu-emissions-trading-system-eu-ets/development-eu-ets-2005-2020_ en, last visited on 29 July 2023.

17. Carbon Credits and Additionality: Past, Present, and Future, Partnership for Market Readiness, World Bank, Technical Note 13, May 2016, available at: https://openknowledge. worldbank. org/server/api/core/bitstreams/d0ad30e4-af71-5bf0-ab79-d4eafc0629df/content#: ~: text = Most% 20countries% 20or% 20constituencies% 20considering% 20climate% 20mitigation% 20policy, deemed% 20to% 20reduce% 20emissions% 20from% 20a% 20reference% 20scenario, last visited on 29 July 2023.

18. BASELINE AND CREDIT VERSUS CAP AND TRADE EMISSIONS TRADING SCHEMES, McLennan Magasanik Associates, available at: https://core. ac. uk/download/pdf/30684833. pdf, last visited on 29 July 2023.

19. The Clean Development Mechanism, United Nations Climate Change, available at: https://unfccc. int/process-and-meetings/the-kyoto-protocol/mechanisms-under-the-kyoto-proto-col/the-clean-development-mechanism, last visited on 29 July 2023.

20. Carbon intensity, U. S. Energy Information Administration, available at: https://www. eia. gov/tools/glossary/index. php? id=carbon%20intensity, last visited on 29 July 2023.

21. Technology Innovation and Emissions Reduction Review, Discussion Document, Alberta Environment and Parks, June 17, 2022, available at: https://www. alberta. ca/system/files/cus-tom_ downloaded_ images/aeptechnology-innovation-and-emissions-reduction-review-discus-siondocument. pdf#: ~: text = The% 20Technology% 20Innovation% 20and% 20Emissions% 20Reduction%20% 28TIER% 29% 20Regulation, systems% 20that% 20first% 20came% 20into% 20effect%20in%202007, last visited on 29 July 2023.

22. 向璐瑶:《碳会计系列—主要排放交易计划透视》,载 https://m. thepaper. cn/baijiahao_ 13407736, 最后访问日期: 2023 年 8 月 10 日。

23. Sara Brown, 6 arguments for carbon taxes, MIT, available at: https://mitsloan. mit. edu/ideas-made-to-matter/6-arguments-carbon-taxes, last visited on 29 July 2023.

24. State and Trends of Carbon Pricing Dashboard, World Bank Group, available at: https://car-bonpricingdashboard. worldbank. org, last visited on 3 March 2025.

25. 《内部碳价——为企业气候行动赋能》，载 https://zhuanlan. zhihu. com/p/557055761，最后访问日期：2023 年 8 月 1 日。

26. Richard Kim and Benjamin C. Pierce, Carbon Offsets: An Overview for Scientific Societies, June 24, 2018, available at: https://www. cis. upenn. edu/~bcpierce/papers/carbon-offsets. pdf, last visited on 29 July 2023.

27. Fiona Harvey, Carbon prices hit by economic crisis, Financial Times, December 8, 2008, a-vailable at: https://www. ft. com/content/75a79668-c481-11dd-8124-000077b07658, last visited on 2 August 2023.

28. Francesco Bassetti, Success or failure? The Kyoto Protocol's troubled legacy, Forsight, Decem-ber 8, 2022, available at: https://www. climateforesight. eu/articles/success-or-failure-the-kyoto-protocols-troubled-legacy/, last visited on 23 June 2023.

29. James Burgess, The Real Reasons Why Canada is Withdrawing from Kyoto, OILPRICE. com, 30 November, 2011, available at: https://oilprice. com/Energy/Energy-General/The-Real-Reasons-Why-Canada-Is-Withdrawing-From-Kyoto. html, last visited on 23 June 2023.

30. Andrew Prag & Gregory Briner, Crossing the Threshold: Ambitious Baselines for the UNFCCC New Market-Based Mechanism, Global Forum on Environment/CCXG Seminar 21 March 2012, available at: https://www. oecd. org/cotent/dam/oecd/en/publications/reports/2012/05/orossing-the-thneshoold-ambitiouy-boyeling-for-theunfcee-new-market-based-mecha-nism_ g17a2307/5244xg398s8v-en. pdf, last visited on 23 June 2023.

31. GLOBAL CARBON MARKETS AFTER COP26: THE PAST, PRESENT, AND FUTURE, Slaughter and May, 17 Dec 2021, available at: https://www. slaughterandmay. com/insights/horizon-scanning/global-carbon-markets-after-cop26-the-past-present-and-future, last visited on 23 June 2023.

32. Ignacio Arróniz Velasco, Charra Tesfaye Terfassa, Aligning climate and trade policies-What happened at COP26?, 15 Nov 2021, available at: https://www. e3g. org/news/aligning-cli-mate-and-trade-policies-what-happened-at-cop26/, last visited on 23 June 2023.

33. Anders Porsborg-Smith, JesperNielsen, Bayo Owolabi & Carl Clayton, The Voluntary Carbon Market Is Thriving, BCG, 19 January 2023, available at: https://www. bcg. com/publications/2023/why-the-voluntary-carbon-market-is-thriving, last visited on 23 June 2023.

34. Kerstine Appunn, Julian Wettengel, Understanding the European Union's Emissions Trading Systems (EU ETS), Clean Energy Wire, available at: https://www. cleanenergywire. org/factsheets/understanding-european-unions-emissions-trading-system, last visited on 23 June 2023.

35. EU emissions trding system，Eunopean Union，Document 32003LO087，21 March 2024，a-vailable at：https：//eur-lex. europa. eu/legal-content/EN/LSU/？ uri＝CELEX：32003L0087，last visited on 23 June 2023.

36. What is the EU ETS？，European Commission，available at：https：//climate. ec. europa. eu/eu-action/eu-emissions-trading-system-eu-ets/what-eu-ets_ en#a-cap-and-trade-system，last visited on 23 June 2023.

37. Ibrahim Abdel-Ati，The EU Emissions Trading System Seeking to Improve，Climate Scorecard，11 March 2020，available at：https：//www. climatescorecard. org/2020/03/the-evolving-eu-emissions - trading - system/#：~：text ＝ Prices% 20of% 20carbon% 20allowance% 20were% 20unstable%20during%20the，the%20system%20and%20net%20emissions%20increased%20by%201. 9%25，last visited on 29 June 2023.

38. National allocation plans，European Commission，available at：https：//climate. ec. europa. eu/eu-action/eu-emissions-trading-system-eu-ets/development-eu-ets-2005-2020/national-allocation-plans_ en#documentation，last visited on 29 June 2023.

39. Emissions covered by selected emissions trading systems（ETS）worldwide as of 2024，Statista，available at：https：//www. statista. com/statistics/1315109/largest-ets-markets-by-cover-age/，last visited on 29 June 2023.

40. California Cap and Trade，C2ES，available at：https：//www. c2es. org/content/california-cap-and-trade/#：~：text ＝ California's%20carbon%20cap-and-trade%20program%20is%20one%20of%20the，2030%2C%20and%2080%20percent%20below1990%20levels%20by%202050，last visited on 30 June 2023.

41. 4 ways California should strengthen its cap-and-trade program，Environmental Defense Fund，3 August 2023，available at：https：//blogs. edf. org/climate411/2023/08/03/4-ways-california-should-strengthen-its-cap-and-trade-program/，last visited on 3 July 2023.

42. Design for the WCI Regional Program，WCI，July 2010，available at：https：//wcitestbuck-et. s3. us-east-2. amazonaws. com/amazon-s3-bucket/documents/en/wci-program-design-archive/WCI-ProgramDesign-20100727-EN. pdf，last visited on 3 July 2023.

43. Elements of RGGI，RGGI，Inc，available at：https：//www. rggi. org/program-overview-and-design/elements，last visited on 3 July 2023.

44. The Regional Greenhouse Gas Initiative Is a Model for the Nation，NRDC，14 July 2021，avail-able at：https：//www. nrdc. org/resources/regional-greenhouse-gas-initiative-model-nation，last visited on 3 July 2023.

45. Luftreinhaltegesetz（LRG），vom 18. Dezember 2003，Liechtensteinisches Landesgesetzblatt

Jahrgang 2004 Nr. 53 ausgegeben am 6. Februar 2004, available at: https://cdn. climatepoli-cyradar. org/navigator/LIE/2003/clean－air－act＿0eeef6917ad65aeeb762960bfc600ddf. pdf, last visited on 3 July 2023.

46. Liechtenstein: Liechtenstein Creates Comprehensive Climate Protection Act Implementation Of Obligations Arising From The Kyoto Protocol, mondaq, 23 April 2007, available at: https://www. mondaq. com/eu－regulatory－law/47848/liechtenstein－creates－comprehensive－climate－protection－act－implementation－of－obligations－arising－from－the－kyoto－protocol, last visited on 3 July 2023.

47. Emissions handels gesetz（EHG）vom 19. September 2012, Liechtensteinisches Landesgesetzb-latt Jahrgang 2012 Nr. 346 ausgegeben am 15. November 2012, available at: https://climate-laws. org/documents/emissions－trading－act＿1911？id＝emissions－trading－act＿8a34, last visi-ted on 3 July 2023.

48. The European Union, Iceland and Norway agree to deepen their cooperation in climate action, European Commission, 25 October 2019, available at: https://climate. ec. europa. eu/news－your－voice/news/european－union－iceland－and－norway－agree－deepen－their－cooperation－cli-mate－action－2019－10－25＿en, last visited on 10 July 2023.

49. The European Union and Norway, EEAS, 28 July 2021, available at: https://www. eeas. euro-pa. eu/norway/european－union－and－norway＿en？s＝174, last visited on 10 July 2023.

50. Norway, The World's Carbon Markets: A Case Study Guide to Emissions Trading, EDF&IETA, May, 2013, available at: https://www. edf. org/sites/default/files/EDF＿IETA＿Norway＿Case＿Study＿May＿2013. pdf, last visited: 3 March 2025.

51. Iceland's Climate Action Plan for 2018－2030－Summary, Ministry for the Environment and Nat-ural Resources, September 2018, available at: https://www. government. is/library/Files/Ice-lands%20new%20Climate%20Action%20Plan%20for%202018%202030. pdf, last visited on 14 July 2023.

52. The European Union, Iceland and Norway agree to deepen their cooperation in climate action, European Commission, 25 October 2019, available at: https://climate. ec. europa. eu/news－your－voice/news/european－union－iceland－and－norway－agree－deepen－their－cooperation－cli-mate－action－2019－10－25＿en, last visited on 14 July 2023.

53. Design Recommendations for the WCI Regional Cap－and－Trade Program, WCI, 23 September 2008, available at: https://wcitestbucket. s3. us－east－2. amazonaws. com/amazon－s3－buck-et/documents/en/wci－program－design－archive/WCI－DesignRecommendations－20090313－EN. pdf, last visited on 14 July 2023.

54. Australian Government, Interim Partial (One-Way) Link between the Australian Carbon Pricing Mechanism and the EU Emissions Trading System-Regulation Impact Statement-Department of Climate Change and Energy Efficiency, 3 September 2012, available at: https://oia. pmc. gov. au/published-impact-analyses-and-reports/interim-partial-one-way-link-between-australian-carbon, last visited on 20 July 2023.

55. Christina Hood, Completing the Paris 'Rulebook': Key Article 6 Issues, C2ES, April 2019, available at: https://www. c2es. org/wp-content/uploads/2019/04/completing-the-paris-rulebook. pdf, last visited on 29 July 2023.

56. United Nations Climate Change, Summary of Global Climate Action at COP 27, Global Climate Action, available at: https://unfccc. int/sites/default/files/resource/GCA_ COP27_Summary_ of_ Global_ Climate_ Action_ at_ COP_ 27_ 1711. pdf, last visited on 29 July 2023.

57. Michael Lazarus, Anja Kollmuss & Lambert Schneider, ADDRESSING CONCERNS WITH U-NIT USE FOR SINGLE-YEAR TARGETS, Stockholm Environment Institute (2014), available at: https://www. jstor. org/stable/pdf/resrep00540. 5. pdf? refreqid = fastly - default% 3A8798 6e837eed558a02554cd13cf21239&ab_ segments = &origin = &initiator = &acceptTC = 1, last visited on 30 July 2023.

58. Ivy Yin, Corresponding adjustments should not be enforced in voluntary market: Verra, ICVCM, S&P Global, 8 June 2023, available at: https://www. spglobal. com/commodityinsights/en/market-insights/latest-news/energy-transition/060823-corresponding-adjustments-should-not-be-enforced-in-voluntary-market-verra-icvcm, last visited on 30 July 2023.

59. Jonathan Crook, COP27 FAQ: Article 6 of the Paris Agreement explained, Carbon Market Watch, 2 November 2022, available at: https://carbonmarketwatch. org/2022/11/02/cop27-faq-article-6-of-the-paris-agreement-explained/, last visited on 8 August 2023.

60. PHILIPPINE SUBMISSION ON SBSTA 56 AGENDA ITEM 13: Guidance on Cooperative Approaches Referred to in Article 6, paragraph 4, of the Paris Agreement and Decision 3/CMA. 3 (Emissions Avoidance Issue), August 2022, available at: https://www4. unfccc. int/sites/ SubmissionsStaging/Documents/202209071126——Philippine%20Submission%20on%20SBSTA% 2056%20Agenda%20Item%2013%20re%20Emissions%20Avoidance%20in%20Article%206. 4_ August%202022. pdf, last visited on 30 July 2023.

61. Carbon Market Watch inputs on grievances, methodologies, and removals prior to the Article 6. 4 Supervisory Body's 2nd meeting, Carbon Market Watch, 9 September 2022, available at: https://unfccc. int/sites/default/files/resource/SB002_ call_ for_ input_ carbonmarketwatch_ 09092022. pdf, last visited on 30 July 2023.

62. VIEWS OF BRAZIL ON THE PROCESS RELATED TO THE RULES, MODALITIES AND PROCEDURES FOR THE MECHANISM ESTABLISHED BY ARTICLE 6, PARAGRAPH 4, OF THE PARIS AGREEMENT, available at: https://www4. unfccc. int/sites/Submissions-Staging/Documents/73_345_131520606207054109 - BRAZIL% 20 -% 20Article% 206. 4% 20FINAL. pdf, last visited on 30 July 2023.

63. Chinese Renewable Energy Market Size & Share Analysis-Growth Trends & Forecasts（2023-2028）, Mordor Intelligence, available at: https://www. mordorintelligence. com/industry-reports/china-renewable-energy-market, last visited on 30 August 2023.

64. 国务院新闻办公室:《携手构建人类命运共同体：中国的倡议与行动》, 载 https://www. gov. cn/zhengce/202309/content_6906335. htm, 最后访问日期：2023 年 9 月 1 日。

65. Ministry for the Environment, New Zealand Government, The role of price controls in the NZ ETS, 17 June 2022, available at: https://environment. govt. nz/what-government-is-doing/areas-of-work/climate-change/ets/a-tool-for-climate-change/the-role-of-price-controls-in-the-nz-ets/, last visited on 10 September 2023.

66. 左凤荣:《"一带一路"推动世界绿色发展》, 载 http://finance. people. com. cn/n1/2023/1103/c1004-40109468. html#, 最后访问日期：2023 年 11 月 4 日。

67. 《关于公开征求〈碳排放权交易管理暂行条例（征求意见稿）〉意见的通知》, 载 https://www. mee. gov. cn/hdjl/yjzj/wqzj_1/201904/t201904 03_698483. shtml, 最后访问日期：2023 年 11 月 4 日。